# 경호체력트레이닝 방법론

이강문 · 김정석 · 김승봉 · 양덕열 · 유영창 · 가기현

도서출판 **진 영 사**

**경호체력트레이닝 방법론**

**이강문 · 김정석 · 김승봉 · 양덕열 · 유영창 · 가기현**

2013년 08월 19일 초판인쇄
2013년 08월 21일 초판발행
발행인 박 진 영
발행처 도서출판 진영사
인천광역시 부평구 갈산동 16-22번지
전화 : 032)505-4207
팩스 : 032)505-4206
E-mail : 0183734207@hanmail.net
등록 : 122-91-77317

ISBN 978-89-6541-127-7 93690
값 18,000원

# 머리말

현대사회는 물질문명이 고도로 발달하고 생활환경이 복잡해지면서 물질만능주의, 집단이기주의, 계층 간의 갈등과 같은 다양한 사회현상으로 이에 편승된 범죄와 관련된 사건들을 매일 접하면서 생활하고 있다. 이러한 범죄도 과거에는 절도, 강도, 폭행 등의 단순한 범죄에 국한되었지만, 오늘날에는 암살, 납치, 살인 등과 같은 범죄의 흉포화, 지능화, 전문화와 조직적인 테러범죄에 이르기까지 다양하게 전개 되고 있다. 이로 인하여 현대인들은 안전을 보장 받으려는 욕구가 더욱 강하며 더 나아가 심각한 사회 현상으로까지 대두되고 있는 실정이다. 이와 같이 날로 증가하고 과격해 지는 범죄의 예방과 치안업무를 담당하기 위해 경찰이 존재하고 있지만, 전체 국민을 대상으로 과중한 업무를 수행하기에는 인력과 장비 면에서 턱없이 부족한 현실이다. 따라서 민간경호·경비의 중요성이 급속히 대두되고 있다.

위기상황 발생 시 경호원의 사소한 실수 하나가 자칫 경호대상자를 잃게 하는 경호 실패를 야기 할 수도 있다. 그러므로 경호대상자의 생명과 신체 그리고 재산을 보호해야 하는 경호원은 그 누구보다도 강인한 체력과 정신력을 배양하고 고도로 단련된 경호무도실력을 바탕으로 위기상활 발생 시 정확하고 민첩한 대처능력과 위해자 제압능력을 반드시 갖추어야 한다. 그러기 위해서는 평소에 꾸준한 자기 관리가 필요하며 무엇보다 건강에 관한 주의 깊은 관심과 실천이 뒤따라야 할 것이다.

트레이닝 방법론은 경호원뿐만 아니라 일반대중이나 운동선수, 그리고 현장지도자에게 운동효과를 극대화 시킬 수 있도록 과학적인 운동방법론을 제공해준다는 점에서 매우 중요한 영역이라 할 수 있다.

참여스포츠 부문에서의 트레이닝 방법론은 건강과 체력의 유지·증진, 체중조절, 재활 등 각각의 운동 목적을 달성하도록 도와주며, 관람스포츠 부문에서는 운동선수의 체력과 기술을 강화시켜 경기력을 극대화하도록 도와준다. 즉 트레이닝 방법론은 일반대중에게는 건강과 체력을 길러주고, 운동선수에게는 경기력을 향상시켜주며 경호원에게는 위기상황 극복과 경호업무 향상에 있어 최적의 수단이 될 수 있다.

본서는 경호원 혼자서도 건강을 관리하는데 있어 쉽게 접근 할 수 있는 지식을 위주로 수록하였다. 건강, 체력, 트레이닝의 개념과 구성, 안전관리, 영양섭취와 경호무도 등으로 구성되어 있다.

집필을 마치고 보니 여러 가지 부족한 점이 많아 아쉽고 후회가 먼저 앞서지만 본서가 경호관련학과 학생들뿐만 아니라 건강과 트레이닝을 공부하는 모든 이들에게 조금이나마 도움이 되었으면 한다. 추후 부족한 점은 지속적인 연구 작업을 통하여 보완하고 보다 완성된 내용으로 다시 찾아 뵐 것을 약속드린다.

경호체력트레이닝방법론이 출판되기까지 도움을 주신 진영사 사장님과 수많은 교정 작업에도 불구하고 불평한마디 없이 친절하게 대해주신 관계자 분께 진심으로 감사의 인사말을 드린다.

**2013. 8**

**저자 일동**

# 목 차

## 제1장 경호체력 트레이닝의 개념과 방향



## 제2장 체력의 이해

## 제3장 트레이닝의 이해

## 제4장 트레이닝의 종류와 방법

## 제5장 트레이닝과 안전관리

## 제8장 경호무도의 이해

## 제9장 경호무도의 구성과 원리



## 제10장 경호무도의 적용방법

# 제1장

# 경호체력 트레이닝의 개념과 방향

1. 경호체력 트레이닝의 목적과 종류
2. 트레이닝의 목표와 방향
3. 트레이닝의 구성요인과 경호업무와의 관계

# 제1장 경호체력 트레이닝의 개념과 방향

## 1. 경호체력 트레이닝의 목적과 종류

### 1) 경호체력 트레이닝의 목적

트레이닝의 실시목적과 참여자의 유형에 따라 여러 종류의 트레이닝 형태가 있을 수 있다. 대부분의 운동선수들은 경기력 향상을 최종 목표로 하여 강도 높은 트레이닝을 실시하고, 일반인들은 개인 운동과 스포츠 활동 참여를 통해 자신들의 건강과 체력을 유지 및 증진시키고 또한, 체중조절과 재활, 스트레스 해소 및 여가활용을 통한 문화생활을 영위 하는데 주 목적이 있다.

반면, 경호체력육성 트레이닝은 경호원들의 강인한 정신력 및 체력 강화를 통해 원활하고 완벽한 경호의 고유 업무수행과 위기상황 발생시 정확하고 민첩한 대처능력 및 위해자 제압능력을 향상시킴으로서 경호대상자를 완벽하게 보호하고자 함에 그 목적이 있다.

경호체력육성 트레이닝은 자신을 위해 하는 트레이닝이 아니라 경호대상자를 보호하기 위한 트레이닝이라는 점에서 일반운동·스포츠와는 다른 성격을 지니므로 강력하고 특수한 트레이닝과정을 필요로 한다.

이와 같이 경호체력육성 트레이닝의 목적은 원활하고 완벽한 경호의 고유 업무수행과 위기상황으로부터 경호대상자를 보호하는데 있으며, 위기상황은 다양한 형태로 전개되기 때문에 이에 적절히 대응하기 위해서는 그 만큼의 다양한 대응기술들을 반복 트레이닝 하여야 한다.

경호체력육성 트레이닝을 통해서 경호업무를 원활하게 수행할 수 있는 기본적인 체력요소 뿐만 아니라 위기상황 발생 시 즉각 대처 할 수 있는 민첩성, 순발력 등을 증진시키고, 구기 종목에서 나타나는 전술적 요소를 통해서는 예측력, 판단력, 팀 원 간의 협동심등을 향상 시킨다. 또한 계획적·주기적인 체력육성 트레이닝은 건강하고 탄력 있는 몸매를 만들어 주며, 어떠한 극한 상황에서도 경호업무를 완벽히 수행할 수 있는 강인한 정신력을 배양시키고, 위해자를 제압할 수 있는 강력한 체력을 육성하여 각종 위기상황에 대처할 수 있게 된다. 경호체력육성 트레이닝은 그 트레이닝 분야별로 과학적이고 체계적인 절차가 요구되고 각기 다른 트레이닝 효과를 제공한다.

예를 들면 기초체력 중 달리기는 도주 및 추적에, 턱걸이는 경호대상자를 끌어올리거나 위해자를 잡아채는 근력배양에, 넓이 뛰기와 100M달리기는 위해자의 공격을 피하고 제압하는 순발력에 도움을 주며, 유연성은 경호원 본인의 상해예방과 위해자의 힘을 역 이용하여 제압할 수 있는 기초적 능력을 나타낸다.

구기 종목은 신체 각 부위를 기초체력 발현에 도움이 되도록 균형 있게 발달시킬 수 있는 운동이다. 지루하고 싫증이 나기 쉬운 체력육성 트레이닝을 흥미롭게 실시할 수 있도록 동기유발을 시키며, 또한 간접적으로는 전반적인 경호활동에, 직접적으로는 근접경호에 있어서 팀 원 간의 협동심과 단결력, 역할분담을 감각적으로 길러주고, 한발 앞선 예측력과 현명한 판단력을 길러 주는데 도움이 된다. 그 예로 농구경기나 축구경기에서 볼을 잡을 때 볼이 날아가는 것을 보고 따라가서 볼을 잡는 것은 체력이지만 볼을 잡을 수 있도록 볼의 방향을 미리 예측하는 위치선정 능력은 우수한 선수가 되는 요인의 하나이다.

또한, 단체훈련, 산악훈련 및 해양훈련을 통해 협동심, 인내력, 극기력 등을 배양할 수 있으며, 최악의 경호상황에서도 경호대상자를 완벽히 보호 하는 데는 경호체력육성 트레이닝이 절대적으로 도움이 된다.

경호원은 경호대상자와 상황에 따라 운동을 함께 하거나, 운동하는 것을 돕거나 하면서 경호업무수행을 하기도 한다. 따라서 경호원은 이러한 경호대상자가 즐기는 레저 스포츠 즉, 테니스, 골프, 승마, 수영등과 계절 스포츠인 수상 스키, 스킨 스쿠버, 스키 같은 종목 등의 기초적인 상식과 실기를 할 수 있는 능력을 배양해야 한다.

이와 같이 경호원의 경호체력육성 트레이닝은 기초체력 운동에서부터 여러 영역의 스포츠 이론 및 기술 숙달에 이르기 까지 광범위 하다고 할 수 있다.

### 2) 경호체력 트레이닝의 종류

경호체력 트레이닝은 크게 기능 트레이닝, 체력 트레이닝, 정신력 강화 트레이닝으로 구분할 수 있다.

체력 트레이닝을 기초체력 트레이닝과 전문체력 트레이닝으로, 정신력 강화 트레이닝을 이완 트레이닝, 주의집중 트레이닝 및 심상 트레이닝 등으로 세분화 하면 그 내용은 다음의 그림과 같다(이상철, 1998).

○ 경호체력 트레이닝의 종류 ○

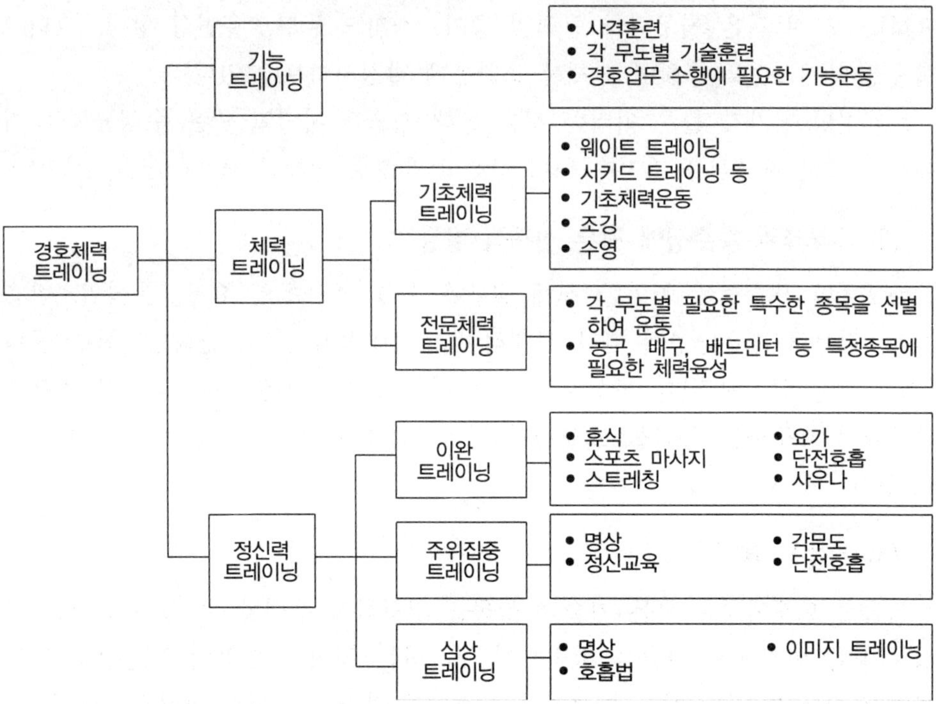

## 2. 트레이닝의 목표와 방향

완벽한 경호업무수행을 위해 과학적·체계적·효율적인 경호체력육성 트레이닝 프로그램을 개발하고 다양하고 복잡한 경호상황에 맞는 여러 가지 트레이닝 방법들을 경호원들의 각자 개별적 취향과 체력 및 신체조건에 맞게 변형시키고, 순환적 트레이닝 프로그램 모델을 만들어야 할 것이다.

### 1) 트레이닝의 목표

트레이닝의 기술과 수행력을 향상시키기 위해서는 지도자나 지도를 받는 사람 모두 트레이닝 목표를 성취해야 한다.

#### (1) 신체의 다각적 발달

트레이닝 참가자는 전반적인 체력 향상을 위하여 다각적인 신체 발달이 필요하다. 그 목적은 지구력과 근력의 증가, 스피드 발달, 유연성 향상, 그리고 협응성의 재조절을 통하여 신체를 조화롭게 발전시키는데 있다.

트레이닝 참가자 들은 이러한 것을 통해 기초를 다지고 좋은 수행능력을 기대하며 또한 자긍심을 가지게 되며 강하고 우수한 신체를 형성하게 될 것이다.

#### (2) 스포츠와 특수성에 따른 신체적 발달

스포츠와 특수성에 기인한 신체 발달은 특정 스포츠의 요구, 움직임, 반응시간, 협응력과 유연성에 따라 절대적이고 상대적인 근력, 근육량, 특수 근력(파워 또는 근지구력)을 향상시킨다. 이러한 트레이닝은 특히 각각의 스포츠 종목에서 요구하는 동작을 효율적이고 부드럽게 수행할 수 있는 능력을 기르게 한다.

#### (3) 기술적 요인

기술적 트레이닝은 모든 기술적 행동을 정확하게 수행할 수 있는 능력을 향상시킨다. 여기에는 기술을 완벽하게 구사하는 것이 필수적이며 정상적 또는 다른 상황(날씨 등)하에서 구체적이고 정확한 기술의 수행과 관련된 스포츠 기술의 향상, 모든 동작을 정확하게 수행할 수 있는 능력을 기르게 한다.

### (4) 전술적 요인

전술적 요인은 미래 경쟁자의 전술에 대한 공부와 선수 능력에 한하여 적정한 전술의 발달 그리고 전략의 다양함과 완벽함, 전략의 발전 등을 통한 전략 향상을 포함한다.

### (5) 심리적 측면

심리적 측면은 심리적 수행력을 향상시키기 위한 필수적 요인이다. 심리적 트레이닝은 규율, 인내력, 의지력, 자신감, 용기를 향상 시킨다.

### (6) 팀 능력

트레이닝 집단에서 트레이닝의 준비는 지도자의 주요 목표 중 하나이다. 지도자는 집단의 신체적, 기술적, 전략적 준비의 조화를 꾀하여 목표를 성취할 수 있으며 또한 집단 구성원들 간의 건전한 관계, 친교 및 공통의 목표를 향한 심리적 준비를 위한 화합을 확립하여야 한다.

### (7) 건강요인

트레이닝 참가자의 건강을 강화하는 것도 중요하다. 건강은 주기적인 의학적 테스트, 개인적 노력의 능력, 트레이닝의 적절한 강도, 고강도 훈련 후의 효율적인 회복 단계 등의 노력을 통하여 유지될 수 있다. 질병이나 부상을 입은 참가자의 경우에는 완전히 회복된 이후에만 트레이닝을 시작하여야 적절한 발전을 기대할 수 있다.

### (8) 부상의 예방

유연성을 증가시키고 특히 초보자의 경우 초기 단계에서 근육, 건, 인대를 강하시키며 근력과 탄력을 형성시키는 등 안전 예방 사항을 준수함으로써 부상을 예방할 수 있다.

#### (9) 이론적 지식

트레이닝의 계획, 적절한 영양 섭취, 피로 회복에 대한 생리학적, 심리학적 기초에 대한 지식을 갖추어야 하며 지도자는 목표를 달성하기 위해 여러 가지 이론적 지식을 두루 섭렵해야 한다.

### 2) 트레이닝의 방향

#### (1) 기초체력측정

순발력(제자리 넓이 뛰기, 덤벨 흔들기 등), 민첩성(10m 왕복달리기, 반복 옆으로 뛰기 등), 지구력(2,000m 달리기, 크로스컨트리 등의 유산소 운동), 근력(윗몸 일으키기, 턱걸이, 웨이트트레이닝 등), 유연성(윗몸 앞으로 굽히기, 스트레칭 등)운동과 같은 기록측정이 가능한 종목에 대해서는 일정 기간 내에 측정식 체력 트레이닝을 실시한다.

그리고 측정종목을 통한 체력 트레이닝은 체력요소별 보완운동을 병행하면서 실시한다.

순발력 향상을 위한 하지강화운동으로는 제자리높이뛰기, 양팔벌려뛰기, 토끼뜀, 오리걸음, 장애물 뛰어넘기 등을 같이 실시하는 것이 좋다.

또한 지구력 강화를 위해서는 장거리 달리기, 크로스컨트리, 등산 등과 같은 유산소 운동을 실시하고 유연성을 좋게 하기 위해서는 윗몸뒤로젖히기, 스트레칭, 요가 등으로 보완을 하고, 민첩성 향상을 위해서는 50m 달리기, 왕복달리기, 지그재그 달리기 등을 실시한다.

근력운동은 그 자체의 운동을 다양한 방법으로 실시하는데 턱걸이는 천천히 또는 빠르게 실시하고, 윗몸 일으키기는 무릎을 세우거나 무릎을 펴는 등의 방법으로 실시한다.

순환 트레이닝 모델의 예로서 체조와 스트레칭 등의 유연성 운동으로 준비운동을 하고 난 뒤 민첩성, 순발력, 근력, 지구력 등의 운동 순서와 같이 개인의 특성에 맞게 다양한 방법으로 트레이닝 하는 것이 좋다.

### (2) 기구운동

기구운동은 체력관리 및 웨이트트레이닝 방법론 등의 이론적 학습을 병행하면서 실시하고, 경호원 개개인의 생리적 반응과 체력을 감안하면서 올바른 기구사용법과 운동량 등을 적절히 선택하여야 한다.

## 3) 응용훈련

위기상황 시 발생하는 각종 위해상황에 즉각적으로 대응할 수 있는 신체반응 동작을 경호적 차원에서 체계적이고 효율적으로 훈련하기 위해, 위해자의 가상 공격행위에 맞서 경호대상자를 보호하고 위해자를 제압하는 트레이닝을 실시하여야 한다.

근접거리에서 위해자의 총기에 의한 공격행위가 있을 경우에는 경호원은 총기에 의한 제압보다는 신체반응 동작으로 육탄 방어하는 것이 더 효과적이다.

경호원이 총을 뽑아 위해자에 대응 사격하는 시간을 위해자 입장에서 보면 그의 목적을 달성하기에 충분한 시간이다. 경호원이 사건 발생 시 즉각적인 대응으로 그의 총집에서 총을 뽑아 목표를 겨냥, 발사하는 시간은 평균 2.5초가 소요된다. 이는 경호원이 총을 뽑아 사격할 수 있는 2.5초 이내에, 위해범과 경호대상자와의 최대거리인 15.7m(100m를 14초로 달리는 경우)를 방어할 수 있다는 결론에 도달하게 된다.

범행의 시기는 위해자가 먼저 선택하며, 위해자의 초탄 발사 후 경호원은 행동으로 옮기기 때문에 위해자의 사격 소요시간인 2.5초보다 더 빠른 시간 내에 사격을 하여 범인을 제압한다는 것은 실제적으로 불가능하다고 볼 수 있다.

경호원이 사격을 하는 그 시간에 경호대상자에 대한 신속한 방호가 오히려 경호대상자 보호에 성공적 조건이 된다(양재열, 1995).

이와 같이 육탄방어를 강화하는 응용훈련을 예시하면 다음과 같다.

첫째, 순발력과 민첩성 향상은 ① 좌, 우 사이드 스텝으로 반복 달리기, ② 앞, 뒤로 왕복달리기, ③ 50m달리기, ④ 넓이뛰기, 높이뛰기 등의 뜀뛰기 ⑤ 공 던지기 및 바벨 흔들기, ⑥ 웨이트트레이닝 등을 들 수 있다.

둘째, 근력 향상은 웨이트트레이닝을 통해, 셋째, 구기운동은 ① 협동심과 단결력의 배양을 위해 단체종목을 선택 한다. ② 축구, 농구 등으로 사전 위치 선정 훈련을 통해 예측력과 순간 판단력을 향상시킨다. ③ 익숙하지 못한 경호환경에 빠르게 적응할 수 있도록 하는 협응력을 기르는 것도 중요하다. 협응력이란 모든 운동 능력들이 합쳐져서 생겨나는 운동 신경계의 복합적인 운동반응 능력으로서, 기술이나 전술의 완성뿐만 아니라 익숙하지 못한 외적인 환경에 쉽게 적응하도록 도와주며, 생리적으로 볼 때 중추 신경계의 영향을 가장 많이 받고 있어 심리적인 영향도 많이 받는다. 따라서 협응력을 발달시키면 경호원들은 보다 안정적이고 효율적으로 경호업무를 수행할 수 있을 것이다. 협응력을 발달시키는 데는 농구나 축구의 드리블, 테니스의 스트로크와 같이 사지를 동시에 사용하는 동작이 좋다.

또한, 레저스포츠 등의 이론지식과 실기능력을 배양하고, 아울러 뜻하지 않은 부상자나 환자가 발생 했을 경우, 전문적인 의료서비스를 받기 전까지 적절한 보호를 해 주어 고통을 덜어주고 생명을 구할 수 있는 상해 예방 및 응급처치에 대한 해박한 지식과 능력도 필히 갖추어야 한다.

다음은 운동종목별로 경호업무와의 관계를 비교하기 위하여 크게 유산소 운동, 구기운동, 기구운동으로 구분하였으며, 그 내용을 살펴보면 다음의 표와 같다(이상철, 1998).

### ○ 유산소 운동 ○

| 종 목 | 효 과 사 항 | 비 고 |
|---|---|---|
| 조 깅 | • 지속적 신체활동(10~20분)에 의한 심폐 및 전신지구력의 증가 | 경호업무 수행에 필요한 기초체력 함양 |
| 수 영 | • 호흡법에 의한 심폐지구력 및 유연성의 증대와 관절의 보호 | |
| 싸 이 클 | • 전신지구력 및 근력의 증대<br>• 에너지 소모에 의한 지방제거 | |

○ 구기운동 ○

| 종 목 | 효 과 사 항 | 비 고 |
|---|---|---|
| 농 구 | • 공격과 수비에 의한 순발력과 민첩성 증대<br>• 순간 판단능력의 증대 및 슛을 통한 정확성 향상 | 경호원 상호간의 협동력과 단결력 함양 |
| 배 구 | • 상대공격에 의한 방어를 통한 책임의식 고취<br>• 공격을 위한 순발력의 필요와 향상<br>• 협동심과 단결력 증대 | |
| 축 구 | • 공격과 수비 상황을 통한 자기담당구역 책임의식 고취<br>• 다양한 전술을 통한 팀원간의 위기상황 대처능력 향상<br>• 심폐 및 전신지구력의 증대 | |
| 족 구 | • 고관절의 유연성 및 순간 판단 능력 증대<br>• 공격 및 수비를 위한 순발력 필요와 향상<br>• 좁은 장소에서 연속적으로 이어지는 동작에 의한 집중력 향상 | |

○ 기구운동 ○

| 종 목 | 효 과 사 항 | 비 고 |
|---|---|---|
| 웨이트 트레이닝 | • 자세교정 및 골격근의 증대<br>• 지방 분산에 의한 체질개선과 우람한 근육형성<br>• 근력, 근지구력 등 기초체력의 증대 | 경호원의 외적요인인 체격과 기초체력 함양 |

### 4) 평가

체력측정은 경호원으로서 경호업무수행을 할 수 있는 적정성 여부와 건강상태를 점검하여 강인하고 이상적인 체력유지 및 체력향상과 건강증진을 도모할 수 있는 기준을 제시하여 준다.

그리고 경호업무수행이 곤란할 정도의 기준이하의 체력을 가진 경호원은 경호대상자의 안전과 스스로의 체력 및 건강관리 실패 차원에서 업무수행에서 반드시 배제되어야 한다.

연중 체력측정의 시기와 회수는 각 분기별이나 체력저하 시기를 고려하여, 봄과 가을에 각 1회씩 2회를 실시하는 등 여러 가지 방법이 있으며, 꾸준하고 주기적으로 측정해야 한다. 단, 불합격자는 차기 측정 전까지 부단한 건강관리와 체력육성 트레이닝을 실시하고, 재 측정에 합격하면 경호업무를 재부여 한다.

경호체력의 합격, 불합격의 성적을 산출하는 체력등급기준은 일반적으로 대통령 경호실 체력 측정평가 방법이나 특수임무를 수행하는 군·경찰기관의 정예요원의 평균체력을 기준으로 하는 것이 객관성이 있을 것이다(김평섭, 1997).

### (1) 체위 · 체력 측정표 및 일일 운동기록표 작성

#### ① 체위 · 체력 측정표

- 체위 및 체력을 주기적으로 측정하여 그 기준치를 전 · 후 비교 분석하여 트레이닝의 효과를 검증하고 운동처방을 위한 참고자료로 활용한다.

#### ② 측정주기

- 각 분기별이나 체력저하 시기를 고려하여 봄과 가을에 각 1회씩 2회를 실시하는 등 여러 가지 방법이 있으나, 꾸준히 주기적으로 측정해야 한다.

#### ③ 측정방법

- 각종 기자재를 활용하여 체위, 생리, 체력검사로 구분하여 신뢰성 있는 측정을 하도록 한다.

### (2) 일일 운동 기록표

① 목적

- 일일 운동기록표를 활용하여 자기 체력의 단점을 보완할 수 있는 운동처방 프로그램을 개발하고, 트레이닝의 생활화와 개인차를 고려한 체력육성 효과를 높이고자 함이다.

② 기록주기(빈도)

- 주당 3회 이상의 트레이닝을 실시하고, 실시한 트레이닝 내용은 자세히 기록한 뒤 한 눈에 볼 수 있게 잘 정리해서 개인 별로 기록장이나 컴퓨터 등에 저장하여 둔다.

③ 기록방법

- 운동기록표에 일시, 장소, 당일 실시할 운동계획, 운동 실시 내용 및 특이사항을 세부적으로 자필로 기록하도록 한다.

**○ 일일 운동 기록표 기록의 예○**

| 일 시 | 2013년 1월 7일 13시 00분 ~ 15시 00분(120분) |
|---|---|
| 장 소 | 체육관 1층 웨이트트레이닝 장 |
| 금일 운동계획<br>(중 점 사 항) | 1)하지 유연성 증강을 위한 훈련<br>2)상완 이두근 및 삼각근 보강 운동<br>3)복직근 단련 훈련 |
| 운동 실시 내용 | • 준비운동)<br>- 스트레칭 : 5분<br>- 팔 벌려 높이뛰기 : 50회<br>• 본 운동)<br>- Dumbbell Curl : 7kg × 15회 × 3set<br>- Triceps Extension : 10kg × 10회 × 5set<br>- sit ups : 30회 × 5set |

| | |
|---|---|
| | - Bench press : 50kg × 10회 × 7set<br>• 정리운동)<br>- 스트레칭 : 5분<br>- 맨손체조 |
| 특 이 사 항 | 운동 당일 컨디션의 변화와 상태, 신체의 특이사항과 자각 증상 및 운동 환경의 여부 등에 대한 세부 특이사항을 기록하도록 한다. |
| 비 고 | • 점검 및 상담<br>- 일일 운동기록표는 담당 트레이너가 요구 시 수시로 제출하여 확인을 받도록 하여야 한다.<br>- 운동처방에 대한 의문점과 조언이 필요한 사람은 수시로 담당 트레이너와 상담하여 트레이닝을 실시하도록 한다. |

## 3. 트레이닝의 구성요인과 경호업무와의 관계

트레이닝의 구성요인에는 운동적 요인(Motor factor)과 생리적 요인(Physiological factor), 심리적 요인(Psychological factor)으로 구분할 수 있는데, 이들 구분 요소와 경호업무와의 관계를 비교 검토하면 다음과 같다(이상철, 1998).

### ○ 트레이닝의 구성요인과 경호업무와의 관계 ○

| 구성 요인 | 운동학적 구분 | 경호업무 관련 사항 |
|---|---|---|
| 운동적 요인 (Motor factor) | 신체능력 | • 경호업무 수행에 필요한 기초 신체 능력<br>• 순발력, 지구력, 스피드, 유연성, 조정능력, 운동감각 및 순간 대처능력 |
| | 운동능력 | • 경호업무수행 및 위기상황에 대처할 수 있는 능력 |
| | 전략 | • 행사의 유형에 따른 경호행사 업무의 계획 |
| | 경기 및 시합 | • 실제 경호업무수행의 실행 및 대처 |
| 생리적 요인 (Physiological factor) | 심폐기능 | • 경호업무수행에 필요한 담력, 순간판단력 및 적응 능력 |
| | 근 구조 | • 특수한 감각, 업무에 대한 반응, 체질 등의 업무수행능력과 근력의 상호작용 |
| | 운동기관 | • 위기상황 발생 시 순간적으로 대처 할 수 있는 각 관절, 근육의 유연성 및 민감성 |
| 심리적 요인 (Psychological factor) | 인성 | • 경호업무 수행에 필요한 성격형성<br>– 동기, 불안, 침착성, 판단력, 공격성 |
| | 운동심리학적 현상 | • 상급자에 대한 복종심, 관찰범위, 감각 및 정확성, 상황에 대한 반응 |
| | 사회심리학적 현상 | • 집단구조와 인성, 집단구조와 경호업무 수행 사이의 심리적 변인 |

# 제2장

# 체력의 이해

1. 체력의 개념
2. 체력의 분류
3. 체력과 건강과의 관계
4. 체력검사

# 제2장

# 체력의 이해

## 1. 체력의 개념

체력이란 인간의 활동과 생존의 기초가 되는 신체적 능력을 말하며, 이러한 체력은 크게 적응력과 활동력으로 구분할 수 가 있다. 적응력이란 인간이 여러 가지 환경의 변화에 대응하여 생리적으로 항상성을 보전할 수 있는 능력을 말하며 방위체력이라고도 한다.

활동력은 인간에게 부여된 신체적 자질을 보다 왕성하게 개발함으로써 일상생활 속에서 생산성을 높일 수 있는 능력을 말하며 행동체력이라고도 한다.

체력이란 단지 신체검사에서 이상이 발견되지 않았다거나 질병에 걸리지 않은 상태를 의미하는 것만은 아니다, 여기에는 생리적인 면은 물론 지적·정서적·사회적인 면의 적성까지도 포함되는 개념으로 파악되어져야 한다.

이상과 같이 체력의 의미를 종합해보면 체력이란 빨리 달린다거나 무거운 물건을 들어 올릴 수 있는 물리적인 능력, 체내에 어떤 해로운 물질이 들어왔을 때 대항할 수 있는 화학적인 저항력, 세균 등의 침투에 견딜 수 있는 생물적 저항력과 각종 스트레스에 견딜 수 있는 정신력 등이 모두 포함되는 개념으로 볼 수 있다. 그러므로 체력이 약화된다는 것은 결국 각종 질환에 시달릴 가능성이 높아지는 것을 의미하므로 체력을 건강에 결부시켜 해석할 수도 있다.

**○ 체력의 분류 ○**

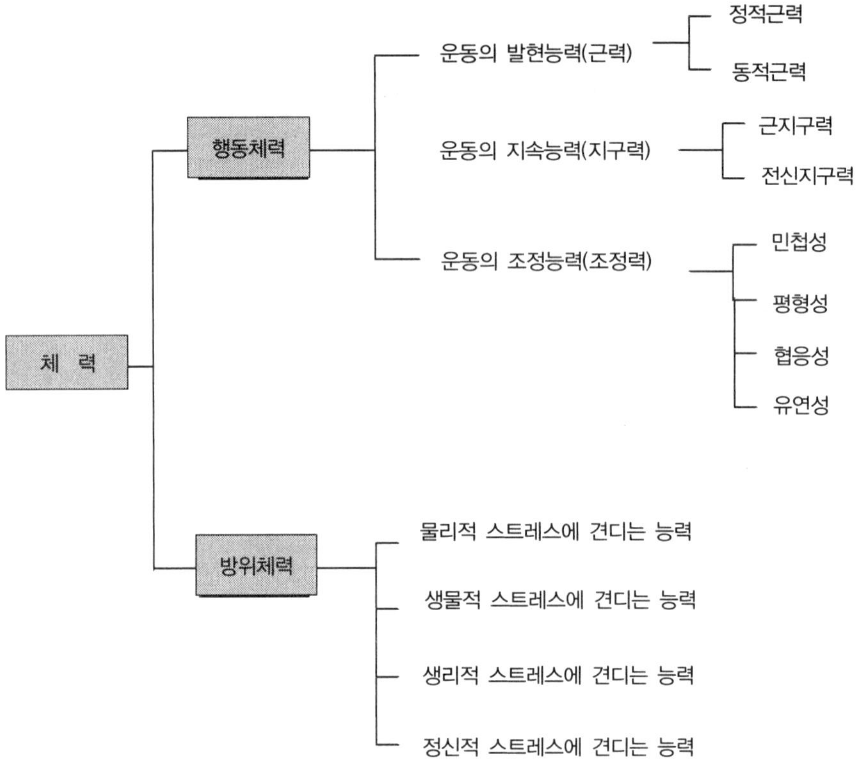


## 2. 체력의 분류

체력은 여러 가지 요소들로 구성되며 이들은 신체적 요인과 정신적 요인, 방위체력 요인과 행동체력 요인으로 분류하기도 하지만 최근에는 건강 체력 요인과 운동기능체력 요인으로도 분류한다.

체력은 크게 주변 환경의 변화에서 오는 각종 스트레스에 견디는 방위체력과 적극적으로 활동할 수 있는 행동체력으로 구성된다.

### 1) 행동체력

행동체력은 운동의 발현능력, 지속능력, 조정능력으로 구분할 수 있다. 운동의 발현능력은 근력의 대표적인 요소이며 이는 근육계의 기능에 좌우되는 능력이다.

운동의 지속능력은 지구력이 대표적인 요소로서 호흡, 순환계의 기능에 좌우되는 능력이며 운동의 조정능력은 조정력으로 묶어 대표할 수 있다. 이는 신경계의 기능과 골격계의 관절가동 영역의 기능에 좌우되는 능력이다.

신체적 운동능력이라는 측면에서 볼 때 운동의 발현능력과 지속능력은 체내의 에너지 비축에 의해 좌우되는 능력이라 할 수 있는데 비해, 운동의 조정능력은 신경계의 협응 작용에 의해 에너지를 효율적으로 동원하여 어떻게 이용하느냐에 좌우되는 능력이다(김창국외 1인, 1999).

**○ 운동능력과 관련된 요소 ○**

| 운동능력 | 관련요소 | 기관 계 |
|---|---|---|
| 운동의 발현능력 | 정적능력, 동적능력(순발력) | 근육계 |
| 운동의 지속능력 | 근지구력, 전신지구력 | 호흡 · 순환계 |
| 운동의 조정능역 | 민첩성, 평형성, 교치선, 유연성 | 신경계 · 골격계 |

*김창국 · 박기주(2004). 최신트레이닝 방법론. 대경북스

### 2) 방위체력

방위체력은 인간이 환경의 변화에 건강을 지속하고자 저항하는 능력으로서, 첫째, 세균, 바이러스, 병균의 침입과 같은 생물적 자극에 저항하는 능력 둘

째, 기후, 기압, 화학성분 등의 물리적·화학적 자극에 저항하는 능력 셋째, 피로, 갈증, 불면증 등의 생리적 자극에 저항하는 능력  넷째, 긴장, 불안 등의 정신적 자극에 저항하는 능력을 방위체력이란 한다.

이와 같은 방위체력은 행동체력이 발달 하면서 호흡, 순환, 근육 및 신경계의 기능이 향상되어 강해지기 때문에 행동 체력의 운동을 통하여 증진시킬 수 있다.

## 3. 체력과 건강과의 관계

체력은 우리가 일상생활을 영위해 나가는 데 필수 조건이며, 건강한 생활을 위한 필연적 요소이기도 하다. 또한 일과 운동 능력을 효과적으로 수행하는 데 필요한 원천적인 힘을 제공한다.

체력은 직접 측정할 수 있으며 구체적으로 힘이 중요한 구성요소이지만, 건강은 직접 측정이 불가능하며 보다 복합적인 인체의 상태를 나타내며 힘을 구성 요소로 하지 않는다.

체력이 저하되고 퇴보하게 되면 체내순환계 기능의 약화현상을 초래하여 영양물질을 체내 각 부위에 충분히 공급할 수 없게 되어 지구력이 감소되며 쉽게 피로를 느끼게 된다.

더욱 중요한 것은 체력의 감소가 건강에 심각한 위험을 초래할 수도 있다는 것이다.

체력이 급격히 저하되면 항상성 상태의 변화에 의한 면역체계의 기능 약화로 감염에 쉽게 노출되며 이는 질병의 원인이 될 수 있다.

규칙적인 신체훈련은 여러 가지 생리기능을 증진·개선하여 건강을 유지시킨다. 생활기능의 향상, 건강유지와 증진, 각종 스트레스에서의 해방, 대인관계의 개선, 노화방지 등의 개인적 욕구를 충족시키기 위해서는 신체활동을 통해 체력 구성의 중요한 요소들을 선택하여 이것이 잘 발달될 수 있도록 적절한 운동을 실시하는 것이 바람직하다(천영길외 1인, 2005).

특히 경호원의 경우 건강의 저하는 경호업무 수행에 치명적인 결과를 유발시킬 수 있기 때문에 평상시 항상 건강유지와 체력향상에 최선을 다하여야 한다.

건강, 웰리스, 체력, 운동, 신체활동의 정의를 살펴보면 다음과 같다.

### ✔ 건강(Health)

1964년 세계보건기구(WHO)에서 정한 정의에 의하면 병이 없고 허약함과 질병이 없이 신체적, 정신적, 사회적으로 안정을 누릴 수 있는 안전한 상태라고 하였다.

### ✔ 웰리스(Wellness)

미국 국립웰리스연구소에서 정의하였으며 더욱 성공적인 자아존재감을 인지하고 최적의 건강상태를 위한 신체활동 과정이라 하였다.

### ✔ 체력(Physical Fitness)

인간이 신체활동을 실행하는데 필요한 신체의 기초적, 전문적 작업능률의 총합이다.

### ✔ 신체활동(Physical Activity)

에너지 소비량을 증가시키는 골격근에 의한 신체의 움직임이다.

### ✔ 운동(Exercise)

하나 이상의 체력요인을 향상시키고 유지하기 위한 계획적이고 구조적이며 반복적인 신체활동이다.

### 1) 건강과 관련된 체력의 요소

건강과 관련된 체력의 요소에는 근력, 근 지구력, 유연성, 신체구성, 심폐 지구력 등의 5가지 요소들이 있으며 규칙적인 트레이닝 및 스포츠 활동 참여를 통한 육체적 활동을 통해 유지 할 수 있다.

#### (1) 근력

근력은 근 수축에 의해 발휘되는 힘의 총합을 의미하며, 큰 외력을 발휘하거나, 무거운 중량을 들어 올릴 수 있는 능력을 의미하기도 한다.

근력의 크기는 근육의 횡단면적에 비례하며, 일반적으로 근육의 횡단면적 $1cm^2$당 5kg 정도의 근력이 발휘될 수 있다.

#### (2) 근 지구력

근 지구력은 근 군이 정적 또는 동적인 상태에서 오랫동안 지탱할 수 있는 힘을 말하는 것으로 근육이 얼마나 운동을 오래 동안 지속할 수 있는가 하는 능력을 의미한다.

근 지구력이 우수한 사람은 과도한 피로를 느끼지 않고 오랫동안 근육운동을 반복 또는 지속할 수 있다. 근력은 근 수축에 의해 발휘되는 힘을 그 내용으로 하고 있는 반면, 근 지구력은 근 수축의 지속시간을 내용으로 하고 있다는 점에서 특성을 달리한다.

#### (3) 유연성

유연성이란 관절의 가동 범위와 근육이나 관절 주변조직의 신장 능력에 의해 결정되는 체력 요소이며 운동을 효율적이며 부드럽게 해주어 상해의 위험을 방지하는 역할도 한다.

#### (4) 신체구성

근육, 지방, 뼈 그리고 신체를 구성하고 있는 다른 조직의 상대적인 비율(%)로서, 지방성분과 지방이외의 성분으로 나누어 지방성분을 체지방, 지방이외의 성분을 제 지방이라 한다. 인체의 체지방량은 생리적 기능과 조절에 꼭 필요한 필수지방과 불필요한 저장지방을 합한 값으로 인체의 모든 지방무게를 말한다. 건강한 사람은 비교적 낮은 체지방을 가진다.

#### (5) 심폐지구력

피로감을 늦추면서 대근 활동을 포함한 신체활동을 계속적으로 지속할 수 있는 능력을 말하며, 일반적인 호흡, 순환기능에 의한 산소의 섭취와 운반 및 이용능력을 나타낸다.

심폐 지구력이 우수한 사람은 비교적 장시간의 신체활동을 심한 스트레스를 받지 않고 지속적으로 할 수 있다. 심폐지구력을 발달시키는 데는 비교적 낮은 강도로 장시간 운동하는 것이 효과적이며 모든 심폐지구력 운동 프로그램의 운동강도는 자신의 최대 심박수의 70-80%정도 까지 하는 것이 좋고 90%를 넘지 않도록 주의 하도록 한다.

### 2) 운동기술과 관련된 체력의 요소

운동기술과 관련된 체력의 요소에는 민첩성, 평형성, 협응력, 순발력, 반응시간, 스피드 등의 6개 요소가 있다.

#### (1) 민첩성

자극에 대하여 빠르게 반응하고 신체의 위치를 재빨리 바꾸거나, 방향전환을 민첩하게 하는 능력으로서 운동을 하는데 있어 중요한 요소이다.

일반적으로 한 발로 점프하기, 장애물 넘기, 지그재그로 방향을 바꾸면서 달리기 등에 요구되는 능력을 말한다.

#### (2) 평형성

정적이나 동적인 상태에서 신체의 평형을 유지하는 능력을 말하며, 평형성의 조절 기능을 맡고 있는 기관은 내이의 평형감각이다. 그러나 평형 기관만으로는 정확하게 지각할 수 없으며, 시각을 비롯하여 촉각, 청각 등의 모든 감각 기관의 종합적인 판단에 의해서 이루어지고 있다. 특히 평균대 동작, 물구나무 서기 등의 동작에서 중요한 체력 요소가 되며 동적 평형성과 정적 평형성으로 나눌 수 있다.

### (3) 협응력

신체의 여러 기관이 운동을 정확하며, 부드럽고, 원활하게 조화를 잘 이루면서 효율적으로 실행할 수 있도록 신체 여러 부분의 감각을 잘 사용 할 수 있는 능력을 말한다.

운동을 꾸준히 반복하면 신경계에 변화가 생겨, 하고자 하는 운동을 적은 에너지로 쉽고 정확하게 할 수 있도록 신경과 근육의 협응력이 향상된다.

### (4) 순발력

단거리 달리기, 높이뛰기, 멀리뛰기, 던지기 등의 운동에서 한정된 시간 내에 일을 수행 할 수 있는 능력, 그리고 최대 노력을 기울인 동적 운동 시 순간적으로 폭발적인 힘을 발휘하는 능력을 파워 혹은 순발력이라 한다.

파워를 크게 하게 위해서는 힘과 속도를 크게 발휘해야 되는데 여기에서의 힘이란 곧 근력을 의미하며, 속도란 근 수축의 스피드를 말한다.

### (5) 반응시간

빛, 소리, 접촉 등과 같은 자극에 반응하는데 요구되는 시간을 말한다.

자동차 경주, 단거리 달리기의 출발 등은 빠른 반응시간을 요구한다.

### (6) 스피드

스피드는 힘을 빠르게 적용하는 능력인데, 이는 민첩성, 폭발성(탄성운동), 가속, 절대근력, 스피드지구성(무산소성 파워)에 의해 결정된다.

스피드는 운동에 있어서 반드시 필요한 체력 관련 요소 중의 하나이며 스피드 기술이나 플라이오메트릭 등과 같은 폭발적 파워 훈련을 통해 향상된다.

○ 건강 및 운동기능 관련 체력 ○

| | 운동기술 관련 체력 | 건강관련 체력 |
|---|---|---|
| 체력측정요소 | 민첩성, 평형성, 조정력, 스피드, 순발력, 반응시간 | 심폐지구력, 신체구성, 근골격체력(유연성, 근력, 근지구력) |
| 관련 스포츠 | 양궁, 볼링, 펜싱, 골프, 탁구, 배구, 배드민턴, 야구, 스키, 테니스 | 유산소 댄스, 줄넘기, 달리기, 자전거타기, 수영, 크로스컨트리, 걷기 |
| 기술 · 건강모두 관련된 스포츠 | 농구, 핸드볼, 아이스스케이팅, 라켓볼, 축구, 스쿼시, 롤러스케이팅 | |

## 4. 체력검사(김명일외 1인, 2005)

체력검사의 목적은 그 사람의 현재 행동체력을 평가하고, 각 체력요소의 전체적인 프로필을 파악하여 운동처방 시에 특히 문제점이 있으면 그것을 개선하도록 하고 체력변화를 추적하는 것이다.

건강이라는 입장에서 볼 때 가장 중요한 체력요소는 유산소능력 또는 전신지구력이다. 다음은 일상적으로 자주 검사되어지는 체력요소에 관한 간단한 설명이다.

### 1) 근력

등척성 수축으로 발휘할 수 있는 근력의 최대치로써 근의 단면적에 비례한다. 1cm$^2$당 근력은 평균 6.3kg이다. 악력은 이전부터 자주 측정되어 왔으므로 데이터가 풍부하고, 체력의 변화를 보는데 편리하다. 그러나 악력에는 연령증가에 따른 변화가 적고, 비교적 국부적인 근력이므로 측정의 가치가 특별히 크지 않다.

다리근력은 연령이 증가하면서 급속히 저하하므로 체력 노화의 지표로서 가치가 있다. 보통은 대퇴신근을 측정한다.

배근력도 연령에 따른 변화가 크고 전신의 대근군을 사용하므로 측정의 의미가 크다. 실시할 때 요통을 일으키는 경우가 있으므로 올바른 방법으로 행하도록 주의할 필요가 있다.

견완력은 상지-어깨의 근력으로 견완력계를 사용하여 미는 힘과 당기는 힘을 측정한다.

### 2) 순발력

순발력은 근의 수축력에 수축 속도를 가미한 체력요소로서 소위 파워라고 말하는 것이다. 즉, 더 커다란 힘을 더 빠르게 발휘하면 순발력은 더 커진다. 근섬유 중에서 백근섬유는 수축이 빠르고 적근섬유는 서서히 수축한다. 따라서 순발력은 백근섬유의 비율이 많은 사람이 그렇지 않은 사람보다 더 좋다. 또한, 순발력은 근력보다 연령에 따른 변화가 현저한데 이는 백근섬유가 적근섬유보다  연령증가에 따른 위축이 더 빠르게 때문이다.

제자리높이뛰기는 하지신근의 순발력을 평가하기 위해 자주 이용된다. 이것은 체중의 영향을 받기 때문에 실제 측정치에 체중 보정을 가하는 것이 평가에는 적당하다. 그러나 자신의 체중은 자신의 다리로 지지해야 한다는 일상생활의 입장에서 보면, 실제 측정치의 절대치에는 별도의 생물학적 의의가 있다.

그 외에 넓이 뛰기(하지 신근력)나 공 던지기(어깨-팔의 근력)등도 순발력의 평가를 위해 이용된다.

### 3) 근지구력

반복하여 근수축을 행하는 능력인데, 근력의 대소와는 관계없다. 근의 조성(적근의 비율)이나, 모세혈관의 발달 정도가 여기에 큰 영향을 준다.

근지구력을 측정하기 위해서는 우선 목적으로 하는 상지나 하지의 최대근력을 측정한다.

이어서 그 근력의 일정 비율(예를 들면 1/3 혹은 1/4)의 추를 1초에 1회의 비율로 들어 올리는 운동을 실시하여 계속 들어 올릴 수 없을 때까지의 횟수로 지구력을 측정한다. 1/3의 부하인 경우에 보통 사람의 평균은 약 50회이다.

### 4) 전신지구력

전신지구력이란 강한 전신운동을 지속하는 능력을 말한다. 전신지구력을 지지하고 있는 생리학적 기전은 운동시간의 길이에 따라 다르다. 즉, 2분 이내의 단시간 운동인 경우에는 주로 무산소 능력이 관련되어 있는데, 이것이 클수록 전신지구력은 강하다. 2-8분의 운동인 경우에는 무산소 능력과 유산소 능력의 양쪽이 관련되어 있으며 8분 이상의 운동인 경우에는 주로 유산소 능력이 관련되어 있다.

유산소 능력에는 호흡, 순환계의 산소운반 능력이나 근의 산소이용 능력이 관련되어 있고, 건강과의 관계도 밀접하다. 이것은 운동부하 검사에 의해 별도로 측정한다. 이에 비해 무산소 능력은 긴급사태에 대처하는 능력으로서의 의미는 크지만 건강과의 관계는 아직 명확하지 않다.

### 5) 유연성

관절가동역의 대소를 보여주는 체력요소이다. 서서 몸 앞으로 굽히기나 앉아서 몸 앞으로 굽히기가 자주 이용되는데, 이러한 방법으로는 상지와 하지의 길이가 측정결과에 영향을 주므로 정확한 측정을 위해서는 관절의 각도로 판단해야 한다는 의견도 있다.

### 6) 민첩성

자극을 준 후 반응을 일으킬 때까지의 시간(반응시간)이나, 일정 동작의 반복속도 등에 의해 나타낸다. 전자의 예는 청각, 시각적 자극을 준 후, 손가락의 스위치 동작 또는 전신도약 동작의 반응시간을 측정하는 방법이나 낙하봉을 이용하는 방법 등이 있다.

동작반복 테스트로서는 반복 옆으로 뛰기, 왕복달리기, 50m 달리기 등이 있다.

### 7) 평형성

신체의 공간적인 자세유지능력과 비슷한 의미로 사용되고 있다. 눈 감고 한 발로 서기나 신체의 무게중심 동요 등에 의해 측정한다.

단순히 평형기와 그것에 관련된 신경계의 기능뿐만 아니라 자세유지에 관련된 근의 근력이나 근과 중추신경 사이의 피드백기구 등 매우 광범위한 기능이 관여하고 있다.

### 8) 교치성

교치성이란 근육과 신경의 원활한 작용에 의하여 동작을 정확하게 행할 수 있는 능력이다.

보통은 어떤 기술을 요하는 동작의 수행시간 등으로 평가하는데, 자주 행해지는 것으로 지그재그 드리블 검사가 있다.

**○ 체력검사항목 ○**

| 구 분 | 검 사 항 목 |
|---|---|
| 근력 | • 악력, 배근력, 각력 |
| 근지구력 | • 윗몸일으키기, 팔굽혀펴기 |
| 순발력 | • 제자리 멀리뛰기, 제자리 높이뛰기 |
| 유연성 | • 체전굴, 체후굴 |
| 전신지구력 | • 오래 달리기 |
| 민첩성 | • 사이드스텝 테스트, 전신반응 시간 |
| 평형성 | • 눈감고 외발서기, 직선보행 검사 |

# 제3장

# 트레이닝의 이해

1. 트레이닝의 개념
2. 트레이닝의 분류
3. 트레이닝의 구성 요소에 따른 분류
4. 트레이닝의 원리
5. 트레이닝의 효과
6. 트레이닝과 에너지 생성

# 제3장

# 트레이닝의 이해

## 1. 트레이닝의 개념

체력육성 또는 트레이닝의 사전적 정의를 살펴보면 '운동자극에 대한 인체의 적응을 이용하여 인체의 형태·기능을 보다 높은 수준으로 발육 · 발달시키는 계획적 과정'이라 할 수 있다. 즉, 체력육성이란 정기적, 규칙적으로 운동을 함으로써 현재 이상의 체력 향상을 의도적으로 행하는 것을 의미한다.

트레이닝이란 운동이나 스포츠 현장에서만 사용되는 용어일 뿐만 아니라 그 밖의 일상생활에서도 광범위하게 사용되어지고 있다. 어원적으로는 훈련, 단련, 연습 등의 의미이며 사용분야에 따라 그 내용과 방법이 다양하다.

운동이나 스포츠 현장에서는 체력단련, 기술향상, 경기력 향상을 위한 신체훈련 등의 목적에 부합된 의미로 사용하고 있으며, 학교나 직장, 또는 어떠한 목적의 집단에서는 집단내의 상호작용을 높이기 위한 집단 활동 훈련이라든지 정신교육 또는 육체적 수련 과정의 의미로 트레이닝이란 용어를 사용하고 있다.

인체가 운동이라는 자극에 의해 일어나는 일시적 현상을 반응이라고 한다면, 이러한 반응이 지속적으로 일어날 때 인체의 기관계에 반복적으로 가해지는 자극이 기능의 발달을 초래하여 나타나는 현상을 적응이라고 한다.

즉, 트레이닝이란 이러한 반응과 적응현상의 사이에서 운동이란 자극을 부여함으로서 인체 제 기관의 기능 발달을 의도적으로 도모하고자 하는 것이다.

웨이트트레이닝을 실시했을 때 첫날은 운동이라기보다는 스트레스에 가깝게 느껴질 수 있을 것이다. 하지만 웨이트트레이닝을 통해 자신의 근력을 증가시키고 신체의 외형미를 돋보이게 하기 위해 일정기간 규칙적이고 지속적으로 수행했다면 이것은 1회성의 자극이나 스트레스가 아니라 어떠한 적응현상으로 나타날 것이다. 이는 중량의 부하에 의한 트레이닝의 결과로 근 비대, 골격근의 발달이라는 적응현상을 낳게 된 것이다.

트레이닝의 효과를 위해서는 일시적인 반응이 적응현상으로 나타날 수 있도록 적절한 운동자극이 상당기간에 걸쳐 지속적으로 부과되어야 한다(이상욱 외 2인, 2002).

경호원들이 체력육성의 원리에 대해 이해하고 올바른 트레이닝 방법을 숙련하는 것은 체력 및 운동기능을 향상시킴과 동시에 건강의 유지와 증진에도 크게 도움이 될 수 있다.

## 1) 트레이닝의 정의와 목적

### (1) 트레이닝의 정의

- 신체의 계획적인 강화훈련을 통해서 체력과 기술을 포함한 모든 운동능력을 향상시키기 위한 일련의 운동과정이다.
- 합리적이고 계획적인 운동자극에 대한 생체기능의 적응성을 이용하여 경기력을 가능한 한도까지 발달시키고자 하는 과정이다.

### (2) 트레이닝의 목적

- 최고의 건강과 신체의 균형 있는 발달
- 스포츠 기술과 전술의 습득
- 여유 있는 정신력과 강한 의지력의 양성
- 각종 스포츠 종목에 적응 할 수 있는 체력요소의 발달 및 강화
- 스포츠뿐만 아니라 건강관리, 자기관리, 실제 요구되는 기술과 이론적 지식 습득

### 2) 트레이닝과 연습의 차이

트레이닝과 연습은 본질적으로 엄격하게 구분되어야 하며 그 차이를 명확하게 이해해야 할 필요가 있다.

트레이닝은 체력을 향상시킬 목적으로 신체에 일정한 자극을 부여하는 것으로써 합리적이고 계획적인 운동 자극에 대한 생체 기능의 적응 능력을 이용하여 인체의 기능을 극대화시키기 위한 하나의 과정을 의미한다.

반면 연습은 특정한 운동 기술이나 동작을 보다 능률적으로 수행하기 위하여 일정한 행동이나 동작을 반복하는 과정이라고 할 수 있다. 즉, 트레이닝은 체력적인 측면과 관계되는 운동능력을 향상시키기 위한 과정이며 연습은 기술적인 측면과 관계되는 운동 기능을 향상시키기 위한 과정이다.

트레이닝과 연습은 특성면 에서도 차이가 있다. 트레이닝을 통해 향상된 체력은 가변적인 특성을 지니고 있는 반면 연습에 의해 향상된 기술은 영구적인 특성을 지니고 있다. 즉 체력은 트레이닝 중에는 그 효과가 연속적으로 증가하지만 트레이닝을 중지하면 그 효과는 다시 연속적으로 감소하게 된다. 그러나 기술은 그 효과가 단계적으로 상승하기 때문에 중지해도 쉽게 사라지지 않는 특성을 지니고 있다.

이러한 특성은 주로 신경계통에 의해서 획득되고 연습을 통해 향상된 운동 기술은 신경계통 안에서 기능적인 '운동의 틀'을 형성하는데 반하여 운동능력은 트레이닝에 의해 근육이나 기관 등의 세포가 발달되고 비대해져 거기에 함축될 수 있는 에너지의 양도 증가하기 때문이다(최청락외 1인, 2005).

### 3) 일시적 적응과 영구적 적응

인간의 신체는 적당한 자극에 적응하고 순화되는 특성이 있는데 트레이닝은 바로 이러한 인체의 특성을 적절하게 이용하는 것이다.

트레이닝에 대한 적응은 일반적으로 일시적 적응과 영구적 적응으로 구분할 수 있다. 운동을 하면 에너지 생성에 필요한 산소를 공급하기 위해 맥박수나 호흡수 등이 증가하는 현상이 나타나며 운동을 멈추면 다시 원상태로 회복이 된다. 이와 같이 운동에 필요한 에너지 생성을 위해 신체가 일시적으로 적응하는 현상을 생체의 일시적 적응이라고 한다.

운동을 장기간 되풀이하면 근육 · 심장 · 폐 등의 기능이 향상되고 그로 인해 일정하게 부하되는 운동에 대한 맥박수와 호흡수도 점차적으로 감소하게 된다. 이와 같이 트레이닝에 의해 적응되고 향상된 신체 기능은 트레이닝이 지속되는 한 영구적으로 지속되기 때문에 영구적 적응이라고 한다. 이 영구적 적응 현상을 트레이닝 효과라고 하며 이 효과가 나타날 때까지의 과정이 바로 트레이닝인 것이다(최청락외 1인, 2005).

### 4) 규칙적인 트레이닝이 인체에 미치는 유익한 영향

- 규칙적인 트레이닝은 모세혈관을 근육세포 유전자에서 혈관 생성 물질을 만들어 모세혈관이 생기게 해 준다.
- 트레이닝은 산소섭취량의 증가와 폐산소 교환능력의 증가로 폐기능이 향상된다.
- 트레이닝은 손상된 심장부위의 혈관을 우회할 수 있는 새로운 혈관을 발달시켜 막힌 혈관을 대신하여 산소와 영양소를 공급하여 심근경색의 발생을 억제시킬 수 있는 관상 측부혈행의 발달을 돕는다.
- 트레이닝으로 인해 혈관의 탄성이 좋아지고 혈관 내벽이 깨끗해져 모세혈관 내 혈액 순환이 좋아지므로 동맥경화증의 예방 및 치료가 가능하다.
- 트레이닝은 혈관벽에 붙기 쉬운 저지단백질을 감소시키고 혈관 내 콜레스테롤을 제거시키는 고지단백질의 양을 증가시켜 동맥경화를 예방한다.
- 트레이닝은 심장근육을 튼튼하게 하고 심장 내 혈액의 용적이 커져 심박수가 현저히 안정이 되도록 한다.
- 트레이닝은 산소의 운반체인 헤모글로빈의 양을 증가시켜 산소 운반능력이 향상되도록 한다.
- 트레이닝은 제지방은 늘리고 체지방은 감소시키므로 비만 예방과 치료

를 돕는다.

- 규칙적인 기구트레이닝은 근섬유의 굵기기를 굵게 하며 굵어진 근육은 근력과 기초대사율을 증가시킨다.
- 트레이닝을 통해 발달된 근육과 혈관은 트레이닝 중 근육들이 수축운동을 함으로써 혈액이 심장으로 되돌아가도록 하는 제2의 심장이 되게 한다.
- 면역에 관련된 세포들의 수가 증가하여 기능항진의 효과로 면역력이 증대하고 세포의 활성화가 T임파구에 미치므로 몸의 저항력이 강해진다.
- 트레이닝으로 인해 산소의 도움으로 영양소를 태워 에너지로 만드는 근세포 속의 화력발전소격인 미토콘드리아의 수가 증가하므로 항상 세포를 활성화시켜 젊음을 유지시켜 준다.
- 트레이닝으로 인해 근육세포에서 산소와 영양분의 이용 능력이 향상되므로 체력이 향상된다.
- 트레이닝으로 인해 신진대사능력이 향상되어 체온조절 능력이 향상된다.
- 트레이닝은 혈당을 조절하고 인슐린 감수성을 높여 당뇨병을 예방하거나 개선한다.
- 트레이닝은 체내의 지방을 태워 에너지화 하므로 고지혈증을 예방하거나 개선한다.
- 트레이닝은 안정시의 혈압을 감소시키므로 고혈압의 예방과 치료를 돕는다.
- 트레이닝을 하면 뼈에서 칼슘이 빠져나가지 않을 뿐 아니라 칼슘의 흡수가 잘 이루어져 골밀도가 증가하므로 골다공증을 예방하거나 개선한다.
- 장기적이고 규칙적인 트레이닝은 뇌졸중 환자나 노약자와 같이 신체능력이 저하된 사람들에게 일상생활에 필요한 기능적 활동 능력을 회복증진시켜 주고 무능력을 감소시키는 효과가 있다.
- 트레이닝은 복근과 요추의 주면 근육을 강화시켜 요통의 발생 위험을 감소시키는 효과가 있다.
- 규칙적인 트레이닝은 신진대사를 원활하게 하고 조직에 있는 노폐물을

밖으로 배출시키기 때문에 현대인들의 만성피로 증후군을 예방하고 치료하는데 영양섭취, 휴식과 함께 가장 확실한 방법이다.

- 트레이닝은 마음을 편안하고 즐겁게 해 주는 엔돌핀 생산을 복돋워 준다.
- 트레이닝은 노화작용을 억제하여 용모와 안색을 아름답게 해주므로 젊게 해 준다.
- 트레이닝은 지구력을 길러주고 쉽게 피곤하지 않게 해 줄 뿐만 아니라 정신적인 피로에 대한 특효약이다.
- 트레이닝은 기억력을 좋게 한다. 뇌세포는 혈류를 통해 오는 산소와 영양분으로 기능을 유지한다. 또한 뇌혈류를 활성화시키는 작용도 한다.

이상의 이유들 이외에도 트레이닝이 건강 증진에 끼치는 유익한 요소들은 수 없이 많다. 평소에 적절한 강도로 규칙적으로 즐겁게 전신운동을 하면 신체기능이 전반적으로 향상될 뿐만 아니라 신체의 건강 체력이 단련된다.

신체의 건강 체력이 단련되었다는 것은 그 사람의 심장, 혈관, 폐와 근육이 사람이 살아가는데 있어서 피할 수 없는 외부로부터의 심리적, 물리적 스트레스에 아주 효율적으로 작용한다는 것을 의미하며 그 결과 매일 매일의 작업과 여가활동 등 일상생활에 즐거움을 가지고 적극적으로 참여할 수 있도록 하여 전반적인 삶의 질을 향상시킬 수 있다(유광욱 외 1인, 2005).

## 2. 트레이닝의 분류

### 1) 트레이닝의 형식적 분류

트레이닝은 휴식을 취하는 형태에 따라 분류할 수 있는데, 이를 구체적으로 살펴보면 다음과 같다(천영길 외 1명, 2005).

### (1) 반복 트레이닝

- 트레이닝을 실시한 다음 완전한 휴식을 취한 뒤 다시 트레이닝을 반복하는 방법이다.
- 반복 트레이닝에는 순발력 트레이닝, 스피드 트레이닝, 근력 트레이닝 등이 있다.
- 주로 기술 훈련, 속도 훈련, 저항 부하훈련, 무산소성 훈련 시 이용한다.

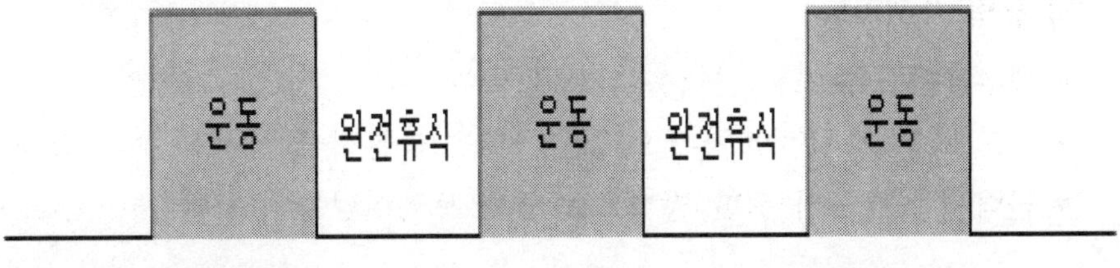


### (2) 인터벌 트레이닝

- 완전한 휴식이 아닌 불완전한 휴식 또는 동적 휴식을 취한다.
- 신체의 피로를 충분히 회복시키기 전에 다시 운동을 실시하는 방법이다.
- 주로 높은 스피드와 스피드 지속훈련능력의 훈련 시 사용한다.

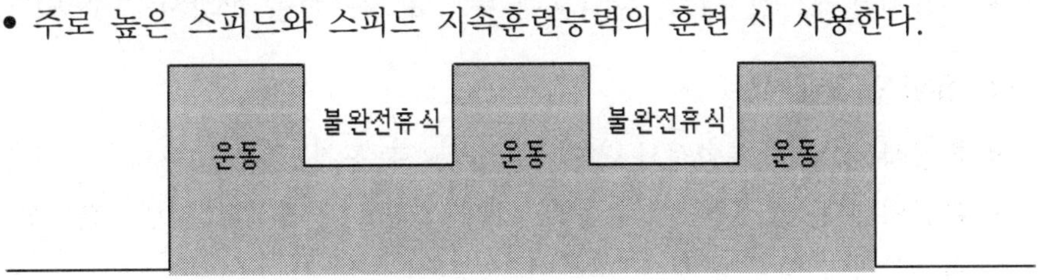


### (3) 지속 트레이닝

- 트레이닝 중간에 휴식 없이 지속적으로 운동을 실시하는 방법이다.
- 지구력 트레이닝, 인내력 트레이닝, 서키트 트레이닝 등이 있다.
- 주로 유산소성 훈련, 순환 훈련, 심폐지구력 훈련 시 사용한다.

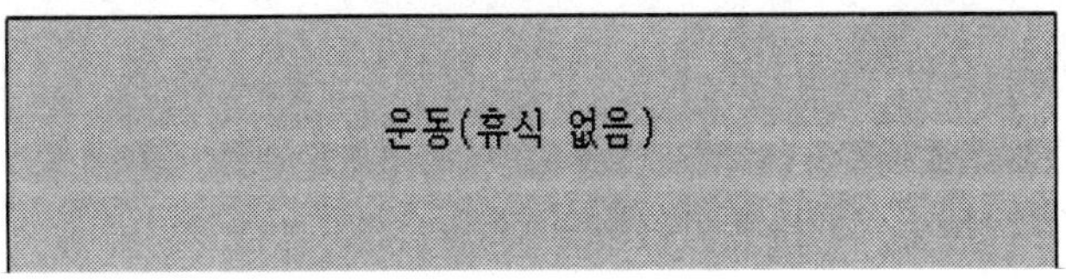

## 2) 트레이닝의 내용적 분류

### (1) 기술 트레이닝

- 스포츠 기술을 향상시키기 위해 실시한다.
- 신경전달의 경로가 반복연습에 의해 고정화(기술의 숙달 및 정착)되도록 하는 트레이닝 방법이다.

### (2) 근력 트레이닝

- 대부분의 스포츠는 근력을 필요로 한다.
- 스포츠 그 자체만의 훈련으로는 근력을 충분히 강화시킬 수가 없다.
- 근력을 보강하기 위한 방법으로 근력 트레이닝을 실시한다.

### (3) 지구력 트레이닝

- 지구력은 심폐지구력과 근지구력으로 구분된다.
- 모든 스포츠에서 기본적으로 요구되는 것이 지구력이라 할 수 있다.
- 구간훈련, 오래달리기, 순환훈련 등으로 지구력을 향상시킬 수 있다.

### (4) 유연성 트레이닝

- 유연성은 동적 유연성과 정적 유연성으로 구분된다.
- 관절의 가동성, 근육의 수축과 이완 그리고 탄력성과 점성, 전도성의 능력, 인대의 타력성 등에 의하여 결정된다.
- 유연체조, 스트레칭 등으로 유연성을 향상 시킬 수 있다.

### (5) 협응력 트레이닝

- 협응력이란 스포츠나 운동 시 운동수행을 능동적으로 통제하는 기능으로 눈과 사지 그리고 몸통을 동시에 사용하여 상황에 맞도록 여러 가지 동작을 연출해 낼 수 있는 능력이다.
- 협응력의 개선방법으로 해당 스포츠의 기술습득을 통해서 그 효과를 얻으려고 하는 것이 보편화되어 있다.

- 복잡한 상황에서의 빠른 반응, 근육의 수축 속도, 동작의 방향전환에 대한 협응력 성취는 신경과 근육의 협응력에 의해 크게 좌우된다.
- 민첩성과 스피드 그리고 평형성 등이 복합적으로 요구되는 동작을 통하여 향상 시킬 수 있다.

#### (6) 전면적 트레이닝

- 여러 가지 요소 중에 어느 한 가지에 치우침이 없이 모든 요소를 고루 훈련하는 방법이다.
- 순환 훈련이 있다.

### 3) 근수축의 형태에 따른 분류

#### (1) 등척성 트레이닝

- 근육의 길이가 변하지 않은 상태에서 근육이 수축을 일으켜 장력을 발생하는 것이다.
- 정적 근 수축이 일어난다.

#### (2) 등장성 트레이닝

- 일정한 저항을 들어 올릴 때 근육의 길이가 짧아지면서 장력을 발생하는 것이다.
- 동적 근 수축이 일어난다.

#### (3) 등속성 트레이닝

- 근육의 수축에 따라 관절각도의 변화가 생기며 각 속도가 일정한 조건 속에서 근육이 수축하는 것이다.
- 저항을 조정하는 운동이다.

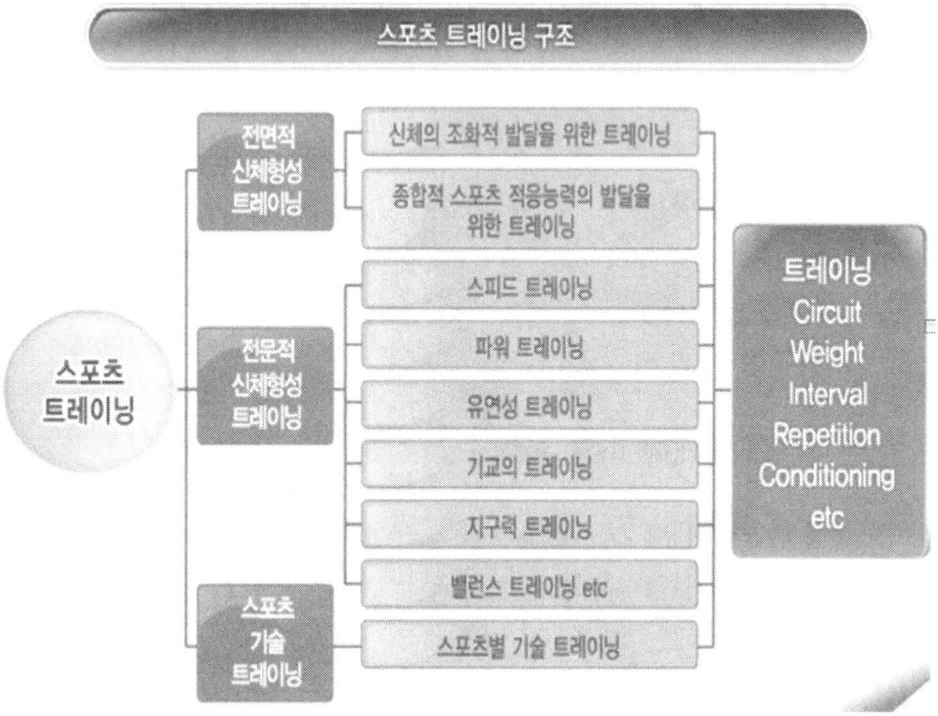


## 3. 트레이닝의 구성요소에 따른 분류

경호체력육성 트레이닝을 실시할 때에는 어떤 운동을 어떻게 실시할 것인가에 대한 구체적인 계획이 수립되어야 한다. 따라서 어떤 형태의 운동을 어떤 강도로 얼마나 자주 실시하는가 하는 것이 트레이닝의 구성요소가 된다.

트레이닝의 구성요소에는 운동형태와 운동부하의 질적 요소인 운동강도, 운동부하의 양적 요소인 운동시간과 운동빈도, 운동기간 등이 있는데, 이들은 서로 밀접한 관계를 가지고 있다.

### ○ 운동목적과 운동형태 및 운동효과의 관계 ○

| 운동목적 | 운동형태 | 운동효과 |
|---|---|---|
| 심폐지구력의 향상 | 걷기, 달리기, 자전거 타기, 수영의 유산소 운동 | 최대산소섭취량 증가, 심박수 감소, 심혈관계 발달 |
| 근 기능의 발달 | 웨이트트레이닝, 서키트트레이닝, 등척성 운동 | 근력, 근지구력 증대, 근 글리코겐 농도 증가 |
| 유연성의 증진 | 정적스트레칭, 동적스트레칭 | 무릎, 대퇴, 어깨관절 등의 가동범위 확대 |
| 신체구성의 변화 | 걷기, 달리기 등의 유산소 운동, 저항성 운동 | 체지방 감소 및 제 지방 증가, 지단백 대사의 호전 (LDL콜레스테롤 감소, HDL 콜레스테롤 증가), 혈압저하 |

## 1) 운동형태

운동형태는 트레이닝 시작 전 가장 먼저 고려해야 할 요소로서 운동형태를 결정하는 요인은 운동종목의 특성, 연령과 현재의 체력상태 그리고 운동경력 등을 고려하여 가장 적합한 형태의 운동을 선택하여야 한다.

성인병을 예방하고 건강을 증진시키기 위한 운동형태는 전신의 큰 근육들을 지속적으로 사용하고 심폐기관에 지속적으로 자극을 주는 지구성 운동이 좋다. 이러한 운동은 산소를 지속적으로 사용하기 때문에 유산소성 운동이라고 하는데 걷기, 조깅, 자전거, 수영, 줄넘기, 에어로빅댄스, 배드민턴 등이 있다. 웨이트트레이닝 등의 중량운동이나 단거리 달리기와 같이 짧은 시간에 큰 힘을 발휘하는 운동은 운동 중 산소를 필요로 하지 않기 때문에 무산소성 운동이라고 하며 이러한 운동은 혈압을 높이고 심장에 좋지 않은 영향을 주므로 심장이나 심혈관계에 이상이 있는 사람은 조심하여야 한다.

### 2) 운동강도

운동강도란 어느 정도로 얼마만큼의 운동을 할 것인가를 결정하는 중요한 척도이다. 운동능력은 개인에 따라 차이가 나므로 적절하게 운동효과를 얻을 수 있는 상대적 운동강도를 선정하여 실시하는 것이 바람직하다. 그러므로 운동강도는 안전한계와 유효한계의 범위 내에서 채택 되어야 한다.

안전한계란 운동강도가 지나치게 높아 오히려 운동에 의한 상해를 불러일으킬 수 있는 운동강도이며, 유효한계는 트레이닝 과정에서 운동강도가 너무 약해 운동에 대한 효과를 기대하기 어려운 운동강도를 말한다.

운동의 강도는 심폐기능에 충분히 자극을 주면서 과도한 부담이 되지 않도록 하여야 하며 운동의 유효한계와 안전한계를 결정하여 그 범위 내에서 운동하도록 하여야 한다.

### 3) 운동시간

운동시간은 운동 강도와 반비례 하며 운동의 종류나 내용에 따라 다르다. 운동 강도가 높으면 운동시간이 짧아지고 운동 강도가 낮으면 장시간 운동을 지속할 수 있다.

일반적으로 초 또는 분의 시간단위로 처방되는 경우와 회수라는 카운트 단위로 처방되는 경우가 있다.

**○ 운동시간과 그 운동에 관여하는 주요 신체기능 ○**

| 0 ~ 10초 | 10 ~ 60초 | 1 ~ 60분 | 1 ~ 수 시간 | 수 시간 ~ 며칠 |
|---|---|---|---|---|
| 무산소 능력<br>민 첩 성<br>유 연 성<br>교 치 성<br>근 력 | 무산소 능력<br>근 지구력<br>교 치 성<br>유 연 성 | 유산소 능력 | 유산소 능력<br>글리코겐 저장량<br>체온조절 능력<br>체액, 미네랄 | 체 지 방<br>영양보급 |

## 4) 운동빈도

운동빈도란 일주일에 몇 회 정도의 운동을 실시할 것인가를 선택하는 것으로서, 대개 운동의 효과는 운동중지 후 48시간이면 저하되기 시작하므로 최소한 주당 3회 정도는 운동을 실시해야 한다.

거의 매일 트레이닝을 실시해야하는 경호원의 경우 운동빈도의 선택에 앞서 운동강도와 시간으로 트레이닝의 양을 조절해야 할 것이다. 일반적으로 지구력 위주의 운동강도가 낮으면서 지속적인 운동형태의 경우에는 운동빈도를 주당 6회로 설정하여 매일 운동 후 하루의 완전한 휴식을 취하는 형태로, 고강도의 운동형태를 수행할 때는 근육이 회복될 수 있는 시간적 여유가 주어져야 다음번의 트레이닝을 효과적으로 수행할 수 있기 때문에 주당 3일 정도의 격일제로 운동빈도를 설정하는 것이 바람직하다. 또한, 운동을 2~3일 연속으로 실시한 후 2~3일 휴식을 취하는 것보다 격일제로 실시하는 것이 신체적 부담면에서나 운동효과 지속 면에서도 바람직한 방법이다(유호길외2명, 2002).

운동빈도를 고려할 때 중요한 것은 어떤 형태의 빈도라도 한 가지의 빈도조건을 설정했다면 일정기간 그 빈도로 트레이닝을 계속하여야 한다.

그리고, 운동의 효과와 피로는 운동의 빈도와 관련이 있다. 운동빈도에 따른 운동의 효과와 피로에 관계를 살펴보면 다음과 같다.

### (1) 1주일에 1회 운동하는 경우

이 경우의 운동효과는 다음 운동을 하기 전에 사라져 버리기 때문에 일시적인 것이며, 축적되지 않는다. 이에 비해 신체 각부의 근육통이나 피로는 매번 발생하여 운동 후 1~3일간은 오히려 신체의 컨디션이 흐트러진다. 또한, 주 1회 운동으로는 신체가 운동에 익숙해지지 않기 때문에 오히려 사고가 일어날 수도 있다.

따라서, 주 1회로는 충분하지 않다. 다만, 운동다운 운동은 주 1회만 하더라도, 그 외의 날에는 일상생활 중 걷기, 계단 오르기 등으로 매일의 신체활동량을 많게 하면, 체력도 강화되고, 주 1회 운동을 실시할 때의 운동량도 늘릴 수 있고, 피로도 적어지므로 어느 정도 도움이 된다.

### (2) 2~3일 간격을 두고 주 2회 운동하는 경우

이 경우의 피로는 회를 거듭할수록 가벼워지고, 근육통도 점차 느껴지지 않게 된다. 효과도 조금씩 축적되고, 체력도 강화되며, 자각적으로도 효과를 느끼게 된다. 그러나 충분한 결과라고는 말할 수 없다.

### (3) 주 3회 운동하는 경우

처음에 느꼈던 근육의 통증이나 피로는 점차 가벼워지고 결국엔 완전히 느껴지지 않게 된다. 효과의 축적도 주 2회의 경우보다 더 많이 기대할 수 있다. 그러므로 적어도 주 3회의 운동은 필요하다고 말할 수 있다.

### (4) 주 4회나 5회 운동하는 경우

주 4회 ~ 5회로 빈도를 높이면 그에 따라 효과도 높아질 것이다. 이렇게 생각해 보면 매일 운동하는 것이 가장 좋을 것이라고 생각할 수 있지만 반드시 그런 것은 아니다. 다음날 전혀 피로가 남지 않는 운동이라면 매일 하는 것이 이상적이다. 매일 운동하면 운동 자체의 효과가 높아질 뿐만 아니라, 운동이 생활 속에 녹아들어 습관화, 생활화 된다는 이점이 있다.

그러나, 약간 강한 운동인 경우에는 다소라도 피로가 남기 때문에 정기적으로 휴일을  갖는 것이 좋다. 강한 운동을 매일 실시하면 매주 휴일을 설정하는 경우보다 피로가 더 축적되는데, 이것이 원인이 되어 사고가 일어날 수도 있다.

휴일을 1주일에 몇 회 둘 것인지는 1회의 운동내용에 따라서 달라진다. 예를 들어 비교적 강한 운동을 1회에 30분씩 하는 경우에는 다음날을 휴일로 하여 격일운동을 하는 것이 좋다. 중증도의 운동을 1회에 30~60분 실시하는 경우에는 주 1회 쉬면 충분할 것이다.

며칠 휴식을 할 것인지에 관해서는 그 사람의 체력이나 연령도 고려해야 하며, 그 사람의 생활패턴의 조정도 필요하다.

따라서 가벼운 운동의 경우에는 매일 운동하는 것이 좋고, 그 외의 경우에는 주 3~6회로 하며, 휴일을 며칠 삽입 할지는 1회의 운동내용이나 그 사람의 개인적 조건을 고려하여 조정한다(김명일외 1명, 2005).

### 5) 운동기간

트레이닝의 목표를 달성하기 위해서는 트레이닝 프로그램을 미리 계획하여 실시하는 것이 보다 더 효율적인 트레이닝 관리가 될 것이다.

트레이닝 기간은 장기간에서부터 짧게는 계절별, 월별, 주간, 일 별로 까지 세분화 되어 질수 있으며, 결정된 운동강도, 운동시간, 운동빈도 등의 트레이닝 요소에 따라 트레이닝을 실시하여야 하며 이러한 트레이닝 기간의 설정은 장기간이든 단기간이든 간에 목표에 맞추어 기간이 조절되어 질 수 있다.

## 4. 트레이닝의 원리

트레이닝 원리의 기본은 적합한 저항 트레이닝 프로그램을 디자인하는 것이 첫 번째 단계이다. 이러한 원리는 심폐기능, 유연성 프로그램이나 웨이트트레이닝 등과 같은 트레이닝 프로그램이 모든 사람들에게 효과적으로 적용되어질 수 있다. 하지만 동일한 체력육성 프로그램이 누구에게나 최적의 트레이닝 프로그램이 될 수는 없다. 경호원들 각 개인의 특성에 따라 트레이닝의 효과는 얼마든지 달라질 수가 있기 때문이다.

체력육성의 효과를 얻기 위해서는 일정 수준 이상의 운동강도와 양을 유지하지 않으면 안 되지만 적응 능력을 초과할 정도의 심한 운동은 오히려 신체 적응을 방해하여 건강을 악화 시키는 원인이 되기도 한다. 따라서 체력육성은 자신의 능력, 연령, 체력, 목적 등과 가장 적합한 수준에서 이루어지는 것이 바람직하다.

경호업무수행 중에 요구되어지는 제요소를 모두 충족시키기에는 어려운 점이 많겠지만, 경호업무수행 특성에 적합한 능력을 향상시키기 위해서는 경호원들 각 개인의 체력이나 능력에 맞게 트레이닝 자극이 되도록 하는 기본적 원리가 바로 트레이닝의 원리라고 할 수 있다.

### 1) 과부하의 원리

운동으로 인한 체력증진의 효과를 기대하기 위해서는 일상생활에서 각 기관이 받는 부하 보다 더 높은 수준의 운동부하가 주어져야 한다. 이와 같은 수준의 운동부하를 과부하라고 하는데, 근육의 크기나 근지구력, 순발력 등을 기르기 위해서는 평상시에 부과되는 자극보다 더 높은 수준의 자극이 가해져야 한다.

과부하의 원리에서 가장 중요한 것은 적정 수준의 부하를 점진적으로 증가시켜야 한다는 것이다. 과부하에 적응된 신체는 똑같은 수준의 부하만으로는 더 이상 과부하가 일어나지 않기 때문에 과부하가 지속적으로 유지되기 위해서는 그 부하를 점차 증가시켜야 한다.

하지만 과부하를 지나치게 빨리 증가시키면 오버 트레이닝이나 부상을 일으키기 쉽다. 따라서 과부하는 적응된 신체 수준을 토대로 적정 수준의 부하를 점진적으로 증가시켜야 한다.

트레이닝의 효과는 운동을 멈추면 점차 사라지는 특성이 있기 때문에 점진적 과부하의 성과를 기대하기 위해서는 계속성의 원리도 반드시 뒤따라야 한다.

### 2) 휴식의 원리

휴식의 원리는 휴식과 에너지 회복의 관계를 과학적으로 관리하여 트레이닝 성과를 획득하는 것으로써 휴식을 통해 회복을 시킴으로써 트레이닝의 효과를 증가시키는 원리이다.

트레이닝의 자극에 대한 신체의 적응은 에너지 소모의 증가와 이를 회복시키는 능력에 따라 다르게 나타난다. 트레이닝에 의해 소모된 에너지를 가장 효과적으로 회복시킬 수 있는 방법은 휴식이다. 휴식을 트레이닝에 의해 소모된 에너지를 초과회복 시키는 일을 의미하며 휴식에 의한 초과회복 시간은 트레이닝 자극의 강도와 양에 따라 달라진다. 그러므로 트레이닝 효과를 극대화시키기 위해서는 트레이닝의 유형에 따른 적정 수준의 휴식이 이루어져야 한다(최청락외 1인, 2005).

트레이닝과 트레이닝사이에 근 군의 충분한 휴식은 근력향상과 근육의 크기를 얻는데 필수적이다. 근력향상과 근육의 크기를 최적으로 얻기 위해서는 건강한 라이프스타일 습관과 매일 밤 충분한 수면을 취해야 하며, 충분한 수면은 트레이닝을 위한 적응현상이기 때문에 중요한 요소가 된다. 일반적으로 트레이닝을 실시한 근 군의 회복시간은 최소한 24~48시간이 필요하다. 만약 트레이닝을 아주 강하게 실시한다면 트레이닝 사이의 회복은 더욱 길어져야한다. 휴식의 원리에서는 초과회복 수준을 높이는 것이 중요한데 충분한 휴식을 통해 초과회복 수준을 높일 수가 있으며 꾸준한 트레이닝으로 인해 운동능력이 향상되면 초과회복을 위한 휴식 시간은 그만큼 단축된다.

### 3) 특이성의 원리

모든 운동에는 그 종목의 특성에 맞는 특이성이 존재하며, 그 특이성은 반드시 운동형태가 기술수행동안에 이용된 것과 같을 때 효과를 본다는 원리이다.

특이성의 원리에서 다음과 같은 세 가지 요소를 고려할 필요가 있다. 첫째, 에어로빅 에너지파워를 목표로 하는 경우에는 유산소적 트레이닝 프로그램을 따라야 하고, 무산소적 에너지파워를 목표로 하는 경우에는 무산소적 트레이닝 프로그램에 집중해야 한다. 둘째, 트레이닝의 최대효과는 운동형태가 기술수행 동안에 이용될 것과 동일할 때 얻어진다는 것이며, 마지막으로 근 군과 운동수행 패튼의 특이성은 서로 엄밀한 상호관계에 놓여 있어 정확한 트레이닝 형태와 운동패턴 사이에 유사성이 적다면 효과를 기대할 수 없다(김창국외 1인, 2002). 이러한 세 가지 측면의 특이성 원리가 적절하게 부합될 때 최상의 트레이닝 프로그램이 완성될 수 있다.

### 4) 다양성의 원리

트레이닝 프로그램을 다양하게 하는 데는 많은 방법들이 있으며, 트레이닝 프로그램에 다양성을 부과함으로서 신체적응을 지속적으로 유지하고 장기간 트레이닝 시 슬럼프를 피하고자 하는 것이 중요한 요점이다

### 5) 개별화의 원리

어떠한 트레이닝 프로그램이라도 최상의 결과를 얻기 위해서는 목적과 요구사항에 부합되도록 개인의 체력과 그리고 부상 경력 등을 고려해야 한다.

아무리 좋은 트레이닝 프로그램이라도 각 개인의 체력과 능력이 고려되지 않은 프로그램은 그 목적을 달성할 수 가 없게 된다.

트레이닝에 있어 개별화의 원리는 단지 개인적인 특수성을 고려하거나 단점을 보완하는 것에 국한되는 것이 아니라, 각 개인의 주관적인 관찰과 평가도 포함시켜 개인의 능력이 최상으로 발휘될 수 있도록 하는 것이 중요하다(이상욱 외 2인, 2002).

동일한 트레이닝이라 할지라도 개인의 특성과 환경적인 요인에 따라 트레이닝의 효과는 다르게 나타난다. 유전, 음식, 수면, 환경, 기온, 컨디션 등은 트레이닝 효과에 영향을 미치는 중요한 요소들이다. 따라서 트레이닝 효과를 극대화시키기 위해서는 이러한 개별적인 특성에 맞는 트레이닝이 이루어져야 할 필요가 있다.

따라서 개별성과 자각성을 최대한 고려하여 자신의 체력 수준에 맞는 트레이닝이 이루어질 수 있도록 조절하는 것이 중요하다.

효과적인 트레이닝을 위해서 고려되어야 할 사항 및 개인적 능력을 결정짓는 요소를 다음과 같다.

(1) 생물학적 연령
(2) 선수생활을 시작한 연령
(3) 현재의 체력과 경기력
(4) 트레이닝과 건강상태
(5) 트레이닝의 강도와 회복능력
(6)신체적 조건
(7) 성별에 따른 특성
(8) 개인의 적응능력

## 5. 트레이닝의 효과

오늘날 경호원들의 체력과 건강을 저해하는 주요인들로는 과다한 업무로 인한 정신적·신체적 피로, 운동 프로그램의 다양성 부족, 트레이닝장과 운동시간의 부족, 음주와 흡연 등을 들 수 있다. 이들 요소들로 인해 신체활동의 감소로 이어지며 신체활동의 감소는 곧 운동부족인 것이다.

운동부족이 인체에 미치는 대표적인 악 영향은 체력의 저하와 더불어 성인병의 유발이다. 운동은 훨씬 빠르고 높은 체력 수준을 얻게 해 주며, 노화 과정에서는 쇠퇴 속도를 지연시키고 오랫동안 높은 체력 수준을 유지하도록 도와준다.

경호체력 트레이닝은 강인한 체력을 바탕으로 원활한 경호업무수행 및 위기상황 발생 시 효율적인 대처능력과 위해자 제압능력을 향상시킴으로서 경호대상자를 완벽하게 보호하는데 도움을 준다.

### 1) 체력강화

오늘날 산업화와 자동화로 인하여 신체활동이 점차 감소하고 있는데, 이는 건강을 저해하는 주 요인으로 작용하고 있다. 운동부족이 인체에 미치는 대표적인 악영향은 체력의 저하와 운동부족병의 유발이다. 체력은 신체 성장과 함께 발달하지만 어느 시점이 되면 자연적으로 저하되기 마련이다.

최상의 체력 수준에 도달하는 시기와 저하되는 시기는 체력요소에 따라 다르다. 또한 개개인의 생활 방식이나 운동경험에 따라 체력 발달과 쇠퇴가 매우 다른 양상을 보일 수 있다.

일반적으로 체력은 20대를 전후하여 최상의 수준에 도달한 후, 30대를 지나면서 급속히 하락하는 것으로 알려져 있다. 운동은 성장 과정에서 개인의 성장 잠재력을 충분히 발휘시켜 훨씬 빠르고 높은 체력 수준을 얻게 해 주며, 노화 과정에서는 쇠퇴 속도를 지연시키고 오랫동안 높은 체력 수준을 유지하도록 도와준다.

### 2) 생활의 활력소

일상생활에서 기분이 상쾌해졌다, 기력이 왕성하다 등과 같은 신체의 쾌적함과 삶의 활력을 느낀다고 하는 것은 건강에 매우 적합한 조건임에 틀림없다.

특히, 현대인은 신체에 특이한 장애가 없고 체력 수준도 비교적 높지만 각종 스트레스에 시달려 상쾌한 기분과 신체적 건강함을 느끼지 못하고 있다.

이 같은 상태는 질적인 의미에서 볼 때 건강으로부터 일탈된 증후이며, 현대인의 가장 보편적인 괴로움인 것이다. 규칙적인 트레이닝으로 이 같은 증후가 사라지고 약동하는 생명력이 넘치는 생활을 되찾는 것보다 더 중요한 트레이닝효과는 없다.

### 3) 근력 및 근육 크기의 증가

트레이닝을 통해 얻을 수 있는 가장 큰 효과는 근력과 근육 크기의 증가이다. 근력은 일상 생활의 모든 신체활동을 수행하는데 필수 요소이다. 근력이 약한 사람은 일상적인 신체활동이 다른 사람들보다 더 힘들게 느껴지며 더 빨리 피로해진다. 또한 근력의 약화는 작업이나 운동 중의 부상 발생 가능성을 높인다.

트레이닝에 의한 근력증가는 작업능력을 증가시키고 경기력을 향상시키며 부상을 방지한다.

연령 증가에 따라 근력과 몸 전체의 근육 무게가 점차 감소한다는 사실은 잘 알려져 있다.

그러나 이러한 변화는 자연적인 노화 현상이라기보다는 근육을 사용하지 않음으로써 나타나는 것으로 보고되고 있다. 젊어서부터 규칙적인 트레이닝을 실시하면 나이가 들어서도 근력과 근육을 유지할 수 있다. 여기서 중요한 사실은 연령에 맞는 운동을 실시해야 한다는 것이다.

### 4) 뼈의 굵기 증가

인체의 뼈는 정적인 상태에 있는 것이 아니라 외부의 물리적 자극에 반응하면서 변화한다. 즉 외부로부터 물리적 자극이 감소하면 뼈의 굵기와 강도가 감소한다. 반면에 뼈에 가해지는 자극이 증가하면 뼈는 부하에 적응하여 더욱 강해진다. 트레이닝은 뼈에 가해지는 물리적 부하를 증가시킴으로써 뼈를 더욱 튼튼하게 만들어 준다.

특히 노화에 의한 뼈의 약화와 골다공증은 폐경기 이후의 여성들에게 가장 위협적인 질병 중의 하나로 인식되고 있다. 그러므로 뼈를 튼튼하게 만드는데 가장 적절한 시기인 젊은 시절 동안 뼈를 가능한 한 강하게 만들면서 노년기에도 뼈의 건강유지에 주의를 기울이는 것이 가장 이상적인 대처방안이 될 것이다. 뼈의 건강에 가장 큰 영향을 미치는 요인을 신체활동과 영양섭취이며 트레이닝은 다른 어떠한 운동보다도 뼈를 튼튼하게 만드는데 매우 효과적이다.

### 5) 비만 해소

적당한 지방은 몸의 열량 저장고로서 체온을 유지하고 신체 내부조직과 기관을 보호하며, 신체활동의 에너지원이 되지만, 과다한 지방 축적은 심장병, 고혈압, 신장염, 당뇨병 등의 원인이 된다,

비만 해소를 위해 체중을 줄이는 것은 바로 지방질을 감소시켜야 하는데, 체중조절을 위해 식이요법만을 행할 경우 체내에 필요한 영양소의 중대한 결핍을 가져와 건강에 더욱 큰 문제를 일으킬 수 있다. 그러나 운동을 통한 체중감소는 거의 대부분 체내 지방질의 감소에 의해 이루어지며, 건강유지에 필수적인 비지방질 성분은 오히려 더 증가시킨다. 따라서 규칙적인 트레이닝을 통한 비만 해소 방법이 아름다운 몸매를 유지하고 건강과 체력을 향상시키는 적극적인 방법이다.

### 6) 부상방지와 재활

목과 허리의 통증을 예방, 완화시키기 위해서는 목과 복부 근육의 단련이 필수적이다. 웨이트트레이닝은 관절주위의 근육, 인대 그리고 건을 강화시킴으로써 관절의 안정성을 높여 주며 스포츠 활동에 참가할 때 경험하게 되는 팔꿈치, 어깨, 발목, 무릎관절 등의 부상을 방지하는데 많은 효과가 있다.

과거에는 부상 후에 상당기간 동안 휴식을 취하는 것이 보편적이었지만, 최근에는 재활 운동을 가능한 한 빨리 시작하여야 그 만큼 회복이 빨라지는 것으로 보고되고 있다. 웨이트트레이닝은 부상당한 관절과 근육의 기능을 회복

시키는데 중요한 역할을 한다.

### 7) 관절질환 및 요통 예방

인체는 근육(골격근)이 약화되면 근육이 받치고 있던 주변의 관절이 약화되어 각종 관절질환이 발생하게 된다. 이는 허리와 무릎이 아프고, 나아가 각종 관절이 삐걱대며 쑤시고 아프게 되는 결과를 초래하게 된다.

이때 각 근육부위를 강화시켜 주면 근육이 연결된 관절부위를 단단히 받치게 되어 이전의 증상이 완화되거나 사라지게 된다.

**○ 트레이닝이 우리 신체와 정신에 미치는 효과 ○**

| 신체적 효과 | 정신적 효과 |
|---|---|
| 체력강화<br>근력 및 근지구력 향상<br>심폐기능, 유연성 향상<br>뼈의 굵기 증가<br>체중 조절 | 긴장감 감소<br>스트레스 해소<br>생활의 활력소<br>자신감 증가<br>생활만족, 삶의 질 향상 |

*천영길 · 김경식(2005). 체력육성을 위한 트레이닝 방법론. 대경북스

### 8) 유산소 운동의 효과(김재구외 1인, 2010)

일반적으로 유산소 운동이 건강을 위한 운동으로 권장되는 데에는 다음과 같은 이유가 있다.

#### (1) 정상운동이다

- 호흡 · 순환기능이 일정수준을 유지하고 산소의 수요와 공급이 균형을 이루고 체내의 여러 조건이 평형상태를 유지한 채 지속되는 운동을 정상운동(steady state exercise)이라 한다.
- 정상운동에 의해 소비되는 에너지는 주로 유산소 에너지이므로 정상운

동은 유산소 운동이다.

- 정상운동에서는 체내의 여러 조건이 안정된 상태에 있기 때문에 그 운동을 계속하여도 사고를 일으킬 가능성은 적고 안전성이 높다고 볼 수 있다.
- 특별한 장애나 피로를 느끼지 않은 채 매일 3~5Km 조깅을 실시하는 사람은 자신의 체력의 한계를 잘 알고 있고 스피드를 잘 조절하면서 정상운동을 할 수 있는 사람인 것이다.
- 정상상태가 되기 전에 한계에 이르는 강한 운동(비정상 운동)에서는 유산소 에너지만으로는 수요를 충당할 수 없기 때문에 무산소 에너지도 다량 소비된다.
- 그 결과 체내에서는 젖산이 축적되어 혈액 ph도 시시각각 변화하므로 언제 어떤 사태가 발생할지 예측하지 못하고 안전성 면에서 불안하다.
- 정상운동이란 5분 간 지속하여도 여전히 여유가 있는 운동이고 비정상운동이란 5분 이내에 탈진되어버리는 운동이라 할 수 있다.

### (2) 유산소 능력을 높인다.

- 유산소 운동을 몇 주에서 몇 개월 실시하면 최대산소섭취량이나 무산소성작업역치가 높아지고 유산소능력이 개선된다.
- 행동체력 특히 전신지구력 강화로서의 의미가 있다.
- 유산소 능력을 유지하고 있는 호흡, 순환, 근 기능 개선으로서의 의미가 있다.

### (3) 심혈관계에 무리 없는 자극을 준다.

- 심장의 부담도를 나타내는 지표에 이중산물이 있으며 이것은 심박수와 수축기혈압을 곱한 값인데 심장의 산소소비량과 상관관계가 높다.
- 일반적으로 운동을 하면 심박수와 수축기혈압이 함께 높아지므로 이중산물은 증대한다.
- 유산소 운동에서는 심박수 증가비율보다 수축기혈압의 상승이 가볍기

때문에 이중산물은 극단적으로 커지지 않아 심장에 대해서 만큼은 좋은 부하가 된다.

- 무산소 운동에서는 대부분 심박수도 높아지고 혈압상승도 현저하여 이중산물은 현저히 증가하며 심장에 과부하를 주게 된다.
- 유산소 운동의 대부분은 팔다리근육의 수축, 이완을 반복시키므로 근 펌프작용이 효율적으로 작용하고 심장으로 향하는 정맥환류가 왕성해진다.
- 정맥환류가 많으면 심실의 확장기 충만이 충분히 이루어지기 때문에 심장의 수축력이 높아진다.

### (4) 허혈성심장질환에 효과적이다.

- 강한 근력을 발휘하는 무산소운동이나 고강도 운동을 계속하면 심장근육은 비대해지지만 모세혈관은 그다지 증가하지 않으므로 심장근육에 대한 산소공급능력은 상대적으로 저하한다.
- 유산소 운동에서는 심장근육도 비대해지고 모세혈관의 증식도 매우 왕성하게 일어나 회로의 형성도 많아지기 때문에 심장근육에 대한 산소공급능력이 높아지고 트레이닝을 하여도 심장근육허혈이 일어나기 어렵다.
- 유산소 운동에는 HDH-콜레스테롤의 증가작용, 항비만작용, 스트레스해소작용 등도 있어 유산소 운동은 허혈성심질환의 예방과 재발방지에 효과가 있다.

### (5) 지방의 소비가 많다.

유산소 운동에서는 많은 지방이 소비되기 때문에 비만대책으로써 특히 효과적이다. 유산소 운동에서 지방소비가 많은 이유는 다음과 같다.

- 운동을 지속하면 처음에는 주로 탄수화물이 칼로리원으로써 이용되지만 시간이 경과하면 지방의 이용률이 높아진다. 따라서 장시간 계속되는 유산소 운동은 지방이용률이 높다.
- 유산소 운동은 장시간 지속되므로 총 소비칼로리를 많게 할 수 있다. 총 소비칼로리가 많으면 지방의 총 소비량도 상대적으로 많아진다.

- 무산소 운동을 하면 젖산이 다량으로 생성되고 혈액도 산성혈증으로 기운다. 이렇게 되면 지방대사에 필요한 효소의 활성이 억제되고 따라서 지방의 소비가 잘 이루어지지 않는다. 이에 비해 유산소 운동에서는 젖산생성량이 적고 산성혈증도 일어나지 않는다.

### (6) 안전성이 높다.

유산소 운동은 무산소 운동에 비해 안전성이 높다고 할 수 있는데 그 주된 이유는 다음과 같다.

- 심장에 과도한 부담이 가해지지 않는다.
- 혈중젖산이 별로 증가하지 않으므로 산성혈증도 일어나지 않는다.
- 걷기, 조깅, 사이클링, 장거리 수영 등의 유산소 운동은 동일한 동작의 리드미컬한 반복이기 때문에 예기치 못한 강한 힘이 신체의 일부에 갑자기 작용하는 경우가 적으므로 상해 발생률이 낮다.

**○ 유산소성 운동으로 인한 신체의 기능적 변화 ○**

| 구 분 | 증 가 | 감 소 |
|---|---|---|
| 순환계 | • 심장의 용적과 크기<br>• 혈류량과 총헤모글로빈<br>• 일회 박출량<br>• 최대산소소비량<br>• 조직의 산소 이용능력 | • 안정 시 심박수<br>• 최대하 운동 중 심박수<br>• 혈압(고혈압 일 때) |
| 근육계 | • 미토콘드리아의 수와 크기<br>• 마이오글로빈 저장 능력<br>• 트리글리세라이드 저장능력<br>• 인산화 과정<br>• 근섬유의 크기 | |
| 기타 | • 뼈, 건, 인대의 충실도<br>• 열순응<br>• HDL-C | • 체중(비만)<br>• 체지방<br>• 총콜레스테롤<br>• LDL-C |

### 9) 무산소 운동의 효과(김재구외 1인, 2010)

#### (1) 무산소 운동의 장점

- 무산소 운동의 장점 중 하나는 무산소 능력을 높이는 것이다.
- 무산소 능력이란 무산소에너지를 산출하는 능력을 말하는데 이 능력이 높으면 전신운동을 할 때 파워가 커진다.
- 단시간 내에 폭발적으로 다량의 에너지를 낼 수 있어서 단거리 경주나 경영 등에 크게 위력을 발휘하고 구기나 격투기에서도 중요한 역할을 수행한다.
- 무산소 능력이 높은 사람은 젖산내성이 높다.
- 혈중 젖산이 비정상적으로 많아져도 잘 견딜 수 있기 때문에 무산소 능력이 높은 사람은 전력질주와 같이 젖산이 높은 조건에 잘 견딜 수 있다.
- 근력강화를 목적으로 하는 경우에는 강한 근력을 발휘할 수 있는 운동이 좋은데 그러한 운동은 대부분 무산소 운동이다.

#### (2) 무산소 운동의 단점

- 무산소 운동의 단점 중 하나는 안전성의 문제이다.
- 무산소 운동의 대다수는 운동강도가 비교적 강하고 비정상운동이다.
- 젖산을 증가하고 ph는 저하하며 산성혈증을 일으킨다.
- 체내의 환경조건은 시시각각 변화하며 심장에 대해서는 과도한 부담을 준다.
- 강한 근수축으로 인해 국소적으로 무리한 힘이 가해지며 이러한 모든 것이 안전상의 문제로 연결된다.
- 무산소 운동에서는 언제 사고가 일어날지 예측할 수 없어 불안이 크며 고령자나 운동에 익숙하지 않은 사람은 더욱 안전에 유의해야 한다.
- 무산소 운동은 안전 면에서 단점이 있지만 분명히 장점도 있으므로 단점을 줄이고 장점을 최대한 살리고 트레이닝 시 유산소 운동을 위주로 하고 무산소 운동을 보조적으로 부가함으로써 무산소 운동도 훌륭한 트레이닝 방법이 될 수 있을 것이다.

○ 유산소와 무산소 운동과정의 특징비교 ○

| 에너지의 발생양식 및 항목 | 유산소 과정 | 무산소 과정 |
|---|---|---|
| • 산소의 필요성<br>• 반응의 속도<br>• 지속성<br>• 대사산물<br>• 산증(acidosis) | • 필요하다<br>• 늦다<br>• 길다(수 분~수 시간)<br>• 물, 이산화탄소<br>• 일어나지 않는다. | • 필요 없다<br>• 빠르다<br>• 짧다(1분까지)<br>• 젖산<br>• 일어난다 |
| • 심장의 부하<br>• 젖산축적<br>• 지속시간<br>• 소비에너지<br>• 지방의 소비<br>• 안정성 | • 부하량이 충분하다.<br>• 적다<br>• 길다<br>• 크다<br>• 크다<br>• 높다 | • 부하량이 부담이 된다.<br>• 많다<br>• 짧다<br>• 적다<br>• 적다<br>• 때로는 위험하다 |

## 6. 트레이닝과 에너지 생성

에너지 생성은 트레이닝을 하기 위한 필수요건이다. 신체활동은 근 수축에 의해 일어나며 근육이 수축할 때는 에너지가 필요하다. 에너지란 일이나 활동을 할 수 있는 능력으로써 근육에서 직접적으로 이용할 할 수 있는 화학적 에너지의 형태는 삼인산 아데노신(ATP)이다. ATP를 재합성하는 데에는 무산소 과정인 인원질(ATP-PC)시스템, 젖산시스템과 유산소 과정인 산소시스템이 있다.

### 1) 무산소성 시스템

무산소성 시스템은 ATP-PC시스템을 말하며 산소가 주된 연료로 사용되지 않기 때문에 무산소성 무젖산 이라고도 한다.

### (1) ATP-PC시스템

근육은 지극히 소량의 ATP만을 저장할 수 있기 때문에 격렬한 활동이 시작되면 매우 빠른 속도로 에너지가 고갈된다. 이와 함께 근육 세포에 저장되어 있는 크레아틴 인산(PC)이 크레아틴(C)과 인산(Pi)으로 분해된다. 이 과정에서 ADP+Pi를 ATP로 재합성할 수 있는 에너지가 방출된다. 이 ATP는 다시 근수축에 필요한 에너지를 방출하면서 ADP+Pi로 분해된다. PC가 C+Pi로 분해될 때 방출되는 에너지는 근수축에 직접 이용되는 것이 아니라 ADP+Pi를 ATP로 재합성하는데 이용된다. 이 시스템은 8초에서 10초 정도의 에너지만을 공급할 수 있다. 즉, 100m 달리기, 다이빙, 웨이트 리프팅, 높이 뛰기, 멀리 뛰기, 던지기, 점프와 같은 극도로 빠르고 폭발적인 활동을 위한 최대의 에너지 근원이다.

### (2) 인산염의 회복

회복을 통하여 신체는 에너지 저장을 운동 전 수준으로 보충한다. 신체는 생물학적 방법을 통하여 생리학적 항상성으로 되돌아가고자 시도한다. 인산염의 회복은 매우 빠르게 발생하는데 처음 30초 동안에 70%정도 회복되며 3~5분 내에 완벽한 회복이 이루어 진다.

### (3) 젖산 시스템

ATP시스템에 의한 에너지 공급이 고갈되면 이후에는 근육과 간 속에 있는 글리코겐이 우선적으로 사용된다. 글리코겐은 해당작용이라는 과정을 거치면서 초성 포도산으로 분해되면서 에너지(3 ATP)를 생산하고 다음 단계에서 산소가 불충분할 때에는 젖산으로 전환된다. 산소가 충분할 때에는 물과 이산화탄소로 완전 분해된다. 산소가 불충분한 경우를 젖산 시스템이라고 하고 산소가 충분한 경우를 유산소 시스템이라고 한다.

젖산 시스템은 ATP-PC시스템 다음으로 빠른 속도로 에너지를 생산 할 수 있으나 글리코겐인 최종 부산물인 젖산이 축적되어 근육에 피로와 고통을 초래하므로 매우 제한적으로만 이용된다.

젖산 시스템은 운동강도가 높은 운동일 경우에 동원되는데 400m, 800m전력질주와 같이 1~3분 사이에 최대의 노력으로 행하는 운동의 경우에 ATP를 공급한다. 또한 1,500m나 5,000m 달리기, 마라톤 경기의 마지막 스퍼트에서도 젖산 시스템이 주로 이용되며 고강도 수행이 장기간 지속되면 다량의 젖산이 근육에 누적되어 피로를 유발하며 최종적으로 신체 활동을 더 이상 유지할 수 없게 된다.

#### (4) 글리코겐의 회복

글리코겐의 완전한 회복은 오랜 시간을 필요로 하며 트레이닝 형태와 식이요법에 따라 다르게 나타난다. 전형적인 근력 혹은 인터벌 트레이닝과 같은 간헐적 활동 후의 회복은 2분 후에 40%, 5시간 후에 55%, 24시간 후에 완전히 회복이 가능하다.

고강도 지구력 활동과 같이 활동이 오랜 시간 지속되면 글리코겐의 회복은 훨씬 더 많은 시간이 걸린다. 대략 60%를 회복하는 데는 10시간, 완전한 100%회복을 위해서는 48시간이 필요하다.

### 2) 유산소성 시스템

유산소성 시스템은 ATP를 재합성하는 또 하나의 에너지 시스템이다. 산소가 충분할 때에는 글리코겐이 이산화탄소와 물로 완전 분해되면서 ATP를 생성한다. 유산소 시스템이 젖산 시스템과 다른 점은 젖산이 축적되지 않는다는 점이다. 즉 유산소 시스템은 산소를 이용하여 에너지를 만들기 때문에 젖산의 축적을 막으면서 ATP를 생성하므로 주로 장시간 운동에 이용되는 시스템이다(천길영외 1인, 2005).

유산소성 시스템은 2분에서 2~3시간 사이를 지속하는 트레이닝 종목의 주된 에너지 시스템이다. 장시간의 트레이닝은 신체의 글리코겐 공급이 고갈됨에 따라 이를 보충하기 위하여 지방이나 단백질의 분해를 가져온다. 이들 중 어떠한 경우라도 글리코겐, 지방 또는 단백질의 분해는 이산화탄소와 물을 부산물로 생성하게 되며 이들은 순환계 혹은 발한을 통해 몸으로부터 배출된다.

### ○ 에너지원의 비교 ○

| 에너지원 | 개념과 특성 | 내용과 훈련방법 |
|---|---|---|
| ATP-PC 시스템 | • 산소를 이용하지 않는 대사 방식<br>• 에너지 원은 PC<br>• 한정된 ATP 생산량 | • 순간 전력 운동에 이용되고, 50m달리기나 도약 종목 및 던지기 등에 발현<br>• 고강도, 단기간 파워 트레이닝의 가장 중요한 에너지원(단거리 달리기, 역도 등) |
| 젖산 시스템 | • 무산소 대사 방식<br>• 에너지원은 글리코겐<br>• 한정된 ATP 생산량 | • 1~3분 정도의 중간 강도 운동에 이용되고, 400~800m 달리기 등에 선택되는 에너지원<br>• 젖산의 축적으로 피로가 나타나는 부작용이 있다. |
| 산소 시스템 | • 유산소 대사 방식<br>• 에너지원은 지질과 글리코겐<br>• 무한정의 ATP 생산 | • 지구성 운동에 동원되는 에너지 체계로 마라톤이나 조깅, 수영 등의 운동에 발현<br>• 이 체계는 고강도 최대 수행을 위해 단위 시간 당 요구되는 ATP를 생산할 수 없는 반면에 탄수화물과 지방의 유용성과 부산물이 없는 점으로 인하여 저강도로 유지하는 한 매우 오랫동안 무제한적인 ATP를 공급할 수 있음<br>• 장시간의 장거리 달리기는 이 체계의 발달이 요구되므로 다양한 유산소 운동을 통해 훈련해야 한다. |

*천영길 · 김경식(2005). 체력육성을 위한 트레이닝 방법론. 대경북스

### ○ 에너지 연속체의 영역 ○

| 시 간 | 에너지 시스템 | 종 목 |
|---|---|---|
| 30초 이내 | ATP-PC | 100m 달리기, 투포환 |
| 30초 ~ 1분 30초 | ATP-PC 와 젖산 시스템 | 200m, 400m 달리기, 200m 수영 |
| 1분 30초 ~ 3분 | 젖산 시스템, 산소시스템 | 800m, 1500m 달리기, 체조경기, 권투 |
| 3분 이상의 대부분의 운동 | 산소 시스템 | 축구, 마라톤, 조깅 등 |

# 제4장

# 트레이닝의 종류와 방법

1. 등척성 트레이닝
2. 등장성 트레이닝
3. 등속성 트레이닝
4. 플라이오메트릭 트레이닝
5. 서키트 트레이닝
6. 인터벌 트레이닝
7. 웨이트트레이닝
8. 전신 지구력(심폐 지구력) 트레이닝
9. 순발력 트레이닝
10. 유연성 트레이닝
11. 정신력 강화 트레이닝

# 제4장

# 트레이닝의 종류와 방법

오늘날 경호원들은 과거 어느 때 보다 더욱 열심히 경호체력육성 트레이닝 프로그램에 정기적으로 참여하고 있다. 그러나 좋은 취지와 의욕을 가지고 트레이닝 프로그램을 시작하는 많은 경호원들이 불행하게도 며칠, 몇 주, 몇 달 이후에는 트레이닝을 포기하는 경우가 많다. 이와 같은 현상은 대부분의 경우 올바른 트레이닝 방법에 대한 정보가 부족했기 때문이다. 경호체력육성 트레이닝 프로그램을 처음 시작하는 경호원들에게 있어서 트레이닝을 위한 적절한 사전 준비는 트레이닝을 지속할 수 있는 중요한 열쇠가 될 수 있다.

트레이닝에 대한 적절한 정보로 무장된 경호원은 트레이닝에 쉽게 적응하고 이를 평생 동안 지속시켜 나갈 수 있으리라 믿어진다. 효과적인 트레이닝을 위해서는 트레이닝이 경호원들의 생활의 일부분이 될 수 있도록 하여야 한다.

## 1. 등척성 트레이닝(Isometrics Training)

### 1) 등척성 트레이닝의 개념

등척성 근수축으로 정적 저항운동이라고도 하며 같은(iso) 길이(metric)를 의미한다. 등척성 트레이닝은 고정되어 있는 물체를 최대로 밀거나 당길 때 정지한 상태에서 근력을 향상시키는 방법으로서 프로그램 수행 시 특별한 장비가 필요 없고 고정된 물체를 적절히 활용하여 스스로 적절한 강도를 조절할 수 있다. 체조의 링 종목에서 십자형 굳히기와 사격 같은 자세를 유지하기 위해서는 반드시 필요한 트레이닝 방법이다.

등척성 트레이닝에 있어 장점은 다음과 같다.

- 부상 근육의 재활을 위해 사용될 수 있다.
- 간단한 기구나 장비를 이용하여 수행할 수 있다.
- 비교적 빠르게 초보자에게 근력을 향상시키는 효과가 있다.
- 웨이트트레이닝처럼 파트너나 세밀한 감시가 필요하지 않다.
- 관절의 움직임이 없기 때문에 관절 또는 뼈에 부상을 입어도 트레이닝을 계속할 수 있다.
- 근 비대를 거의 유발하지 않으므로 체급 종목 선수들에게 유리하며 근력이 주가 되는 종목의 선수들에게도 유리하다.
- 과도한 경호업무로 인해 시간적 여유가 없거나, 육체적 피로 등으로 체력육성 트레이닝에 참여가 어려운 경호원들이 언제, 어디서나 주위의 간단한 소품들을 이용하여 손쉽게 트레이닝을 할 수 있다.

## 2) 등척성 트레이닝의 구성요소

### (1) 운동강도

운동강도가 20% 이하로 지나치게 낮을 경우 운동효과가 없어 근력의 감소를 가져오게 되며 등척성 트레이닝에 있어 강도를 최대근력의 60~100%에서 높은 효과를 기대할 수 있다. 위기상황대처 시 위해범 제압 훈련 등에서는 90~100%의 강도로 실시한다.

### (2) 운동시간

등척성 트레이닝 시 운동시간은 운동강도를 고려하여 수행되어야 하는데 그 이유는 운동강도가 강할수록 근육내의 혈류가 차단되므로 장시간 근수축을 지속할 수가 없게 되기 때문이다. 일반적으로 등척성 트레이닝 시 운동강도가 낮을 때는 장시간 지속할 수 있으며, 100%의 최대 근력으로 수행할 때는 운동 지속 시간이 6~12초가 적절하다.

○ 등척성 트레이닝 시 운동강도와 시간 ○

| 운동강도 (최대근력에 대한 % ) | 운동시간(근 수축 시간, sec ) | |
|---|---|---|
| | 최저한도 | 적정한도 |
| 40 - 50 | 15 - 20 | 45 - 65 |
| 60 - 70 | 6 - 10 | 18 - 30 |
| 80 - 90 | 4 - 6 | 12 - 18 |
| 100 | 2 - 3 | 6 - 10 |

* Hettinger & Muller, 1963

### (3) 운동빈도

등척성 트레이닝의 운동빈도는 주당 5~6일 실시하는 것이 좋으나, 매일 실시하는 것이 가장 효과적이다. 주당 3일씩 실시했을 때는 약80%의 효과가 나타나며, 3일에 1회 실시했을 경우 60%정도로 효과가 감소한다.

경호원의 경우 주당 3회의 빈도로 10~15분간 실시하는 것이 적당하며 경호행사를 앞둔 경호원은 근력강화를 위해 매일 실시하는 것이 바람직하다.

## 3) 등척성 트레이닝 시 유의사항

- 초보 단계의 경호원은 강도를 낮추어 실시한다.
- 무게를 높이는 것보다는 실시 횟수를 조절한다.
- 최대 근력의 60~100%의 강도로 실시할 때 가장 효과적이다.
- 휴식 시간은 60~90초로 하고 근육을 풀어 주거나 심호흡을 한다.
- 등척성 근력 측정 방법으로는 악력, 배근력, 각력, 완력 등이 있다.
- 스피드나 순발력의 요구 시에는 등장성 근력 트레이닝과 같이 실시한다.
- 근육의 수축 시간은 6~12초로 하고, 1회 총 수축시간은 60-90초 정도가 바람직하다.

○ 등척성 트레이닝의 장·단점 ○

| 장 점 | 단 점 |
|---|---|
| • 어디서나 할 수 있다.<br>• 장비가 필요 없다.<br>• 전체 운동 시간이 많이 소요되지 않는다.<br>• 부상을 입은 신체 부위의 재활에 사용한다.<br>• 동작 범위 중에서 가장 힘든 지점을 극복하는데 도움이 된다.<br>• 운동 후 근육통이 거의 없다. | • 근력의 증가는 운동된 관절의 각도에서만 가능하다.<br>• 근력이 얼마나 증가하였는지 판단할 수 없다.<br>• 협응성을 증가시키지 않는다.<br>• 전신의 모든 근육을 운동시키기가 어렵다.<br>• 혈압이 급상승한다. |

## 2. 등장성 트레이닝(Isotonic Training)

### 1) 등장성 트레이닝의 원리

등장성 근수축으로 행하는 동적근력 트레이닝이다. 등장성 트레이닝은 스스로의 힘으로 근육을 수축시켜 그 결과로 관절이 움직이는 운동이며 근력을 강화시키는 트레이닝이다.

등장성 트레이닝은 구심성 수축 트레이닝과 원심성 수축 트레이닝으로 구분할 수 있다.

구심성 수축 트레이닝은 근육이 힘을 발휘하면서 그 길이가 짧아지는 수축으로서, 물건을 들어 올리는 등 우리가 가장 흔하게 접하는 형태로서 등장성 혹은 단축성 수축이라고도 한다. 원심성 수축은 구심성 또는 등장성 수축과 상반된 형태로서, 무거운 짐을 들었다가 내려놓거나 내리막길을 달리거나, 계단을 내려갈 때 근육은 원심성 수축을 일으킨다.

등장성 트레이닝에서는 원심성 수축이 일어나 근육의 길이가 길어질 때 힘을 증가 시키는 효과가 더 크므로 근력을 강화하는 방법으로는 효과적이나, 스트레스를 많이 받고 근육에 통증을 줄 수가 있다.

## 2) 등장성 트레이닝의 구성요소

### (1) 운동강도

등장성 트레이닝에서는 근력향상을 위해 10회 정도를 반복할 수 있는 범위가 적절하고 5~6회 이내로 반복할 수 있는 부하라면 더욱 효과를 나타낼 수 있다. 등장성 트레이닝의 경우 최대근력의 60%이상에서 근력향상이 현저하게 나타나게 되는데 이것은 8~10RM이 최대근력의 60%에 해당된다.

**❍ 등장성 트레이닝 시 운동강도와 반복횟수 ❍**

| 트레이닝 강도<br>(최대근력에 대한%) | 최대반복 횟수(RM) |
|---|---|
| 30 | 50 - 60 |
| 40 | 1 - 20 |
| 50 | 13 - 20 |
| 60 | 8 - 10 |
| 80 | 3 - 5 |
| 100 | 1 |

### (2) 운동시간

등장성 트레이닝의 운동시간은 최대근력(maximal strength: 최대저항력으로 10초간 저항 할 수 있는 힘)의 지속시간에 대한 20~30% 정도면 충분하고, 반복횟수는 부하가 낮을수록 증가하고 부하가 높을수록 적게 구성된다.

○ 등장성 트레이닝 시 운동강도와 시간 ○

| 트레이닝 강도<br>(최대근력에 대한 %) | 트레이닝 시간<br>(지속시간, 초) |
|---|---|
| 40 - 50 | 15 -20 |
| 60 - 70 | 6 - 10 |
| 80 - 90 | 4 - 6 |
| 100 | 2 - 3 |

### (3) 운동빈도

일반적으로 등장성 트레이닝의 운동빈도는 등척성 트레이닝과 동일한 수준으로 실시하고 근력강화를 위해서는 주당 3회의 빈도나 격일제로 실시하는 것이 좋다. 과도한 트레이닝 빈도는 근력강화 보다는 오히려 만성피로를 유발시켜 트레이닝에 역효과를 가져올 수 있다(이상욱외 2인, 2002). 또한 등장성의 경우 동적인 수축운동이기 때문에 정적 수축인 등척성 운동 보다 근육의 피로가 더 지속되므로 각 세트와 세트 사이의 휴식에 있어서 등척성 트레이닝보다 약간 길게 할 필요가 있다.

**○ 등장성 운동의 장·단점 ○**

| 장 점 | 단 점 |
|---|---|
| • 근력 향상을 자신의 눈으로 확인할 수 있다.<br>• 자신의 노력 수준을 결정할 수 있다. (운동강도의 설정)<br>• 동작의 전 범위에 걸쳐 운동이 실시된다.<br>• 근육 부피 증가에 효과적이다. | • 신장성 수축에 따른 근육조직의 손상(근육의 통증)<br>• 안전성의 문제: 기구를 다루는 데 안전사고가 발생할 가능성이 있다.<br>• 등척성 트레이닝보다 운동시간이 많이 소요된다. |

| | |
|---|---|
| • 근력 증가에 효과적이다.<br>• 인체 주요 근육 부위를 운동시키기가 비교적 쉽다.<br>• 신체의 움직임이 일어나므로 협응성을 향상시킨다.<br>• 등척성 훈련 방법보다 심리적으로 더 많은 자극을 준다. | • 동작범위 중에서 가장 약한 지점만이 최대로 트레이닝 된다.<br>• 기구 구입에 경비가 소요된다. |

## 3. 등속성 트레이닝(Isokinetic Training)

### 1) 등속성 트레이닝의 원리

등속성 근수축으로 행하는 동적근력 트레이닝이며 적응성 저항운동이라고도 한다. 등속성 트레이닝이란 미리 정해놓은 속도를 이용하여 관절이 가동 범위 내에서 움직이는 동안 모든 각도에서 일정한 저항에 의해 힘이 발생되는 운동이다. 즉, 일정한 속도에서 근 수축 운동이 일어나도록 근육에 일정하고 강한 부하가 걸릴 수 있도록 하는 근 수축 양식이 등속성 트레이닝의 원리인 것이다(이상욱외 2인, 2002).

등속성 트레이닝은 전 운동 범위에서 동일한 최대 부하를 받으며 실시할 수 있기 때문에 근력 향상에 보다 효과적이며 측정에 대한 근 기능의 기계적 운동 평가에 대한 신뢰도가 매우 높다고 할 수 있다.

### 2) 등속성 트레이닝의 장점

사이벡스와 같은 장비는 속도를 원하는 대로 조절할 수 있을 뿐만 아니라 근력을 측정하는데도 편리하게 이용된다(천길영외 1인, 2005).

① 동적근력을 양방향으로 정확하게 측정할 수 있기 때문에 근력의 불균형을 예방하고 정확 하게 교정할 수 있다.

② 운동범위 전체에 걸쳐 동일한 운동부하가 주어지므로 어느 각도에서나

근력을 균등하게 향상 시킬 수 있다.

③ 운동부하가 고강도일 경우 상대적으로 낮은 부하가 걸리고 저속일 경우 상대적으로 높은 부하가 운동 근육에 걸리므로 근 수축 능력에 따라 부하조정이 가능하여 심리적 안정 속에서 트레이닝을 할 수 있다.

④ 트레이닝 재 합류 여부를 결정짓는 근력회복의 정도를 부상자 자신이 직접 평가할 수 있다.

⑤ 등속성 운동은 근 수축 양식이 수축성 형태로서 근육을 신장하려는 외적인 힘이 영점에 가깝기 때문에 근육통을 수반하지 않고 훈련할 수 있다.

**○ 등속성 트레이닝의 설계 지침 ○**

| 구분 | 트레이닝 변수 | 트레이닝 방법 |
|---|---|---|
| 1 | 부하:저항 | 최대 |
| 2 | 운동종목의 수 | 3~5 |
| 3 | 세트 당 반복횟수 | 1~4 |
| 4 | 트레이닝 단위당 반복 횟수 | 40~60 |
| 5 | 트레이닝 단위당 세트 수 | 3~5 |
| 6 | 휴식 인터벌 | 3~6분 |
| 7 | 주당 빈도 | 1~2 |

*출처: 체육과학연구원(2002). 트레이닝론

### 3) 등속성 트레이닝의 단점

① 장비의 가격이 너무 비싸 트레이닝 현장에서 널리 사용하기가 곤란하다.

② 위기상황 대처 시 힘의 발휘는 동작의 마지막 부분에서 최대의 가속력에 도달할 수 있도록 점진적으로 증가하는데, 이러한 요소를 등속성 장비로 재현될 수 없다는 것이 제한점이다

### ○ 등장성, 등척성, 등속성 트레이닝의 비교 ○

| 평가요소 | 등장성 | 등척성 | 등속성 |
|---|---|---|---|
| 근력증가율 | 보통 | 낮음 | 높음 |
| 근지구력 증가율 | 보통 | 낮음 | 높음 |
| 효과 발생시기 | 보통 | 빠름 | 보통 |
| 비용 | 보통 | 저가 | 고가 |
| 편이성 | 불편 | 용이 | 고가 |
| 평가방법 | 용이 | 낮음 | 난해 |
| 각속도 전이효과 | 보통 | 적음 | 큼 |
| 근육통 | 심함 | 보통 | 극소 |
| 상해 | 많음 | 낮음 | 극소 |
| 기술향상 | 보통 | 적음 | 높음 |

* 천길영 · 김경식(2005). 체력육성을 위한 트레이닝 방법론. 대경북스

| | 장 점 | 단 점 |
|---|---|---|
| 등장성 | • 스포츠기술에서 사용하고 운동을 효과적으로 모방할 수 있다.<br>• 동적 협응력을 향상 시킨다.<br>• 근력 증대를 촉진 시킨다. | • 최대한 가동범위에서 근육을 수축시키지 못한다.<br>• 특별한 장비와 기구를 요구한다.<br>• 통증을 유발시킬 수 있다. |
| 등척성 | • 어떤 장소에서든지 실행 할 수 있다.<br>• 비용이 저렴하고 특별한 장비가 필요하지 않다.<br>• 움직이지 않은 관절을 재활시킬 수 있다. | • 오직 한 가지 자세에서 근력을 증강 시킨다.<br>• 근 비대효과가 적다.<br>• 스포츠 기술과 관련이 적고 변형이 어렵다. |

| 등속성 | • 최대한 가동범위에서 근력을 증대시킨다.<br>• 재활과 평가에 가치가 있다.<br>• 안전하고 통증을 덜 유발시킨다. | • 특별한 장비를 요구한다.<br>• 스포츠에서 나타난 자연스러운 가속을 되풀이 할 수 없다.<br>• 사용방법이 복잡하고 모든 근육군을 운동시킬 수 없다. |
|---|---|---|

## 4. 플라이오메트릭 트레이닝(Plyometric Training)

### 1) 플라이오메트릭의 정의

플라이오메트릭은 근력의 신장반사를 불러일으키는 등척성 운동에 과부하를 제공하는 훈련으로, 근육이 가장 짧은 시간 내에 최대한의 힘을 발휘할 수 있도록 해주는 운동이라 정의 할 수 있다. 특히 각근 파워인 다리의 폭발적인 스피드와 도약력 향상에 큰 효과를 볼 수 있어 경호업무수행 시 경호원들에게 필요한 순발력과 파워를 기르고 점프, 들어올리기, 투척 등에 필수적인 트레이닝이다.

### 2) 플라이오메트릭의 구성요소

#### (1) 운동강도

플라이오메트릭 트레이닝에서는 점프하는 높이나 멀리 뛰는 거리에 의해 강도가 달라질 수 있으며, 뎁스 점프, 뜀틀 점프, 박스 점프, 혼잡 점프, 제 자리 점프, 제 자리 연속 점프 등에서는 장애물의 높이와 점프의 형태, 개인의 체중 그리고 이동거리와 방향전환에 따라 부과되는 강도는 많은 차이를 나타낸다.

플라이오메트릭 트레이닝은 심한 충격력에 의해 관절에 많은 스트레스를 주기 때문에 부상방지를 위해 잔디나 매트 위에서 실시 할 것을 권한다. 또한 파워 트레이닝의 일종 이므로 최대근력의 35% 수준으로 운동을 실시하는 것이 바람직하다.

#### (2) 운동시간

1세트에 40회 이하의 점프로 구성하고 총 8~10세트를 실시하는 것이 좋다. 10~15분간 스트레칭과 같은 낮은 강도의 준비운동과 정리운동이 필요하며, 피로하지 않은 상태에서 실시하는 것이 최대한의 효과를 얻을 수 있으므로 운동시간은 가능한 20~30분을 넘기지 않는 것이 좋다.

각 세트와 세트 사이의 회복시간은 45~60초 정도의 충분한 휴식이 필요한데, 이는 플라이오메트릭 트레이닝이 무산소성 운동으로서 각 세트와 세트 사이의 휴식시간이 짧으면 충분한 회복을 할 수 없어 오히려 근 지구력 훈련이 될 수 있기 때문이다. 그러므로 운동과 휴식 사이의 시간적 비율을 1:5에서 1:10정도로 설정하는 것이 바람직하다.

#### (3) 운동빈도

플라이오메트릭 트레이닝 후 다음 운동을 위한 충분한 회복시간은 48~72시간이 필요하다. 초보자의 경우 트레이닝 사이의 회복시간은 최소한 48시간이 필요한데, 이것을 기준으로 볼 때 운동빈도는 주당 3일이 적당하다고 볼 수 있다.

웨이트트레이닝과 플라이오메트릭 트레이닝을 병행하여 실시할 경우 동일한 트레이닝은 가급적 피하고 하루씩 번갈아 가며 실시하는 것이 근 파워 트레이닝에 더욱 적합한 방법이라 할 수 있다(유호길외 2인, 2002).

### 3) 플라이오메트릭 트레이닝의 특성 및 종류

플라이오메트릭 트레이닝의 특성은 다음과 같다(천길영외 1인, 2005).

① 근육은 예비 신장 상태에서 더욱 강력하고 빠르게 수축할 수 있다.

② 예비신장이 더 빠를수록 단축성 수축이 더 강하게 일어날 수 있다.

③ 단축성 수축은 예비신장 국면이 완료된 직후에 이루어져야 한다.

④ 경호원들을 예비 신장, 즉 다리나 팔을 굽힌 상태로 착지하도록 하는 것이 중요하다.

⑤ 예비 신장 국면으로부터 단축성 수축국면으로의 전환은 부드럽고 연속적이어야 하며 가능한 신속해야 한다.

플라이오메트릭 트레이닝의 종류에는 얼터네이트 레그 바운드, 더블 레그 바운드, 더블 레그 스피드 홉, 스쿼트 점프, 스플리트 점프, 스키핑 등이 있다.

**○ 저 충격 및 고 충격 플라이오메트릭 트레이닝의 종류 ○**

| 저 충격 트레이닝 | 고 충격 트레이닝 |
|---|---|
| • 스키 핑<br>• 로프점핑<br>• 점프: 낮은 그리고 짧은 스텝의 홉과 점프<br>• 낮은 벤치 또는 로프(25~35cm)로 넘기<br>• 메디신 볼(2~4kg)던지기<br>• 튜브운동<br>• 가벼운 기구(야구공)던지기 | • 제자리 멀리뛰기와 3단 점프<br>• 높은 벤치나 로프(35cm이상)점프로 넘기<br>• 점프하여 박스(35cm이상)오르기 또는 넘기, 박스에서 뛰어 내리기<br>• 무거운 메디신 볼(5~6kg)던지기<br>• 무거운 기구 던지기<br>• 드롭 점프/반작용 점프 |

*체육과학연구원(2002). 트레이닝론. 동원피엔지

## 5. 서키트 트레이닝(Circuit Training)

### 1) 서키트 트레이닝의 개념

서키트 트레이닝은 순회 또는 순환이라는 뜻으로 몇 가지 운동내용을 세트화 하여 운동내용별로 순서를 정하여 실시하는 트레이닝 방법으로 기초체력 양성과 함께 심폐기능 강화와 근력, 근 지구력, 순발력, 협응력 등 전신을 발달시키는 것이 목적이다.

근력 및 근지구력 강화를 목표로 한 서키트 트레이닝의 경우 웨이트트레이닝과 유사하지만 서키트 트레이닝의 경우 각각의 운동과 운동 사이에 휴식을 넣지 않고, 운동부하의 비율이 웨이트트레이닝보다 가볍다는 명확한 차이가 있다

### 2) 서키트 트레이닝의 장점

- 향상 시키고 싶은 체력 요소의 항목을 포함시킬 수 있다.
- 좁은 공간에서도 트레이닝 장비의 설치가 가능하다.
- 운동강도와 운동량을 개인의 수준에 따라 조절할 수 있다.
- 30분 이내에 전체적인 트레이닝 수행이 가능하며 운동 수행에 따른 동기 유발이 가능하다.

### 3) 서키트 트레이닝 시 고려사항

① 신체의 부위를 교대로 운동하여 근피로가 어느 특정부위에 집중되지 않도록 한다,

② 점차 체력이 향상되면 운동 횟수나 강도를 높여가도록 한다.

③ 자신이 부족한 체력 요소를 발달시킬 수 있는 운동종목으로 구성한다.

④ 서키트 트레이닝을 지루하지 않게 하려면 주기적으로 운동순서나 내용에 변화를 준다.

⑤ 근력 및 근지구력 발달을 위해서는 트레이닝 원리를 철저히 준수하여 적정운동부하로 실시 한다.

### 4) 서키트 트레이닝의 종류

#### (1) 계단 오르내리기

- 실시방법: 양발을 번갈아가면서 계단을 오르내린다. 1분 동안 쉬지 않고 실시한다.
- 효　　과: 하지 및 심혈관계

### (2) 팔굽혀 펴기

- 실시방법: 양팔을 어깨 넓이로 하여 가슴이 바닥에 닿을 때까지 팔을 굽혔다가 편다.
  최대 반복하여 팔굽혀펴기를 할 수 없을 때까지 실시한다.
- 효　　과: 상완삼두근 및 대흉근

### (3) 윗몸 일으키기

- 실시방법: 빠른 동작을 윗몸 일으키기를 실시한다. 반동을 이용하지 않도록 한다.
  약 30초 동안 실시한다.
- 효　　과: 복부

### (4) 바 비

- 실시방법: 빠른 동작으로 바닥에 몸을 엎드렸다가 일어선다. 약 30초 동안 실시한다.
- 효　　과: 하지 및 심혈관계

### (5) 사이드레이즈

- 실시방법: 적당한 무게(덤벨,원반)을 잡고 서서 덤벨이나 원반을 어깨 높이까지 들어올렸다가 내린다. 최대 반복 실시하도록 한다.
- 효　　과: 삼각근

### (6) 딥 스

- 실시방법: 의자를 어깨넓이로 나란히 놓는다. 의자를 자복 몸을 최대한 아래로 내렸다가 가슴과 팔에 힘을 주면서 다시 올린다.
  최대 반복실시 하도록 한다.
- 효　　과: 상완삼두근 및 대흉근

### (7) 덤벨 스쿼트

- 실시방법: 다리를 어깨넓이로 하고 적당한 덤벨을 잡고 선다. 앉았다 일어서면서 다리와 대둔근에 힘을 준다. 30초 동안 멈추지 않고 실시한다.
- 효 과: 대퇴근 및 대둔근

### (8) 쪼그렸다가 뛰어오르기

- 실시방법: 손을 깍지 끼어 머리 뒤로 댄다. 몸을 최대한 앉았다가 위로 점프하여 일어선다.
  다리를 어깨넓이로 하고 적당한 덤벨을 잡고 선다. 앉았다 일어서면서 다리와 대둔근에 힘을 준다. 30초 동안 멈추지 않고 실시한다.
- 효 과: 하체

## 5) 서키트 트레이닝 프로그램

서키트 트레이닝 프로그램의 한 가지 사례를 제시하면 다음과 같다.

**○ 서키트 트레이닝 프로그램의 예 ○**

| 운 동 명 | 시 간 | 운 동 효 과 |
|---|---|---|
| 계단오르내리기 | 1분 | 하지 및 심혈관계 |
| 팔굽혀펴기 | 최대반복 횟수 | 상완삼두근 및 대흉근 |
| 윗몸일으키기 | 30초 | 복 부 |
| 바비 | 30초 | 하지 및 심혈관계 |
| 덤벨사이드레이즈 | 최대반복 횟수 | 삼각근 |
| 딥스 | 최대반복 횟수 | 상완삼두근 및 대흉근 |
| 덤벨스쿼트 | 30초 | 대퇴근 및 대둔근 |
| 쪼그렸다뛰어오르기 | 30초 | 하체 |

* 천길영 · 김경식(2005). 체력육성을 위한 트레이닝 방법론. 대경북스

○ 서키트 웨이트트레이닝 프로그램의 예 ○

| 운동명 | 횟수 | 운동효과 |
|---|---|---|
| 스쿼트 | 20~30 | 대퇴근 |
| 하이폴리머신 | 20~30 | 광배근 |
| 벤치 프레스 | 10~20 | 대흉근 |
| 윗몸 일으키기 | 10~15 | 복직근 |
| 업라이트로우 | 10~15 | 승모근 |
| 숄더프레스 | 20~30 | 삼각근 |
| 바 벨 컬 | 20~30 | 상완이두근 |
| 팔굽혀펴기 | 10~20 | 상완삼두근 |

* 천길영 · 김경식(2005). 체력육성을 위한 트레이닝 방법론. 대경북스

## 6. 인터벌 트레이닝(Interval Training)

### 1) 인터벌 트레이닝의 개념

인터벌 트레이닝이란 적절한 휴식 시간을 두면서 운동을 반복해서하는 전신 지구력 트레이닝의 한 방법으로써 지속 운동보다 강한 운동(심박수 180)을 하면서 중간에 가벼운 운동(심박수 120)으로 불완전한 휴식을 취하는 운동 방법이다.

이는 높은 수준의 지구력 향상에 도움이 되며, 호흡 순환기의 계속적 활동에 의한 심박출량의 증가, 무산소적 부하의 교대에 따른 무산소성 역치의 증가와 근력의 증강을 도모할 수 있다.

또한 무산소적 과정과 유산소적 과정을 교대함으로써, 심장을 일정한 수준에서 항진시켜 활동하는 반면, 다른 기관은 간헐적으로 부담을 경감시키게 되어, 심장을 강력하게 활동시키는데 좋다.

인터벌 트레이닝의 가장 중요한 원리는 운동의 강도를 높게 하여 호흡, 순환계의 활동 상태를 최고의 수준에 이르게 하고, 걷거나 가벼운 달리기 등의 불완전한 휴식을 취하여 근육이나 운동 신경 등이 일시적인 휴식 상태에 있어

도 심장과 폐는 계속 운동이 되도록 함으로써 전신 지구력의 향상을 극대화시킨다는 점이다.

### 2) 인터벌 트레이닝의 계획 및 관리

인터벌 트레이닝의 강도를 결정하는 방법은 심박수에 의한 방법, 반복에 의한 방법, 스피드에 의한 방법이 있으며 트레이닝 내용에 따라 달리 선택하지만 대개 혼합하여 활용한다.

심박수에 의한 방법이 운동강도나 종료 시점을 알려주는 지침을 주기 때문에 이 방법을 많이 활용된다.

트레이닝의 부하강도는 100m, 150m ,200m의 거리를 전력 질주에 가까운 스피드 혹은 9/10까지의 속도 범위로 달린 후 휴식시간은 가벼운 조깅 정도로 90초 이하의 시간으로 제한다.

➤ 운동강도 - 부하기 : 최대 스피드의 70~90%, 휴식 기 : 최대 스피드의 30%

➤ 운동시간 - 부하기와 휴식기의 반복을 10회 이상 실시

➤ 운동빈도 - 격일제로 실시

인터벌 트레이닝의 프로그램은 거리, 페이스, 반복의 회수를 회복기간에 조절함으로서 여러 가지 강도로 다양한 프로그램을 구성할 수 있다.

**○ 인터벌 트레이닝 프로그램의 예 (보통강도) ○**

| 숏 인터벌 트레이닝 | 롱 인터벌 트레이닝 |
|---|---|
| ① 유연성 운동과 심폐의 워밍업을 실시한다.<br>② 10초 동안 100% 속도로 달린다. (약 60~90미터)<br>③ 천천히 걸으면서 10초 동안 휴식<br>④ 2번과 3번 과정을 번갈아 가면서 20회 반복 | ① 유연성 운동과 심폐의 워밍업을 실시한다.<br>② 1분 동안 90% 속도로 달린다. (약 300~450미터)<br>③ 천천히 걸으면서 4분 동안 휴식<br>④ 2번과 3번 과정을 번갈아 가면서 5회 반복 |

## 7. 웨이트트레이닝(Weight Training)

### 1) 웨이트트레이닝의 개념

웨이트트레이닝은 주로 바벨이나 덤벨 등과 같은 다양한 웨이트 기구를 사용하여 신체근육을 자극함으로서 근력과 파워는 물론, 건강과 체력 및 근육발달을 향상시키는 대표적인 무산소성 운동이다. 최근에는 체력단련, 헬스, 보디빌딩 등과 같은 유사용어로도 사용되고 있다(김경식외 1인, 2005).

적절한 웨이트트레이닝을 실시하면 보다 강해진 근육이 트레이닝에 의한 부하에 대응하기 때문에 작은 근육상해는 잘 일어나지 않게 된다. 또한 연부조직(근육, 인대, 힘줄)뿐만 아니라 뼈나 관절도 단련시키므로 상해에 대한 저항력을 증가시키고 골다공증과 같은 퇴행성 변형도 방지하는 효과를 가져 올 수 있다.

연속되는 경호행사와 교대근무 등으로 바쁜 나날을 보내고 있는 경호원들에게 트레이닝을 할 수 있는 시간은 그리 많지 않다. 혹 시간이 나더라도 신체적 · 정신적 피로와 개인적인 사정 등으로 인해 트레이닝에 소홀해 지기 쉬운데, 웨이트트레이닝 프로그램을 단계적으로 꾸준히 실시하면 단 시간 내에 자신이 원하는 신체 부위의 근력을 강화하고 지방도 제거하여 이상적인 체형 및 몸매를 가꿀 수 있다.

### 2) 웨이트트레이닝의 목적

웨이트트레이닝의 목적은 트레이닝 참가 동기에 따라 다음과 같이 나눌 수 있다(이석인외 2인, 1997).

#### (1) 근육발달

근육의 균형적인 발달과 근육의 조화 및 근육의 선명도 등 신체의 외형을 발달시키기 위하여 실시한다.

경호원들의 경우 우람하고 균형 잡힌 몸매는 위해자에는 위압감을 경호대상자에게는 믿음과 신뢰성을 줄 수 있고 위기상황대처 시나 신체를 통한 인적방벽을 형성할 경우 상당한 근력을 필요로 하는데 이를 위해 웨이트트레이닝을 실시한다.

#### (2) 운동 경기력 향상

모든 스포츠종목의 운동선수들이 운동종목의 보강운동으로서 또는 운동경기 수행 능력을 향상시키기 위하여 실시한다.

경호원들의 경우 다른 체력육성 트레이닝과 함께 실시하며, 경호무도 수련시 근력 강화 보조운동으로 실시한다.

#### (3) 건강 · 체력 증진

웨이트트레이닝에 유산소 운동(런닝 머신, 자전거 타기 등)을 포함 시켜 건강 및 체력, 특히 근력, 근지구력을 향상시키고 체중 조절을 위해 실시한다.

#### (4) 부상회복

부상당했던 관절이나 근육부위에 적정한 부하를 주어 정상적인 근력으로 빨리 회복시키기 위하여 실시한다.

### 3) 웨이트트레이닝의 효과

웨이트트레이닝은 여러 가지 크기의 무게와 신체 각 부위에 알맞게 개발된 기구들을 계획적이고도 의도적으로 무게를 증가하거나 총 부하 또는 저항으로 운동동작에 부하를 점진적으로 증가시켜 근육내의 생화학적 변화를 유리하게 일으키는 운동이며 육체적 발달에 가장 뚜렷하게 기여한다.

잘 짜여진 웨이트트레이닝 프로그램에 규칙적으로 참가함으로써 근력과 근지구력 및 유연성을 유지 및 발달시킬 수 있다.

#### (1) 근육 증가로 기초대사량이 증가한다.

인체가 소비하는 칼로리의 90%는 근육이 사용한다. 다이어트가 목적이지만 근력운동을 해야 하는 이유도 이것 때문이다.

근육이 늘어나면 그만큼 소비하는 칼로리도 늘어나 체중감량에 효과적이기 때문이다. 근력운동으로 근육량을 증가시키고 유산소성 운동을 병행하여 체지방을 보다 더 빨리 감소할 수 있다.

### (2) 날씬하고 탄력 있는 몸과 S라인을 만든다.

같은 체중이라도 근육이 많은 사람은 더 날씬하게 보인다. 그 이유는 근육과 체지방의 밀도 차이 때문이다. 탄력 있는 몸매를 가진 여성은 겉보기 보다는 체중이 3kg 더 많이 나간다고 한다. 중요한 건 체중이 아니라 체지방을 줄이고 근육을 늘리는 것이다.

근력운동을 처음 접하는 사람 또는 여성들은 무거운 중량으로 힘들게 운동하는 것을 대부분 싫어한다. 이유는 몸매가 우락부락해 지거나 근육이 너무 많아질까 걱정이기 때문이다. 그러나 이러한 걱정은 전혀 할 필요가 없다. 근육은 그렇게 쉽게 만들어 지는 것은 아니며 특히 여성의 경우 여성 호르몬의 영향 때문에 절대 보디빌더처럼 우락부락한 몸이 될 수 없다.

탄력 있는 몸과 S라인을 만들고 싶다면 자신에게 맞는 중량으로 운동을 하는 것이 좋다. 또한 과체중인 사람 역시 적당한 근력운동을 병행해야 다이어트 성공 후 탄력 있는 몸매를 자랑할 수 있다.

### (3) 골다공증 예방과 신진대사를 촉진 시킨다.

근력운동은 체내 칼슘 성분이 빠져나가는 골다공증을 예방함은 물론 운동을 할 때 그 중량을 이기기 위해 뼈가 칼슘을 흡수하려 하기 때문에 골다공증 예방이 된다.

뼈가 약한 노약자 또는 여성들은 가벼운 중량으로 운동을 시작하고 체력과 근력이 좋아짐에 따라 중량을 조금씩 추가해 운동을 하도록 한다.

뼈는 근육 안쪽에 위치하고 있다. 튼튼한 근육을 가진 사람이라면 같은 충격에도 뼈에 전해지는 충격은 덜 할 것이다.

### (4) 요요현상을 피할 수 있다.

다이어트 성공 후 예전의 몸으로 돌아가는 것을 요요현상이라고 한다. 요요

현상의 이유 중 하나는 잘못된 상식으로 다이어트를 시작해 체중은 줄었지만 근육량도 같이 줄어서 나타나는 현상인 것이다. 근육량이 줄면 기초대사량이 줄어들고 기초대사량이 줄어들면 하루 총 소비하는 칼로리도 줄어들게 된다.
즉 다이어트에 성공 하더라도 체중이 더 잘 늘어나는 몸이 되어 있는 것이다.
그것을 예방하기 위해 근력운동이 꼭 필요하다.
자신에게 맞는 강도로 근력운동을 병행 하면서 다이어트를 하면 근육량을 유지 또는 증가할 수 있다.

#### (5) 유연성과 근지구력을 발달시킨다.

길항근을 항상 운동시키고 모든 운동범위를 통하여 운동함으로써 유연성을 발달 발달시킨다. 또한 근육이 알맞은 저항에 대하여 많은 반복을 함으로써 근지구력이 발달된다.

### 4) 웨이트트레이닝의 실시단계

#### (1) 준비운동

준비운동은 몸 전체를 따뜻하고 부드럽게 하여 다음의 운동부하에 대비하는 단계이다. 준비운동을 함으로써 운동수행 능력을 향상 시키고 상해를 방지 할 수 있으며, 근육이 보다 잘 반응할 수 있도록 체온을 향상시킨다.

체온은 안정 시보다 약 1도 정도 높이는 것이 좋은데 신체 각 관절의 가동성을 높이고, 조직으로 들어가는 혈액량을 증가시킨다. 또한 근육의 탄성을 증가시켜 조직이 덜 상하도록 하며 상해를 예방하기 위해서는 유연 운동 및 스트레칭 운동도 병행해서 실시하는 것이 효과적이다. 준비운동은 약 5~10분 정도가 적절하다.

한편, 준비운동은 일반적인 준비운동과 특수한 준비운동으로 나눌 수도 있다. 일반적인 준비운동은 신체 전체운동으로 전체적인 근육운동을 포함한다. 예를 들면, 점프, 런닝, 고정된 자전거 타기 등이 있다.

특수한 준비운동은 자신이 하고자 하는 운동종목의 동작을 가벼운 부하로 실시하는 것이다. 예를 들면, 벤치 프레스 운동을 50kg의 중량으로 10RM으로 3세트를 실시하는 계획을 세웠다면 준비운동에서는 20kg의 중량으로 10RM으로 1세트를 하는 것이다.

### (2) 주 운동

웨이트트레이닝은 주 운동 단계로써 주로 운동방법과 효과, 유의사항, 인내력 등을 익히게 된다. 그러나 이들 내용은 그 사람의 나이, 성별, 운동경력, 트레이닝 주기 등 여러 가지 요소에 따라 달라진다.

특히 주 운동 단계에서는 근력, 근지구력, 순발력, 파워, 스피드 등의 향상을 위한 운동 목적에 따라 실시하도록 한다. 주 운동의 소요시간은 운동경력에 따라 적합하게 계획되어야 한다.

### (3) 정리운동

정리운동은 웨이트트레이닝 운동 실시 단계에서 부하를 서서히 안정 상태로 되돌리는 중요한 단계이다. 운동에 의해 모든 생리적 기능이 항진된 상태에서 급격히 안정 상태를 취하려고 하면 혈액의 순환에 혼란을 가져올 뿐만 아니라 정신적으로도 만족감을 느낄 수 없는 경우가 발생한다.

따라서 서서히 일정한 속도로 긴장을 풀 수 있는 운동을 하면서 안정 상태로 되돌아가는 일이 매우 중요하다.

웨이트트레이닝 후의 정리운동은 이완운동으로 주로 구성된다. 운동 시에 격렬하게 심장박동을 증가시키지 않는다면 운동이 후의 스트레칭은 근육통을 막을 수 있고 근육과 관절이 워밍 업 되므로 유연성 향상에 좋다.

격렬한 웨이트트레이닝 이후에는 즉시 샤워를 하거나 목욕을 하지 않도록 한다. 왜냐 하면, 강도 높은 운동 중에는 활동근에서 혈류차단이 일어나고 호르몬 분비가 활성화되어 운동수행을 돕도록 작용하고 있으므로 , 운동 후에 바로 뜨거운 샤워나 목욕은 심장에 스트레스를 주게 된다. 따라서 운동 후 최소한 5~10분은 이완 운동을 실시하도록 한다.

정리운동은 가벼운 달리기, 스트레칭, 자전거 타기 등이 바람직하며 3~5분 정도가 적절하다.

**○ 웨이트트레이닝의 실시단계 ○**

| 준비운동 | 스트레칭, 달리기, 줄넘기, 푸시 업 등 |
|---|---|

⇓

| 주 운동 | 운동경력에 적합한 운동 실시 |
|---|---|

⇓

| 정리운동 | 스트레칭, 윗몸일으키기, 달리기 등 |
|---|---|

### 5) 웨이트트레이닝 시 안전수칙

웨이트트레이닝은 상대와 신체접촉을 갖는 운동이 아니기 때문에 비교적 안전한 스포츠에 속한다. 그러나 운동 참가자는 바벨과 덤벨 등의 무거운 웨이트 기구를 사용함으로써, 항상 위험한 부상을 당할 가능성을 지니고 있다.

이와 같은 부상을 사전에 예방하기 위해서는 트레이닝을 실시하기 전에 반드시 트레이닝에 관한 안전교육을 받아야 하며 자신의 체력수준에 적합한 트레이닝을 실시하여야 한다. 특히 웨이트트레이닝에서 많이 발생하는 부상은 허리, 관절, 근육 등이므로 주의 하여야 한다.

웨이트트레이닝을 행할 때 반드시 주의하여야 할 사항을 제시하면 다음과 같다(김경식외 1명, 2005).

**(1) 운동 파트너와 함께 운동을 실시하도록 한다.**

웨이트트레이닝에서 대부분의 안전사고는 혼자서 트레이닝 하는 경우에 발생한다. 따라서 이 같은 사고를 예방하기 위해서는 운동 파트너와 함께 트레이닝에 임하여야 한다.

운동 파트너가 있을 때 무거운 중량으로 운동을 할 수 있고 부상을 예방할 수 있다. 또한 트레이닝 할 때에 트레이닝 파트너가 반복 횟수를 불러줌으로써 경쟁심리가 작용하여 트레이닝 효과가 극대화 된다.

또한 강제 횟수의 원리를 사용할 때에는 트레이닝 파트너가 가볍게 보조를 해 줌으로써 과부하의 원리에 이를 수 있다.

**(2) 트레이닝을 규칙적으로 실시한다.**

인간의 신체는 사용하지 않으면 약화된다. 심장과 폐의 능력, 근육의 능력, 유연성, 민첩성 등은 개인이 얼마나 그러한 능력을 사용하는가에 따라 기능에 많은 차이를 보여준다.

오랜 기간 동안 규칙적으로 트레이닝을 실시할 경우 인체는 놀라울 정도로 신체적 구조와 기능에 변화를 보여준다. 이 같은 인체의 변화는 보디빌더의 근육 크기 증가에서 뚜렷이 나타난다.

**(3) 트레이닝을 지속적으로 실시하여야 한다.**

오랜 기간 동안 트레이닝을 중단하면 그동안 트레이닝을 통하여 이룩한 근비대와 근력 증가의 효과는 감소하게 된다. 운동중단 이전의 상태로 되돌아가기 위해서는 상당한 시간과 노력이 요구된다.

따라서 일정한 운동시간을 정해놓고 가급적 운동을 거르지 않도록 노력하는 것이 매우 중요하다. 시간이 부족할 경우 운동량을 평소보다 줄이는 것도 운동을 거르지 않도록 하는 한 방법이다.

**(4) 충분한 휴식을 가져야 한다.**

인체는 휴식하는 동안 트레이닝 과정 중에 가해졌던 스트레스에 적응한다. 그러므로 충분한 휴식은 격렬한 트레이닝 과정 못지않게 중요하다.

휴식 없이 매일 연속적으로 강도 높은 트레이닝을 실시할 경우 오버트레이닝이 되기 쉬우며 그 결과 부상이 발생하거나 근력이 감소 또는 근력 향상이 정체된다.

### (5) 운동 중 호흡을 멈추지 않도록 한다.

운동 중에는 호흡을 멈추지 말고 지속적으로 실시하여야 한다. 특히 무거운 중량으로 운동을 실시할 때 멈춘다면 운동효과의 감소뿐만 아니라 현기증 발생의 원인이 될 수도 있다.

### (6) 전문 지도자로부터 트레이닝 방법을 배워야 한다.

웨이트트레이닝 지도자는 이론과 실기를 모두 겸비해야 한다. 트레이닝 실시 자는 전문 지도자로부터 트레이닝을 과학적이고 체계적으로 배워야 운동효과를 효과적으로 경험할 수 있다. 또한 올바른 운동방법을 체득함으로써 부상을 방지할 수 있으며 트레이닝을 실시하면서 웨이트트레이닝 전문 서적이나 웹 사이트를 참고하여 트레이닝에 대한 전문 지식을 습득하여 운동의 효과를 극대화하고 부상을 방지하도록 노력하여야 한다.

### (7) 바른 자세로 운동을 실시하여야 한다.

자신의 근력보다 무거운 무게를 사용하여 운동하려는 경우를 흔히 볼 수 있다. 자신의 근력이상으로 부하를 사용할 경우에는 운동효과를 전혀 볼 수 없게 될 뿐만 아니라 부상당할 가능성이 높다.

따라서 트레이닝 실시자는 무거운 부하를 들어 올린다는 것에 대한 자부심보다는 올바른 동작을 실시하는데 중점을 두어야 한다.

트레이닝 실시자가 바른 자세를 습득하기 위해서는 처음부터 무리한 중량을 사용하지 말고 가벼운 중량으로 연습하도록 한다.

### (8) 사람이 많이 모여 운동하는 시간을 피하여 훈련한다.

사람이 많이 모여 트레이닝 하는 시간에 트레이닝을 하게 되면 잡담으로 인하여 세트와 휴식과의 간격이 길어지게 된다.

이 경우 상승되었던 체온이 떨어져서 부상을 입기 쉬우며 근육의 효과적인 자극을 할 수 없다. 따라서 트레이닝을 집중적으로 행하기 위해서는 붐비지 않는 시간을 활용하여 트레이닝을 실시한다.

#### (9) 준비운동을 철저히 한다.

적절한 준비운동은 관절과 근육의 부상을 예방하고 근신경 협응능력을 향상시켜 트레이닝 시에 신체적 적응을 쉽게 한다. 즉 신체 각 관절의 가동성을 높이고 상해를 예방하기 위해서는 유연운동 및 스트레칭 운동을 실시하여야 한다.

준비운동은 격렬한 운동을 행할수록 충분히 실시하는 것이 바람직하다.

#### (10) 바벨을 사용할 때에는 반드시 기구고정 장치를 사용한다.

벤치프레스나 숄더 프레스 등을 할 때에는 바벨 중심이 한쪽으로 기울어져 바벨 원판이 빠질 수 있으므로 기구고정 장치를 꼭 끼워 사용한다.

기구고정 장치를 사용하지 않을 경우 운동 중 기구의 균형을 제대로 잡지 못할 때 한쪽으로 원판이 빠지면서 반대편 원판도 연쇄적으로 빠지게 되어 주변에서 운동하는 사람에게 상해를 입힐 수 있다. 특히 기구고정 장치 없이 스쿼트와 같은 무거운 중량으로 운동을 실시할 때는 큰 사고가 발생될 수 있다.

#### (11) 웨이트 리프팅 벨트를 사용한다.

무거운 중량을 사용할 때에는 반드시 허리 벨트를 사용하는 것이 좋다. 허리 벨트를 사용하면 허리를 안정적으로 받쳐주어서 허리의 부상을 예방하는 동시에 보다 무거운 중량으로 트레이닝 할 수 있다.

#### (12) 가능한 웨이트트레이닝에 관한 지식을 많이 습득한다.

웨이트트레이닝에 관련된 책 이외에 역학, 해부학, 기능학, 운동생리학, 영양학 등의 책을 참고하는 것이 효과적이다.

웨이트트레이닝의 효과를 극대화하기 위해서는 웨이트트레이닝과 관련된 많은 지식을 습득할 때에 부상을 쉽게 예방하고 트레이닝 목표에 쉽게 도달할 수 있다.

**(13) 자신을 위해 특별한 장 · 단기 운동 목표를 세우도록 한다.**

자신의 신체 중 가장 약한 부위의 근력이나 근육을 발달시킨다든지, 벤치프레스에서 15kg을 더 들어 올리겠다는 목표를 세웠다면 성공의 경우만 생각하는 습관을 기르도록 한다.

## 6) 웨이트 기계의 사용과 프리 웨이트

웨이트트레이닝 기계들은 안전하고 편리하며 기술적으로 발달되어 있기 때문에 웨이트트레이닝 시 많은 사람들이 선호하고 있다. 이러한 기계의 사용은 보조자의 도움이 필요 없고, 중량이 떨어질 것을 염려하지 않아도 되며, 많은 사람들이 작은 공간에서도 운동할 수가 있다. 또한 웨이트 기계는 균형을 유지하려는 노력이 필요 없으므로 초보자들도 쉽게 사용할 수 있다.

그러나 숙련된 힘과 스피드를 가진 숙련자들은 프레스(벤치 프레스, 인클라인 프레스 등), 풀(크린, 스내치 등), 스쿼트 등의 프리 웨이트트레이닝을 선호한다.

웨이트 기계는 실시 가능한 운동종목이 몇 가지로 제한되어 있지만 프리 웨이트를 할 경우에는 좌·우 힘의 불균형을 극복하도록 해주고 다양하고 많은 종목의 운동이 가능하며, 순발력을 향상시켜준다.

웨이트트레이닝 기계는 구입하고 유지하는데 비용이 많이 들지만 그 비용의 일부만으로도 기본적인 프리 웨이트 세트를 구입할 수 있다.

### ○ 웨이트트레이닝 시 웨이트 기계사용과 프리 웨이트의 장·단점 ○

| 웨이트 기계 | |
|---|---|
| 장점 | 단점 |
| • 안전성과 편리함<br>• 감독자가 필요 없고 다양한 부하제공<br>• 고도의 기술화와 운동기술이 덜 필요함<br>• 한 운동에서 다른 운동으로 이동이 쉬움<br>• 개별근육 또는 근육군에 최대한의 힘을 내게하는 효과가 있다.<br>• 한정된 공간에서 하기 편하다. | • 구입비용이 많이 듦<br>• 유지비용이 많이 듦<br>• 역동적인 동작수행에 부적절함<br>• 제한된 운동만 제공<br>• 보조근육까지 단련하는 것이 불가능함 |
| **프리 웨이트** | |
| 장점 | 단점 |
| • 역동적인 동작이 가능함<br>• 중량조절이 쉬움<br>• 신체의 양측에서 발생되는 근력차를 극복하는데 유리함<br>• 다양한 운동을 제공<br>• 적은 비용이 듦<br>• 단련할 주요 근육 근육뿐만 아니라 주위의 근육도 효과적으로 단련할 수 있다.<br>• 자연스런 움직임이며 모든 운동에 적합함<br>• 근력증가가 큰 편이다. | • 기계 웨이트 보다 안정성이 결여됨<br>• 감독자가 필요함<br>• 많은 기술이 필요함<br>• 장비사용에 있어서 혼란을 야기시킴<br>• 관절의 비틀림이나 수포를 발생시킬 가능성이 보다 높음<br>• 넓은 공간이 필요하다. |

*김창국 · 박기주(1999). 최신 트레이닝 방법론. 대경북스

## 7) 웨이트트레이닝의 체형별 특징과 운동 방법

### (1) 내배엽

내배엽은 근육이 약하고, 얼굴이 둥글며, 목이 짧고, 엉덩이가 넓은 지방형 체형을 말한다.

내배엽 사람들은 근육을 증가하는 데는 크게 문제가 되지 않으나 지방량을 줄이기가 쉽지 않다. 다이어트에 성공을 한다 해도 예전의 몸으로 돌아가지 않게 식습관 개선에 신경을 많이 써야 할 것이다.

○ 내배엽의 운동 포인트

- 저 중량, 고반복식 운동으로 훈련 중 소비하는 칼로리를 높인다.
- 근력운동 후 유산소성 운동을 40분씩 한다.
- 고도 비만일 경우 관절에 무리 가지 않는 자전거, 수영 등의 유산소 운동을 선택한다.
- 운동 중 휴식시간은 30초로 한다.

### (2) 중배엽

중배엽은 힘이 좋으며 몸통이 길고 크며 근육구조가 단단한 근육형 체형을 말한다.

중배엽인 사람들은 근육을 키우기가 매우 좋은 체형이다. 다른 체형에 비하여 근육의 발달이 빠른 편 이므로 상하, 좌우 근육의 비례를 맞추는데 집중하는 것이 좋다.

○ 중배엽의 운동 포인트

- 기본적인 근육증가 운동프로그램과 함께 세부적인 운동을 실시한다.
- 근육이 잘 발달하기 때문에 자칫 오버트레이닝을 할 수 있으니 해당 근육에 운동 후 48시간 정도의 휴식기간을 갖는다.
- 2개월에 한번 씩 운동 루틴의 변화를 준다.

### (3) 외배엽

외배엽은 가슴과 어깨가 좁고, 전체적으로 길쭉길쭉한 외소한 체형을 말한다.

외배엽인 사람들은 체중을 늘리기가 힘들며 식이요법과 무산소 운동을 병행하여 체중과 근육을 같이 증가시켜야 한다. 체력과 지구력이 부족해 근육이 천천히 증가함으로 지속적인 노력이 필요하다.

❍ 외배엽의 운동 포인트

- 고 중량 저 반복 운동을 실시한다.
- 무거운 중량을 사용한 3대 운동(스쿼트, 데드리프트, 벤치프레스)에 집중한다.
- 고 중량 운동인 만큼 세트 사이사이에 충분한 휴식을 취한다.
- 유산소 운동은 20분을 넘지 않게 한다.

## 8) 웨이트트레이닝의 효과적인 운동 방법

### (1) 휴식은 짧게 한다.

웨이트트레이닝을 하면서 세트 중간의 휴식시간이 너무 길어지면 운동 효과가 떨어지게 된다. 짧은 휴식 후 바로 운동을 하면 소비하는 칼로리는 더 높아지며, 운동 효과도 증가한다.

세트 간 휴식 시간은 30초~1분 정도 휴식을 하는 것이 효과적이며 휴식 시간에는 수분 섭취 또는 스트레칭을 하는 것이 좋다.

### (2) 근력운동 순서

대부분의 사람들은 자신이 좋아하거나 사이즈를 늘이거나 줄이고 싶은 근육군 운동만 고집하는 경우가 많다. 특정 부위만 운동 한다고 해서 그 부위의 살이 빠지는 것은 아니며, 특정 부위 근력운동을 한다고 해서 해당 부위 근육만 성장 발달 하는 것은 아니다.

대근육(하체, 가슴, 등)의 경우 소 근육을 운동할 때 보다 소비하는 칼로리가 많으며 운동 중 복합 관절 운동도 많다. 복합 관절이란 2개 이상의 관절을 이용해 운동하는 것으로 예를 들면 데드리프트, 스쿼트 등이 있다.

이와 같이 복합 관절 운동을 하면 주동근 운동 뿐 아니라 운동할 때 도움을 주는 근육으로 소근육을 사용하며, 몸속 작은 근육 즉, 안정근 역시 사용하기 때문에 더 많은 칼로리를 소비하며 트레이닝 효과도 증가하게 된다.

### (3) 체지방 감량을 위해 근력운동 후에는 유산소 운동을 한다.

운동할 때 우선 사용되는 에너지는 탄수화물이다. 탄수화물이 어느 정도 고갈된 후 지방을 에너지로 사용하게 된다.

유산소 운동할 때도 역시 마찬가지이다. 유산소 운동을 한다고 해서 처음부터 지방을 에너지로 사용하는 것은 아니다. 체내 탄수화물이 어느 정도 고갈된 후 지방을 에너지로 사용하게 됨으로 근력운동으로 어느 정도 탄수화물을 사용한 후 유산소 운동을 한다면 조금 더 빠르게 지방을 에너지로 사용해 같은 시간에 운동을 했을 때 더 효과적으로 체지방을 감량할 수 있다.

### (4) 근육을 키우기 위해서는 운동 강도를 높인다.

자신이 10~12회를 들어 올렸을 때 마지막 1~2회가 힘들 정도의 중량을 선택해 운동하는 것이 근육증가에 도움이 된다. 또한 바른 자세로 10회 전후 할 수 있는 중량으로 운동을 하며 15회 이상 할 수 있으면 중량을 증가한다.

근력운동을 하는 1차 목적은 근육을 만들기 위함이며 이러한 목적에 맞게 운동 강도를 높여 탄탄한 근육을 만드는 것이 좋다.

다이어트 시에도 근육증가는 중요한데 체중이 줄어도 근육이 유지 또는 증가하면 요요현상의 위험이 줄어든다. 근육이 증가하면 기초대사량이 증가해 살이 덜 찌는 몸 상태는 되는 것이다.

### (5) 올바른 영양섭취를 한다.

웨이트트레이닝 시에는 영양을 골고루 섭취하여야 한다. 3대 영양소 즉 탄수화물, 단백질, 지방 외에도 비타민, 미네랄 등을 고루 섭취해야 멋진 몸을 만들 수 있으며 하루 총 섭취량에서 탄수화물 60%, 단백질 15~25%, 지방 10~20%를 섭취하도록 한다.

탄수화물은 인체의 주요 에너지원이다. 몸 만들기를 하면서 많은 사람이 단백질 섭취에는 신경 쓰면서 탄수화물을 많이 줄이는 경우가 많다. 그러나 탄수화물은 사람이 활동하는데 주요 에너지기 때문에 항상 인체에 저장이 되어 있어야 한다.

탄수화물은 설탕, 밀가루 같은 단순 탄수화물 보다는 복합 탄수화물을 선택하는 것이 좋다. 이유는 소화, 흡수의 시간이 오래 걸리기 때문에 에너지로 사용하기 좋기 때문이다.

단백질은 여러 조직과 근육의 회복, 성장시키는 중요한 역할을 한다. 단백질은 육류, 어류, 가금류, 달걀 같은 식품에서 섭취할 수 있으며, 동물성 단백질에는 필수 아미노산이 많아 근육 만들기에 좋은 식품이 될 수 있다. 두부, 과일, 채소, 견과류에도 단백질이 들어 있지만 식물성 단백질만으로는 필수 아미노산을 충분히 섭취할 수 없다. 단백질은 매 끼니 먹도록 노력하고, 동물성, 식물성 단백질을 고루 섭취하는 것이 좋다.

지방은 인체에 풍부한 에너지원 역할을 하고, 비타민 흡수, 성장, 발달, 건강유지에도 중요한 역할을 한다. 지방을 크게 본다면 포화지방과 불포화지방으로 나눌 수 있다.

포화지방은 육류에 많이 들어있으며 포화지방을 많이 섭취 했을 경우 관상동맥 질환이 발병할 가능성이 높아진다. 동물성 단백질을 섭취할 때는 지방도 함께 섭취하게 된다. 몸 만들기, 다이어트, 건강을 위해 눈에 보이는 지방은 어느 정도 제거한 다음 식품을 섭취하는 것이 좋다. 지방은 어류, 견과류에 많은 불포화 지방산을 섭취하는 것이 좋다.

### (6) 올바른 휴식기간

운동을 열심히 한다고 근육이 증가하는 것은 아니다. 근육이 증가하기 위해서는 근력운동으로 근육에 상처를 주고, 휴식시간에 질 좋은 영양소를 섭취하여 근육을 재생, 회복이 반복되면서 근육이 조금씩 성장하는 것이다. 근육 성장은 곧 운동 + 휴식 + 영양인 것이다.

1세트 진행 후 옆 사람과 1분 이상 말하거나 너무 푹 쉬지 않는 것이 좋다. 자신에게 맞는 적당한 중량(정확한 자세로 8~12회 할 수 있는 무게)으로 1세트를 진행 했다면 30초 휴식 후 바로 다음 세트로 넘어가는 것이 좋다.

그리고 운동 후 충분한 휴식을 하는 것이 근육증가에 효과적이다. 밤에 늦게 자는 것 역시 근육증가에 도움이 되지 않는다. 사람마다 조금씩 차이는 있지만 밤 12시 ~ 새벽 2시경 성장 호르몬의 분비가 가장 많다. 이때 다른 일을 하거나 수면을 하지 않으면 아무리 고강도 근육운동을 했다 해도 노력한 만큼의 근육증가 효과를 볼 수는 없다.

### (7) 초보자를 위한 웨이트트레이닝의 방법과 종류

#### ① 점진적 과부하 트레이닝(Progressive Over Load Training)

- 트레이닝의 적응 현상은 트레이닝의 크기가 점진적으로 평소수준 이상일 때만 발생한다.
- 트레이닝의 자극을 강도와 양으로 조절한다.
- 인체의 적응시간과 자극의 강도에 따라 다르게 변화되기 때문에 점진적으로 올려야 한다.
- 트레이닝 부하는 다음과 같은 크기로 분류한다.
  -자극: 트레이닝 부하의 크기가 중간정도 이상 일 때
  -유지: 트레이닝 부하의 크기가 중간정도 일 때
  -소실: 트레이닝 부하의 크기가 중간 이하 일 때

#### ② 세트 시스템 트레이닝(Set System Training)

- 중량을 들고서 반복하는 동작반복의 횟수를 합쳐 1세트라고 한다.
- 이러한 세트를 근육의 한 부위당 최소 3~4세트 정도 실시한다.
- 한 종목당 3~4세트의 운동을 해줌으로써 근육이 충분히 자극받게 하여 근육 성장이 일어나게 한다.
- 트레이닝 참가자의 경력과 능력에 따라 중량과 운동종목, 그리고 세

트 수를 적절히 조정하여 실시한다.

③ 근육혼돈 트레이닝(Muscle Confusion Training)

- 근육의 효과적인 성장을 위하여 단순한 반복훈련만으로는 불가능하다.
- 근육의 성장을 위해서 근육을 편하게 훈련시켜서는 안된다.
- 훈련의 각도, 세트 수, 반복횟수 등을 다양하게 구사하여 근육에 혼돈을 주는 훈련법이다.

### (8) 중급자를 위한 웨이트트레이닝의 방법과 종류

① 피라미드 트레이닝(Pyramid Training)

- 보디빌더인 죠 웨이더가 개발하였으며 보디빌더들이 가장 선호하는 트레이닝이다.
- 첫 세트에는 가벼운 중량으로 시작하고 반복을 많이 한다.
- 세트가 증가될수록 중량을 점차 높이고 횟수는 줄여 나간다.
- 부상을 방지 할 수 있는 우수한 장점이 있다.

② 근육 우선 트레이닝(Muscle Priority Training)

- 트레이닝을 시작할 때 자신의 약한 부위를 먼저 해줌으로써 약한 부위를 우선적으로 보완한다.
- 신체의 균형을 유지하기 위해 에너지가 많을 때 상급자들이 즐겨 사용하는 방법이다.
- 예를 들어 오른손잡이가 상완부를 단련할 때 시작을 왼쪽 상완부위부터 먼저 실시하는 방법이다.

③ 근육별 순환 트레이닝(Split Routine Training)

- 자극을 주고자 하는 부위에 충분한 자극과 휴식을 주기 위한 트레이닝 방법이다.
- 신체를 2개 또는 3개 부분으로 나누어 각 프로그램을 매일 교대로 실시하는 방법이다.

- 예를 들어 월, 수, 금요일은 상체운동을 화, 목, 토요일은 하체운동으로 나누어 하는 방법이다.
- 이러한 방법으로 각 근육에 충분한 자극을 주고난 뒤 48시간 또는 72시간 정도의 휴식을 주어 근육의 초과 회복상태를 만든 상태에서 새로운 자극을 주어 근육성장을 유도하는 방법이다.

④ 슈퍼세트 트레이닝(Superset Training)

- 서로 반대의 작용을 하는 길항 근육(예를 들면 상완이두근과 상완삼두근)을 단련하는 운동의 두 종류를 묶어서 세트 사이에 휴식 없이 실시하는 방법이다.
- 예를 들어 바벨컬 1세트 후 트라이셉스 익스텐션 1세트를 실시한다. 이것을 한차례의 슈퍼세트로 간주한다.
- 세트 사이에 휴식 없이 실시한다.
- 가장 많이 사용하는 부위로는 삼두근과 이두군, 가슴과 광배근 등의 배치가 있다.

### (9) 상급자를 위한 웨이트트레이닝의 방법과 종류(유광욱외 1인, 2005)

① 적극적 휴식병행 트레이닝(Rest Pause Training)

- 근력과 근비대의 향상을 위한 훈련법이다.
- 반복횟수마다 항상 최대부하를 사용할 수 있도록 하기 위한 트레이닝 법이다.
- 예를 들어 무거운 중량을 2~3회 들어 올린 후 30~40초 휴식을 취한다.
- 다시 2~3회 들어 올린 후 40~50초 휴식을 취한다.
- 그리고 다시 2회 들어 올린 후 50~60초 휴식을 취한 후 마지막으로 1~2회 더 들어 올린다.
- 7~10회의 1세트는 항상 최대근력을 사용할 수 있다.

② 포스트 렙스 트레이닝(Forced Reps Training)

- 대단히 강하고 조심스러운 훈련법으로써 상급자들만이 할 수 있는 훈련법이다.
- 자신의 최대 반복횟수를 실시하여 올-아웃된 상태에서 파트너의 도움을 받아 2~3회를 더 실시해 줌으로써 근력과 근지구력의 효과를 강제적으로 유도하는 방법이다.
- 근섬유에 정상적인 자극 이상을 주어 근육밀도와 성장발달에 더욱 효과적이다.
- 근육이 이 방법에 적응하지 못하고 실패 했을 경우에는 오버트레이닝 되어 부상을 당하기 쉬우므로 각별해 조심해야 한다.

③ 트라이 세트 트레이닝(Tri-Sets Training)

- 같은 근육부위를 세트 간 휴식 없이 3가지 운동을 하는 방법이다.
- 이 방법은 근육을 신속하게 펌프할 수 있다.
- 3가지 다른 각도에서 자극을 주면 근육의 모양이 좋다.
- 혈관을 증가시키기 위한 훈련법이다.

④ 디센딩 세트 트레이닝(Desending Set Training)

- 1개의 운동종목을 몇 개의 세트로 실시하되 중량을 조금 빼고 조금 가벼워진 중량으로 할 수 있을 때 까지 반복횟수를 실시한다.
- 각 세트에 관하여 운동 강도를 증가시킨다.
- 이 방법은 대단히 힘든 운동방법이므로 운동연습마다 1~2개의 운동 이상은 하지 않는다.
- 이 방법은 데피니션 향상을 위해 매우 효과적인 방법이다.

⑤ 치팅 트레이닝(Cheating Training)

- 치팅이란 근육으로부터 자극을 증가하는 방법의 하나이다.
- 정확한 동작으로 실시해야 하는 운동을 반동을 이용해서 하는 것을 의미한다.

- 예를 들어 바벨컬을 정확한 동작으로 실시하고 나머지 2~3회가 남았을 때에 정확한 동작으로 실시하기 어려울 경우 반동을 이용해서 나머지를 실행하는 방법이다.

⑥ 번즈 트레이닝(Burns Training)

- 정상적인 세트의 마지막에 2~3회의 부분적인 반복횟수를 실시한다. 이 때 트레이닝하는 동안 근육 속에는 젖산의 형성과 여분의 혈액의 증가를 가져온다.
- 생리학적으로 피로의 부산물과 여분의 혈액은 이들의 부분적인 움직임에 의해 세포를 증식시키고 모세혈관을 증가시키도록 근육 속으로 운반된다.
- 이런 모든 것들은 근육 속의 혈관과 근육의 사이즈를 증가시킨다.

⑦ 프리 익죠스션 트레이닝(Pre Exhaustion Training)

- 이 운동의 목적은 관절이나 근육에 부상을 피하기 위하여 가벼운 운동종목을 먼저 실시한 후에 무거운 종목의 운동을 실시하는 방법이다.
- 예를 들어 벤치프레스를 하기 전에 플라이를 가볍게 몇 세트 실시하는 것이다. 이런 방법은 가벼운 운동은 관절, 근육 및 결체조직을 따뜻하게 하여 부상을 예방할 수 있다.

### 9) 근력향상을 위한 웨이트트레이닝 방법

근육은 인체의 36~40%를 차지하고 있으며 신경의 자극에 의해 수축과 이완이 일어나 우리 몸을 움직이게 하고 생명유지 활동을 하고 있다.

근육은 그 조직학적 미세구조에 따라 횡문근과 평활근으로 나눌 수 있다. 골격근과 심근은 횡문근에 속하고 소화기관 벽이나 혈관 벽을 구성하는 내장근은 평활근에 해당된다. 또한 근육은 기능적으로 골격근과 같이 운동신경의 지배에 따라 자기의지 대로 수축하는 수의근과 내장근, 심근과 같이 자율신경의 지배에 따라 자기 의지대로 움직일 수 없는 불수의근으로 나눌 수 있다.

근력 트레이닝을 하면 근섬유의 굵기가 커진다. 근력은 근육의 횡단면적에 비례하므로 근비대는 근력의 증가를 가져온다. 근섬유에는 지근섬유와 속근섬유가 있다.

근육은 붉은 색소가 짙은 마이오글로빈을 많이 포함한 근을 적근 또는 지근이라 하며, 마이로글로빈을 비교적 적게 포함한 근을 백근 또는 속근이라 한다. 마이오글로빈은 혈액 속에 헤모글로빈과 유사하게 근육 속에서 산소의 저항과 수송을  담당하는 물질이다.

적근섬유는 유산소성 활력이 커서 지구성 운동에 유리하며 백근섬유는 무산소성 활력이 커서 짧고 강도 높은 운동에 유리하다.

일반적으로 근육은 적근과 백근 섬유를 고루 갖추고 있으나 적근섬유는 가자미근, 복직근 등에 많으며, 백근섬유는 비복근, 삼각근 등에 많이 포함되어 있다.

근섬유에는 적근섬유(ST)와 백근섬유(FT)가 혼재해 있다. 그 중에 백근섬유의 혼재비율이 크고, 백근섬유의 비대에 의한 면적이 크면 클수록 보다 큰 근력을 발휘할 수 있다.

그러므로 근력을 강화시키기 위해서는 일차적으로 근섬유의 비대, 특히 백근섬유를 보다 많이 비대 시킬 수 있어야 한다.

지근(ST)섬유는 느리게 수축하며 발휘하는 힘이 적다. 하지만 이러한 섬유들은 피로에 대한 저항력이 아주 높다. 붉은 색을 띠는 지근섬유는 많은 양의 ATP를 유산소적으로 생산할 수 있는 능력을 가지고 있으므로 걷거나  느린 조깅 같은 저강도의 지속적인 운동에 아주 적합하다. 또한 피로에 대한 높은 저항력 때문에 자세유지와 관련된 대부분의 근육은 주로 지근섬유로 구성되어 있으며 지구력 훈련은 지근의 적응력을 향상 시킨다.

속근(FA)섬유는 빠르게 수축하며 커다란 힘을 발휘하지만 빨리 피로해 진다. 이러한 섬유들은 흰색을 띠며 낮은 유산소 능력을 가지고 있지만 무산소적으로  ATP를 생산하는 능력은 잘 발달되어 있다. 빠르게 수축하고 커다란 힘을 발휘하는 능력이 있기 때문에 속근섬유는 점프, 단거리 전력질주, 역도 같은 빠르고 강력한 움직임이 요구되는 신체 활동 동안에 주로 사용된다.

중간형태의 섬유는 붉은 색을 더 많이 띠고 있지만 속근과 지근 섬유의 특성 두 가지 모두를 가지고 있다. 빠르게 수축하고 큰 힘을 발휘하며 잘 발달된 유산소 능력 때문에 쉽게 피로해지지 않는다. 또한 중간 형태의 섬유는 지근 섬유보다는 더 빠르고 그리고 더 큰 힘을 발휘하지만 속근섬유보다는 발휘하는 힘이 적다. 피로에 대한 저항력이 속근섬유보다는 크지만 지근섬유보다는 피로 저항력이 떨어진다.

### ○ 인체의 근육계 ○

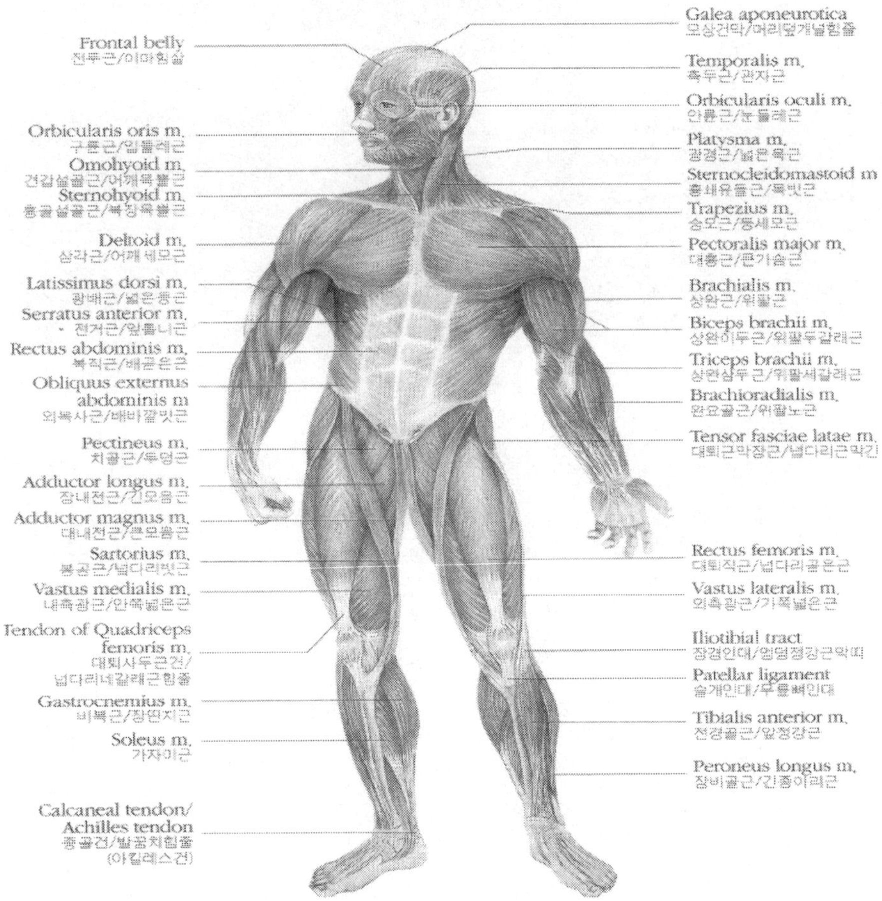


앞 면

## ○ 인체의 근육계 ○

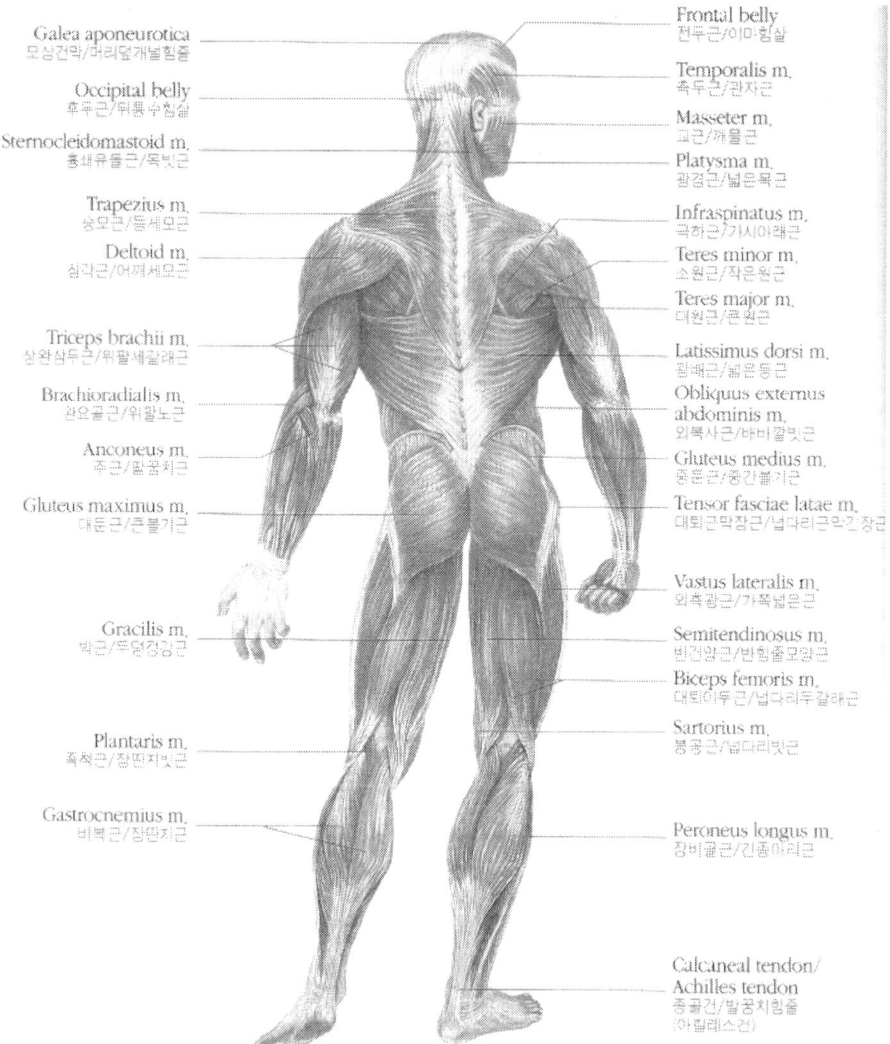
Galea aponeurotica
모상건막/머리덮개널힘줄
Occipital belly
후두근/뒤통수힘살
Sternocleidomastoid m.
흉쇄유돌근/목빗근
Trapezius m.
승모근/등세모근
Deltoid m.
삼각근/어깨세모근
Triceps brachii m.
상완삼두근/위팔세갈래근
Brachioradialis m.
완요골근/위팔노근
Anconeus m.
주근/팔꿈치근
Gluteus maximus m.
대둔근/큰볼기근
Gracilis m.
박근/두덩정강근
Plantaris m.
족척근/장딴지빗근
Gastrocnemius m.
비복근/장딴지근
Frontal belly
전두근/이마힘살
Temporalis m.
측두근/관자근
Masseter m.
교근/깨물근
Platysma m.
광경근/넓은목근
Infraspinatus m.
극하근/가시아래근
Teres minor m.
소원근/작은원근
Teres major m.
대원근/큰원근
Latissimus dorsi m.
광배근/넓은등근
Obliquus externus abdominis m.
외복사근/배바깥빗근
Gluteus medius m.
중둔근/중간볼기근
Tensor fasciae latae m.
대퇴근막장근/넙다리근막긴장근
Vastus lateralis m.
외측광근/가쪽넓은근
Semitendinosus m.
반건양근/반힘줄모양근
Biceps femoris m.
대퇴이두근/넙다리두갈래근
Sartorius m.
봉공근/넙다리빗근
Peroneus longus m.
장비골근/긴종아리근
Calcaneal tendon/
Achilles tendon
종골건/발꿈치힘줄
(아킬레스건)

뒷 면

**○ 적근과 백근의 특성○**

| 구 분 | 적 근 | 백 근 |
|---|---|---|
| 수 축 력 | 낮 다 | 높 다 |
| 피 로 도 | 낮 다 | 높 다 |
| 근 섬유의 굵기 | 가늘다 | 굵 다 |
| 수축 지속 시간 | 길 다 | 짧 다 |
| 운 동 사 용 예 | 마라톤 | 100m 달리기 |

### (1) 근력 강화운동

웨이트트레이닝 장에서 접할 수 있는 운동은 크게 유산소 운동과 근력 운동, 스트레칭으로 나눌 수 있다.

운동 순서는 먼저 체온을 높이기 위한 유산소 운동을 실시하고 본 운동 전 근육을 늘려주는 스트레칭을 한다. 근육을 풀어준 후에는 본 운동인 근력 운동을 실시한다.

근력운동이 끝나면 유산소 운동을 다시 해주고 유산소 운동이 끝난 후 다시 한 번 정적인 스트레칭으로 근육을 부드럽게 해준다.

**○ 유산소 운동 → 스트레칭 → 본 운동(근력 강화운동) → 유산소성 운동 → 스트레칭**

일반적으로 운동 초보자의 경우 머신운동을 1~3개월 진행한 다음 어느 정도 체력과 운동능력이 좋아지면 프리 웨이트를 하는 것이 바람직하다.

효과적인 근력운동을 위해서는 다음 사항을 유념하여 운동에 임하도록 한다. 첫째, 무거운 중량으로 하는 운동부터 시작해서 가벼운 중량으로 프로그램을 끝낸다.

웨이트트레이닝은 복합관절, 단순관전 운동으로 나뉘는데 다중관절운동은 두개이상의 관절을 사용해 운동하는 것을 말하며, 예로 벤치 프레스가 이에 속한다. 팔꿈치, 어깨 관절을 동시에 사용하고, 두개의 관절을 사용하기에 더 많은 근육이 도움을 준다. 이때 가슴 근육 외에 다른 근육의 도움을 받기 때문에 더 무거운 중량을 들어 올릴 수 있다.

단순 관절 운동의 예로는 덤벨 플라이가 이에 속하는데 덤벨 플라이는 어깨 관절만 사용하기 때문에 도움을 받는 근육이 줄어든다. 그렇기 때문에 Press (밀어 올리는 운동) 계열 운동에 비해 Fly(크게 벌렸다 모으는 운동)계열 운동은 중량을 많이 사용해 운동하지 못한다.

프로그램의 첫 부분에 단순 관절 운동을 진행한다면 나중에 복합관절 운동할 때 충분한 집중과 중량으로 운동하지 못한 것이다. 물론 트레이닝 원리 중에 선 긴장을 위해 가벼운 중량으로 근육에 충분한 자극을 준 다음 본 운동을 시작하는 원칙도 있지만 무거운 중량으로 시작해서 가벼운 중량으로 마무리하는 것을 추천한다.

**○ 프리웨이트(다중 관절)→ 프리웨이트(단순 관절) → 머신운동 순서로 프로그램을 디자인한다.**

둘째, 큰 근육 운동을 먼저 한 다음 작은 부위 운동을 실시한다.

웨이트트레이닝 운동이 숙달되면 분할 트레이닝을 시작한다. 그중에서 3분할 즉, 하루에 두부위 운동을 하는 경우가 가장 많다. 이럴 경우 큰 부위 운동부터 시작하고 작은 부위는 큰 부위 운동을 한 다음에 하도록 한다. 큰 근육은 근육이 크기 때문에 그만큼 많은 에너지가 필요하다. 작은 부위를 운동한 다음 큰 근육 운동을 한다면 근육에 충분한 자극과 집중하기가 어렵다.

셋째, 자신이 부족하고 약한 부위 운동을 먼저 실시한다.

대부분의 사람은 좌, 우 근육과 힘의 차이가 있다. 오른쪽을 많이 사용하는 사람은 오른손이 강할 것이며, 왼쪽을 많이 사용하는 사람은 왼손이 오른손에 비해 강할 것이다.

덤벨을 이용해 한손씩 운동할 때 자신이 약한 쪽을 먼저 운동하고, 강한 쪽은 그에 맞춰 운동을 한다. 예를 들어 오른손이 강한 사람이 덤벨 컬을 할 때 같은 중량으로 오른손을 먼저 15회 실시 했는데 왼손은 10회도 못하는 경우가 많다. 이렇게 지속적으로 운동 했을 때 양 손의 힘 차이는 점점 더 날 것이다.

오른손이 강한 사람이라면 왼쪽먼저 운동을 할 수 있는 만큼 진행하고, 오른손은 왼손에 맞춰 운동을 실시한다. 그리고 두 손을 모두 사용하는 운동(예: 바벨 컬)이라도 조금 더 약한 손에 집중하고, 거울을 보면서 바른 자세로 운동을 하는지 확인하는 것이 좋다.

넷째, 오늘 진행한 근육부위의 운동은 이틀 후 실시하도록 한다.

운동 초보자의 경우 오늘 실시한 운동을 매일 실시하는 경우가 많다. 근육 성장을 위해서는 운동과 영양, 휴식이라는 삼박자가 잘 이루어져야 근육이 성장한다.

한 근육을 운동했을 때 그 부위에 48시간 정도의 휴식을 주는 것이 좋다. 운동 초보자는 운동의 강도가 낮기 때문에 근육에 충분한 자극을 주지 못한다. 그렇기 때문에 운동을 처음 시작하는 1~2개월은 정확한 운동을 배우는 것을 목적으로 운동하기를 바란다.

**근력에 영향을 미치는 중요한 역학적인 원리 : 지레의 작용원리**

- 신체는 움직임을 만들기 위해 지렛대 원리 이용
- 근육은 신체를 움직일 수 있도록 하기 위해 특별한 관절과 교차하여 몇몇 근육(주동력)과 건을 거쳐 뼈에 연결되어 있음
- 근육은 관절에 연결된 두 개의 뼈를 함께 잡아당기거나 물리적으로 짧게 수축하기 때문에 움직임이 발생

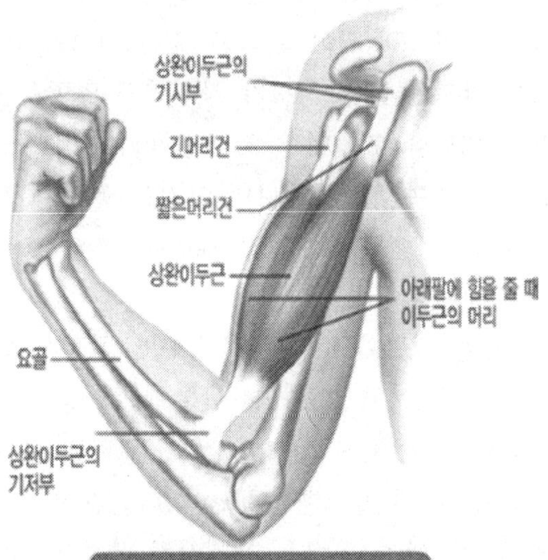


지렛대 원리에 의한 근의 작용

### (2) 운동 횟수

반복횟수는 초보자인 경우 10회 전후로 정확한 동작으로 할 수 있는 중량으로 2~4세트를 하며 중간 휴식은 30초에서 1분 정도 쉬는 것이 좋다.

만약 정확한 동작으로 15회 이상할 수 있다면 중량을 조금 높이는 것이 좋다. 근력 강화운동을 하는 주목적은 근육 증가를 위한 것이므로 운동으로 근육에 충분한 자극과 상처를 주어야 근육 성장에 도움이 된다.

초보자에게 있어서 일반적으로 근육 사이즈를 최대한 빨리 가장 크게 키우기 위한 반복횟수는 자신의 체형을 보고 결정하는 것이 좋다.

- 외배엽 (마르고 신경을 많이 쓰는 사람) : 8회 ~ 10회
- 중배엽 (자연적으로 근육질로 보이는 사람) : 10회 ~ 14회
- 내배엽 (지방질이 많고 수분 흡수력이 좋은 사람) : 15~20회

중급자 이상은 근육의 사이즈나 근력의 상태에 따라 반복횟수를 조절하기도 하나, 초보자들은 모든 근육과 근력이 동일한 선상에서 출발하기 때문에 위의 체형에 따른 반복횟수를 정하여 따라 하는 것이 좋다.

또한 무게를 들고 내리는 반복 횟수를 12번이라 가정했을 경우 자신이 100%의 힘을 주어 고정되고 완전한 풀 모션으로 12번 정도 하게 되었을 때 지쳐서 더 이상 하지 못하는 정도가 자신에게 알맞은 무게인 것이다.

만일 12번을 했는데도 2, 3번 더 할 수 있다면 그것은 무게가 가벼운 것이고 만일 9, 10번 정도 했다면 그것은 무게가 무거운 것이다. 즉 이것은 자신이 얼마나 많은 반복 횟수동안 100%의 힘을 지속적으로 최대한 유지할 수 있는 가 하는 것이다.

대부분 지구력 증가를 원한다면 더 많은 반복회수와 세트수로 운동을 하고, 근력의 증대가 주요목표라면 반복회수를 줄이고 부하 강도를 더 높이도록 한다.

대부분 1주일에 2~4일 정도 운동을 하는데 주당 2일의 트레이닝은 근력을 향상시키는데 필요한 최소치이다. 훈련초기 단계가 지나면 1주일에 2일의 트레이닝은 단지 근력을 유지시킬 뿐이며, 2일 이하의 운동은 근육을 무기력하게 만든다.

한편, 지나친 운동은 오히려 근육의 발달을 저해하면서 근육 조직에 손상을 주는데, 손상된 조직은 다음 트레이닝 전까지 회복할 시간이 필요하다. 때로는 휴식을 취하는 것이 트레이닝을 실시하는 것 보다 이로울 때도 있다(김창국외 1인, 1999).

대부분의 웨이트트레이닝 전문가들은 1주일에 3~4일 정도 트레이닝 할 것을 권장하고 있다. 1주에 3~4일 트레이닝 하는 프로그램은 최상의 컨디션을 원하는 사람들에게 가장 인기 있는 프로그램 인데, 이틀 동안은 상체를, 이틀 동안은 하체를 또는 격일제로 하는 트레이닝 방법 등이 있다.

### (3) 운동 세트

세트도 개인의 체력에 따라 최소 2~4세트 진행하고 운동 종목이 많다면 세트수를 줄이도록 한다. 3세트, 세트 당 10~12회 반복으로 운동을 끝내려면 내가 어떤 근육을 사용하고 있으며, 그 근육을 정확하게 힘을 줘서 동작을 수행하는지, 동작의 동선은 지켜지는지, 동작의 어떤 순간에 힘을 쓰고 빼는지를 확실히 알고 있어야 하며 단순히 아는 것뿐만 아니라 그것을 실제로 수행할 수 있을 정도로 체력, 지구력, 근력이 뒷받침되어야 한다.

운동경험이 없거나 운동을 오래 쉬었다 다시 하는 사람에게는 6~8세트, 세트 당 15~20회 반복하는 운동법이 좋다. 이는 운동에 적응이 되지 않은 몸은 운동효율이 떨어지기 때문에 보다 많은 횟수를 실시해서 근육을 사용하는 느낌을 찾아 주는 것이다.

다이어트를 목적으로 운동하는 사람이라면 힘에 부치는 무게로 3세트 10~12회를 실시하는 것보다 적당한 무게로 6~8세트 15~10회를 반복하는 것이 좋다. 3세트 10회~12를 무리하게 시도하는 경우는 부상을 입기도 쉽고, 억지로 힘을 쓰기 위해서 다른 부위의 힘을 끌어서 쓰기 때문에 운동의 효율이 떨어지기 쉽다. 그리고 무엇보다 운동시간이 너무 짧아져서 제대로 된 운동이라 할 수 없다.

### (4) 운동종목의 수 선택 방법

운동종목은 대개 8~12종으로 사지와 구간 그리고 전면과 후면 운동이 다양하게 구성되어야 한다. 일반적으로 전신적 운동종목을 7~8부분의 신체구조 부위로 크게 나누고 각 부분을 강화하는 운동을 1~3종목을 선택하여 8~12종목으로 프로그램을 구성하는 것이 바람직 하다.

국부적 운동종목으로는 본인이 원하는 부분을 강화하는 운동종류 중 1~5종으로 선정하여 구성하는 것이 효과적이다.

### (5) 운동 중 호흡법

올바른 호흡법은 근육이 힘을 쓸 때(수축) 내쉬고, 힘을 풀 때(이완) 숨을 들이마신다. 특히 혈압이 높은 사람에게 힘을 쓸 때 일시적으로 호흡을 중단하는 호흡법은 매우 위험하니 주의해야 한다.

중량을 들고 수축 시에는 우리 몸은 많은 혈류량을 필요로 하고 또한 전체적인 혈압이 높아지기 때문에 반드시 호흡을 내뱉어 혈류량 조절해야 한다. 만약 이와 반대로 수축 시 들이 마시고 이완(Negative)시 내 뱉는다면 파워출력이나 펌핑 강도가 현저하게 떨어지게 된다.

힘을 발휘하면서 호흡을 중단할 경우 흉강 내부의 압력이 증가되면서 심장으로의 정맥 흐름을 방해 하게 되는데 흉강의 압력이 심장으로 되돌아가는 정맥 내부의 압력보다 높아지면서 정맥을 눌러버리는 현상이 발생하며 이에 심장에서 박출 되는 혈액의 양이 감소되며 따라서 두뇌로 공급되는 혈액의 양이 현저히 줄어들게 되고, 결과적으로 현기증이 발생하여 어지럽거나 또는 의식을 잃게 만들 수도 있다.

특히 고혈압이 있는 사람의 경우 웨이트트레이닝 중 호흡법에 주의하여야 한다.

언제 힘을 쓰는지 잘 모르겠으면 기계를 사용할 때 중량 블록이 올라갈 때 힘을 쓰는 것이므로 그때 호흡을 내쉬면 된다.

근육 부위로 봤을 때의 호흡법은 다음과 같다.

- 상완 이두근: 팔을 굽힐 때 내쉬고, 팔을 펼 때 마신다.
- 상완 삼두근: 팔을 펼 때 내쉬고, 팔을 굽힐 때 마신다.
- 가슴: 밀거나 모을 때 내쉬고, 내리거나 벌어질 때 마신다.
- 등: 당길 때 내쉰다. 몸의 중심에서 멀어질 때 마신다.
- 다리 앞: 무릎을 펼 때 내쉬고, 무릎을 굽힐 때 마신다.
- 다리 뒤: 무릎을 굽힐 때 내쉬고, 무릎을 펼 때 마신다.
- 삼각근: 밀거나 덤벨이 몸에서 멀어지면 내쉬고, 내릴 때 마신다.

#### (6) 유산소 운동 방법

유산소 운동은 실시하는 목적에 따라 유산소 프로그램과 시간이 달라진다. 다이어트를 목적으로 유산소를 하는 사람이라면 40~50분 정도가 적당하다.

20분을 한다고 해서 효과가 없는 것은 아니다. 그러나 시간이 길어질수록 지방을 연료로 사용하기 때문에 40~50분 정도는 지속되어야 한다.

### 10) 체지방 감량을 위한 웨이트트레이닝 방법

#### (1) 근력운동 후 유산소운동을 30~50분 실시한다.

근력운동으로 몸에 탄수화물을 어느 정도 고갈시킨 후 유산소운동을 하면 그냥 유산소운동을 했을 때 보다 지방을 에너지로 조금 더 빨리 사용하기 때문에 체지방 감량에 효과적이다.
근력운동 후 조금 힘들더라도 체지방 감량을 위해 최소 20분에서 50분 정도 유산소 운동을 하는 것이 좋다.

#### (2) 근력 운동 후 마지막 1set는 고 반복 트레이닝을 실시한다.

근육 증가를 위해 근력운동을 할 때 마지막 1set는 가벼운 중량으로 고 반복 트레이닝을 실시한다. 근육과 지방이 타는 듯한 느낌을 받는다면 운동 후에도 소비하는 열량이 증가하여 체지방 감량에 효과적이다.

### (3) 서킷 트레이닝을 활용한다.

서킷 트레이닝은 유산소성 운동보다 2~3배 정도 지방을 연료로 더 사용하고 같은 시간 운동을 했을 때 소비하는 칼로리 역시 높아 다이어트에 효과적이다.

서킷 트레이닝은 인터벌 트레이닝과 다르게 근력운동과 유산소 운동을 순환하며 운동하지만 심박 수가 너무 높지 않게 유지하면서 운동하기 때문에 체지방 감량과 근육증가를 동시에 얻을 수 있는 이점이 있다.

### (4) 인터벌 트레이닝을 활용한다.

인터벌 트레이닝은 보통 빠르게 1분을 뛰고 천천히 30초를 걷는 등 심박 수를 올리는 구간과 심박 수를 낮추는 구간을 정하여 운동하는 방법이다. 러닝머신에서 인터벌 트레이닝을 하면 자신의 목표심박 수에서 걷거나 뛰는 것보다 소비하는 칼로리가 높아지며 지방을 에너지로 많이 사용하게 된다.

### (5) 식후보다는 공복에 유산소 운동을 한다.

공복 시 유산소 운동은 근력운동 후 유산소 운동과 마찬가지로 체내 탄수화물이 고갈된 상태라 식후 유산소 운동을 하는 것보다 지방을 에너지로 조금 더 빨리 사용을 하게 된다. 그러나 근력운동을 해야 한다면 운동 전 소화흡수가 잘되는 탄수화물을 섭취 후 운동을 하는 것이 효과적이다.

## 11) 근 파워 향상을 위한 웨이트트레이닝 방법

근 파워는 근력×근육의 수축 속도로 나타낸다. 따라서 근 파워를 늘이기 위해서는 근력의 증가 또는 근 수축 속도의 증가가 필요하다.

근 파워 트레이닝은 근육 내의 지방이나 점성저항을 감소시킨다. 그 결과 근수축의 효율성이 개선되어 보다 빠른 수축이 가능해 진다. 또한 근력이 증강됨으로써 같은 속도에서 발휘할 수 있는 힘이 커지고 같은 근력 발휘로 나타내지는 속도가 빨라진다.

#### (1) 운동 강도

근력과 스피드 향상의 가장 효율이 좋은 지점인 최대근력의 30~40%의 강도로 트레이닝을 실시하도록 한다. 그러나 트레이닝을 실시하는 본인의 근력과 스피드의 요소를 파악하여 스피드가 근력에 비해 떨어지면 최대근력의 약 30%의 강도로 트레이닝을 하고 근력에 비해 스피드가 떨어지면 최대근력의 약 40%의 강도로 실시하도록 한다.

#### (2) 운동 시간

보통 운동시간은 약 7초 내외로 하는 것이 좋고 상대적으로 가볍고 무거운 강도라도 최대스피드에서 실시하도록 한다.

#### (3) 운동 빈도

각자의 체력에 따라 차이는 있지만 보통 적절한 운동 빈도와 충분한 휴식을 병행하는 원칙 아래 일정한 간격을 두고 주당 3회의 빈도가 좋다.

#### (4) 세트의 횟수

초보자는 1일 3~5세트, 숙련자는 7~10세트가 적당하다.

#### (5) 세트 간의 휴식 시간

사람에 따라 피로의 회복 속도는 개인차가 심하므로 이를 고려하여 세트와 세트 사이의 휴식시간은 초보자는 약 4~6분이 알맞고 숙련자는 3~5분이 적당하다.

### ○ 골격근 형태에 따른 분류 ○

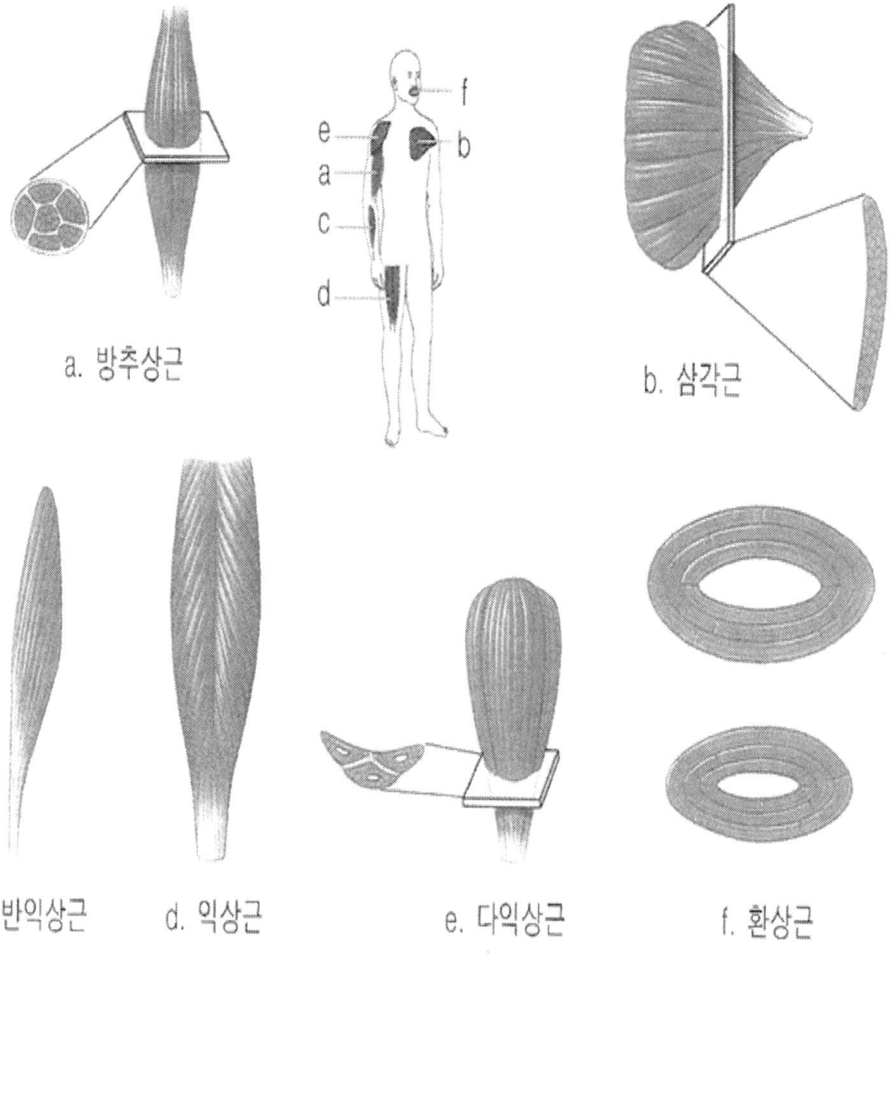


a. 방추상근 b. 삼각근 c. 반익상근 d. 익상근 e. 다익상근 f. 환상근

**3가지 유형의 근 조직(평활근, 심장근, 골격근)과 기능**

**평활근**

› 각 섬유에 오직 한 개의 핵을 가지고 있으며 긴 방추형의 섬유로 불수의근이며 음식물과 노폐물이 이동하는 식도, 위, 창자의 내벽에 존재

**심장근**

› 불수의근이며 오직 심장에만 존재하고 심혈관계의 요구에 따라 수축하고 안정 시에는 느리고 정상적으로 수축하지만 신체활동 중에는 보다 빠르고 강하게 수축

**골격근**

› 길고, 원통형 모양의 다핵으로 구성된 근섬유로 골격계가 움직이도록 필요한 힘을 제공하고 수의적으로 조절

### 12) 근지구력 향상을 위한 웨이트트레이닝 방법

어느 일정 저항에 대해 강하게 오래 버티는 시간과 근력 사이에는 아주 높은 상관관계가 있다. 따라서 근지구력의 증대도 근력의 증강으로 기인하는 바가 크다.

근력 트레이닝에 의한 근섬유의 비대와 함께 근지구력 트레이닝으로 발생하는 중요한 형태적 변화는 모세 혈관 망이 발달한다는 것이다. 모세혈관망의 발달에 의해 근육으로 다량 운반된 산소나 영양소는 동시에 그것을 받아들이는 측의 형태적 발달이나 기능의 개선으로 이어진다.

근지구력의 증대에 관여하는 이러한 요인은 주로 ST섬유의 특성에서 기인한 것이다. 근육내에 저장된 지방은 근수축에 대해 마찰 저항으로 인해 그 효율

을 저하시킨다. 근지구력 트레이닝은 에너지원으로 지방의 이용을 높이므로 지방 자체가 감소함과 동시에 근수축의 효율성이 개선된다.

### (1) 운동 강도

사람에 따라 기본체력의 차이는 있지만 일반적으로 근지구력 향상을 위한 트레이닝의 강도는 최대근력의 20~30%정도가 적당하다.

### (2) 운동 시간

근지구력 트레이닝의 운동 시간은 혈관의 확장이 충분히 이루어질 수 있도록 1분 이상 분당 60회 템포로 올-아웃될 때까지 계속해야 가장 큰 효과를 얻을 수 있다.

### (3) 운동 빈도

근지구력 트레이닝은 국부적인 근 군의 트레이닝이기 때문에 피로의 회복 속도가 매우 빠르므로 운동 빈도는 주당 6회 정도가 적당하다.

### (4) 세트와 휴식시간

초보자는 2~3세트, 숙련자는  5~8세트를 실시하며, 세트와 세트 사이에 휴식시간은 5분간으로 하는 것이 좋다.

#### ➽ 심혈관 지구력

- 심장근과 순환계와 호흡계의 효율성에 달려있다.
- 달리기, 사이클, 수영 등은 심혈관계 시스템에 부하를 주는 신체활동으로 심혈관 체력 증진에 도움을 준다.

#### ➽ 근지구력

- 일부 골격근과 골격을 조절하는 신경계의 효율성에 의존한다.
- 달리기와 같은 대부분의 심혈관 운동 유형은 적절한 심혈관지구력과 근지구력을 요구한다.

○ 근지구력은 심혈관 지구력과 관련이 있으나 동일하지는 않다.

## 8. 전신 지구력(심폐 지구력) 트레이닝

전신 지구력이란 호흡 순환 기능과 모든 운동 기관에 관한 지구력을 말한다. 운동을 하면 신체는 산소를 많이 필요로 한다. 이 때 장시간의 운동량이나 강도에 의해 산소 소비량과섭취량의 불균형이 이루어지게 된다.

전신 지구력 트레이닝의 목적은 이러한 차이를 작게 하기 위하여 최대 유산소 능력을 향상 시키는 것이다. 즉, 심폐 지구력은 전신 운동을 오랜 시간 지속하는 능력으로 호흡계와 순환계의 산소 운반 능력과 노폐물의 제거 능력을 향상시키는 효과가 있다.

튼튼한 심장과 폐, 그리고 잘 발달된 혈관은 심장질환의 위험을  감소시키고 지속적인 신체활동을 가능하게 하는 것이므로 신체적성의 측면에서 가장 중요한 요소로 간주되고 있다. 또한, 전신(심폐)지구력은 심장·혈관의 내구성, 용량, 혈액순환의 적합성을 가름하는 척도이기도 하다.

### 1) 전신 지구력 트레이닝의 구성요소

전신 지구력 트레이닝은 전신 운동을 통하여 호흡계의 기능을 향상 시키는 운동을 의미한다.

#### (1) 운동형태

전신 지구력 향상을 위해서는 유산소 운동으로 불리는 달리기, 수영, 자전거타기, 등산, 에어로빅댄스, 줄넘기, 걷기 등의 전신 운동을 선택하는 것이 효과적이다.

#### (2) 운동강도

전신 운동을 오랜 시간 하게 되면 운동 강도에 비례하여 심박수가 증가하기 때문에 심폐 지구력 운동에서는 운동 중의 심박수를 기준으로 운동강도를 조절하는 것이 좋으며 심박수가 150~160회 정도가 되도록 운동 속도를 조절한다. 운동강도가 너무 낮으면 운동효과가 적고 너무 높아도 운동을 오래 지속할 수가 없기 때문에 효과가 적다.

#### (3) 운동시간

운동 지속시간은 일반적으로 20분에서 60분 정도를 추천하고 있는데, 지속시간은 얼마나 강도 있게 운동하는가에 달려 있다. 만약, 운동이 85%정도에서 이루어진다면 20분 정도가 충분하며, 50%정도의 강도에서서는 적어도 30분은 지속해야 한다.

그리고 처음부터 너무 무리 하게 운동시간을 길게 잡지 말고 서서히 운동시간을 늘여가도록 하고 트레이닝의 일부로서 항상 5분 정도의 준비운동과 정리운동을 하도록 한다.

#### (4) 운동빈도

일주일에 3~5일 정도가 바람직하지만 최소한 3일 정도는 하는 것이 좋다.

트레이닝 후 다음 트레이닝 시 까지 피로가 풀리지 않을 경우에는 피로가 풀릴 때까지 충분한 휴식을 취하는 것이 좋다.

### 2) 전신 지구력 트레이닝의 효과

전신 지구력 트레이닝은 호흡계의 기능을 강화시키고 심장, 혈관, 혈액으로 이루어지는 순환계의 기능을 향상시키는 효과가 있다. 순환계 기능이 향상되면 심장의 용적이 커지고 근육에 분포한 모세 혈관 밀도가 높아져 혈액 순환이 잘 이루어지며, 또한 적혈구수가 증가하여 근육 조직에 대한 산소의 운반능력이 향상되는 효과가 있다.

순환계 질환의 주요 원인으로는 혈액 중의 콜레스테롤과 지질 농도를 들 수 있는데, 전신 지구력 트레이닝을 규칙적으로 실시하면 콜레스테롤과 지질의 농도를 감소시켜 동맥경화를 예방할 수 있으며 지방의 소모를 증가시켜 비만을 해소하는데 효과가 있다.

이러한 효과들은 일상생활이나 경호업무수행 중 피로를 덜 느끼게 하고, 주요 사망원인이 되고 있는 고혈압, 심장병, 뇌졸중 등 순환계 질환 및 각 종 성인병 등을 예방하여 건강한 생활을 영위하는데 도움이 된다.

## 3) 유산소 운동

유산소 운동은 체외의 산소를 섭취하여 근육과 간에서 공급받는 글리코겐, 포도당, 지방산, 아미노산들을 물과 탄산가스로 완전히 분해하면서 근육 활동을 위한 에너지원으로 아데노신 3인산(ATP)을 생성한다. 이 아데노신 3인산의 두 개의 인산염의 결합 부분이 분리되면 근수축에 필요한 에너지를 방출하는 메커니즘을 사용하여 근육의 수축으로 신체활동이 이루어지도록 한다.

이와 같은 몸의 부위별 근육을 최대한 이용하여 심장박동수를 일정하게 유지하면서 이때 사용되는 에너지가 약 1/2이상이 유산소에 의해 공급되며 이때 최소 3분 이상 지속적으로 할 수 있는 전신운동을 유산소 운동이라 한다.

유산소 운동은 근지구력과 심폐지구력을 향상시키고 피부를 탄력 있게 가꾸어 주고 신체의 지방을 감솟기켜 외모를 보기 좋게 만들 뿐만 아니라 각종 성인병을 예방한다.

### (1) 유산소 운동이 순환계에 미치는 요소

- 호흡 순환계에 적절한 자극을 주어 심장혈관과 폐 기능을 강화시킨다.
- 심혈관계의 여러 가지 성인병 즉 고혈압, 당뇨병, 뇌졸중, 심장병 등을 예방하고 치료한다.

**○ 심혈관계 체계 ○**

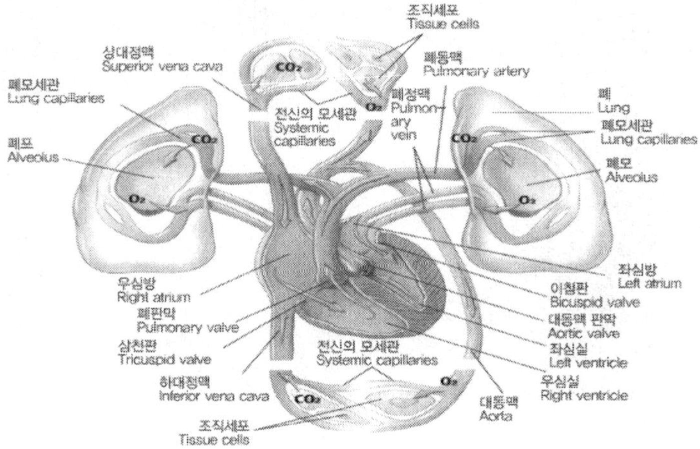

### (2) 유산소 운동이 근육계에 미치는 요소

- 운동 중에 탄수화물보다 지방을 더 많이 태워 운동에 필요한 에너지로 이용하므로 체지방을 감소시키므로 체중조절에 효과가 크다.
- 미토콘드리아의 수와 크기가 증가하고 미오글로빈 농도가 증가하므로 근육의 긴장도가 감소한다.
- 모세혈관의 밀도와 유산소성 효소의 활성도가 증대되고 지근(적근)섬유의 비대와 산소 이용능력의 증대로 근피로가 감소된다.

### (3) 기타

- 뼈, 건, 인대, 근육이 충실해지고 고지단백(HDL), 콜레스테롤과 인슐린 활성도가 증가하므로 체지방, 저지단백(LDL), 고혈당증(당뇨)을 감소시킨다.
- 무산소 운동에 비해 안전성이 높다.
- 체내의 당분보다 지방을 배 이상 소모하므로 체중감량에 최적의 운동이다.

○ 건강하고 탄성력 있는 동맥 ○ ○ 건강하지 않은 굳은 동맥 ○

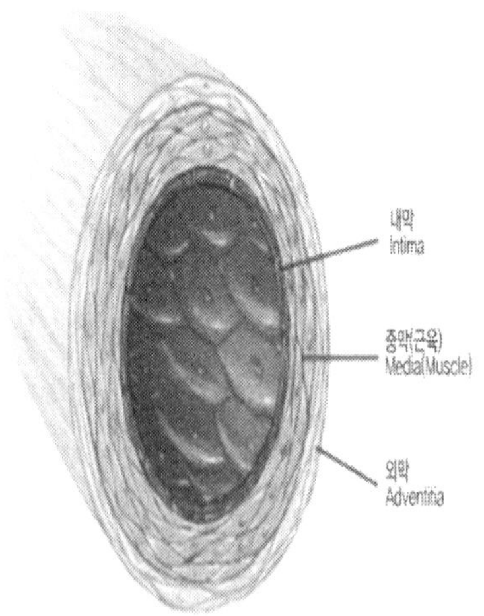


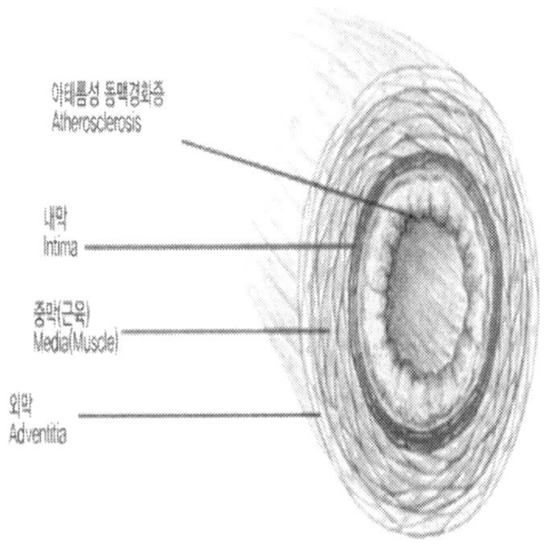

### (4) 유산소 운동 프로그램(유광욱외 1인, 2005)

① 운동 양

- 체중조절을 위해서는 절제된 식생활이 반드시 병행되어야 한다.
- 지나친 칼로리 섭취의 제한은 오히려 해를 가져오므로 아침, 점심, 저녁의 정상적인 식생활에서 매 식사마다 20~30%칼로리 섭취의 양을 조절한다.
- 단시일 무리한 체중감량은 득보다 실이 많으므로 꾸준한 운동을 통해 200Kcal정도를 소모하는 것이 이상적이다.

② 운동 강도

- 강도 높은 유산소 운동은 지방보다 탄소화물을 더 많이 사용한다.
- 저강도의 유산소 운동은 반대로 지방의 이용률이 상대적으로 더 높아져 체중감량과 제지방을 충실하게 하는 바람직한 방법이다.
- 자신의 최대 산소 섭취량의 40~60%의 강도로 실시함으로 운동의 효과를 극대화 시킬 수 있다.

③ 운동 빈도

- 운동을 계속하면 어떤 형태로든 효과를 볼 수 있지만 중단하면 쉽게 원래 상태로 후퇴하거나 오히려 퇴보할 수가 있다.
- 체중조절을 위해서는 저강도의 운동을 매일 실시하는 것이 효과적이다.

④ 운동 시간

- 운동시작 20분 후부터 본격적으로 체내의 지방을 동원하여 에너지화 시키므로 하루에 최소한 30분 이상 실시해야 체중조절의 효과를 기대할 수 있다.

⑤ 운동 기간

- 운동시작 1~4주 간에는 체중의 변화가 없거나 오히려 체중이 늘어나는 경향이 있다.

- 이것은 지방이 빠지고 근육이 채워주기 때문이며 근육섬유가 지방섬유보다 비중이 높기 때문에 체중이 늘어나는 일시적인 현상이 생기기도 한다.
- 체중 조절을 위해서는 4주 이상 꾸준하게 실시하면 효과가 서서히 나타나기 시작한다.

⑥ 심폐지구력 개선을 위한 유산소 운동 프로그램

- 에어로빅 댄스, 써키트 웨이트트레이닝, 조깅 등의 유산소 운동을 자신의 최대 산소 섭취량의 50~70%강도의 유산소 운동을 실시함으로 운동의 효과를 극대화 시킬 수 있다.

## 4) 전신 지구력의 트레이닝 방법

### (1) 지속운동(장거리 지속 달리기)

1회의 운동 중 도중에 휴식을 취하지 않고 계속하는 방법이다. 즉, 10km 달리기, 크로스컨트리, 50km 달리기 등 장거리 지속 달리기 운동을 시작해서 끝날 때까지 중단 없이 높은 강도로 계속하는 방법이다. 이 방법은 연중 트레이닝을 하는 동안 계속 사용되며 가장 많이 사용되는 시기는 준비 시기이다. 또한, 운동 중에 옆 사람과 자유롭게 이야기 할 수 있을 정도의 낮은 강도로 20~30분 이상 쉬지 않고 계속 운동하는 방법으로, 지구력의 기초를 튼튼히 하는 데 도움이 된다.

처음 운동을 하는 사람은 이런 방법으로 30분 이상 계속할 수 있도록 하는 것이 좋으며, 전적으로 유산소 시스템의 능력만을 향상시키는 운동이므로 낮은 강도로 장시간 운동을 하는 육상의 10,000m달리기나 마라톤과 같은 종목의 선수들에게 적합한 트레이닝 방법이다. 트레이닝 1회에 소요되는 시간은 1시간 ~ 2시간 30분 정도가 적당하며, 트레이닝 강도는 심박수를 이용하여 결정하되 150~170회/분 정도가 적당하다.

장거리 지속 달리기는 전신 지구력을 향상시킨다는 점 이외에 피로에 대한 적응 능력과 페이스 조절 능력을 향상 시킬 수 있다는 두 가지 중요한 장점을 가지고 있다.

### (2) 반복 운동

운동과 운동 사이에 충분한 휴식을 취하면서 반복해서 실시하는 운동 방법으로써, 100m달리기, 50m달리기, 2000m달리기 등을 규정된 스피드로 달리고 난 다음 충분한 휴식을 취한 뒤, 다시 달리고 하는 방법이다. 반복 운동은 달리는 거리나 시간에 따라서 무산소적 또는 유산소적 능력을 집중적으로 향상시키는 데 좋다.

또한, 인터벌 운동보다 더 강한 운동(최대운동)을 하면서 중간에 완전한 휴식을 취하는 방법으로 중장거리 달리기 등에서 마지막 스퍼트 능력을 기르는 데 이용된다.

### (3) 인터벌 트레이닝

인터벌 트레이닝이란 적절한 휴식 시간을 두면서 운동을 반복하는 전신 지구력 트레이닝의 한 방법으로 지속 운동보다 강한 운동(심박수 180)을 하면서 중간에 가벼운 운동(심박수 120)으로 불완전한 휴식을 취하는 운동 방법으로 높은 수준의 지구력 향상에 도움을 주며, 호흡 순환기의 계속적 활동에 의한 심박출량의 증가, 무산소적 부하의 교대에 따른 무산소성 역치점의 증가와 근력의 증강을 도모할 수 있는 트레이닝이다.

그리고 운동과 운동 사이에 불충분한 휴식을 넣어 교대하는 운동방법으로는 2000m달리기와 가벼운 조깅 등을 교대로 실시하는 방법 등이 있다.

## ○ 심혈관계 체력의 특징 ○

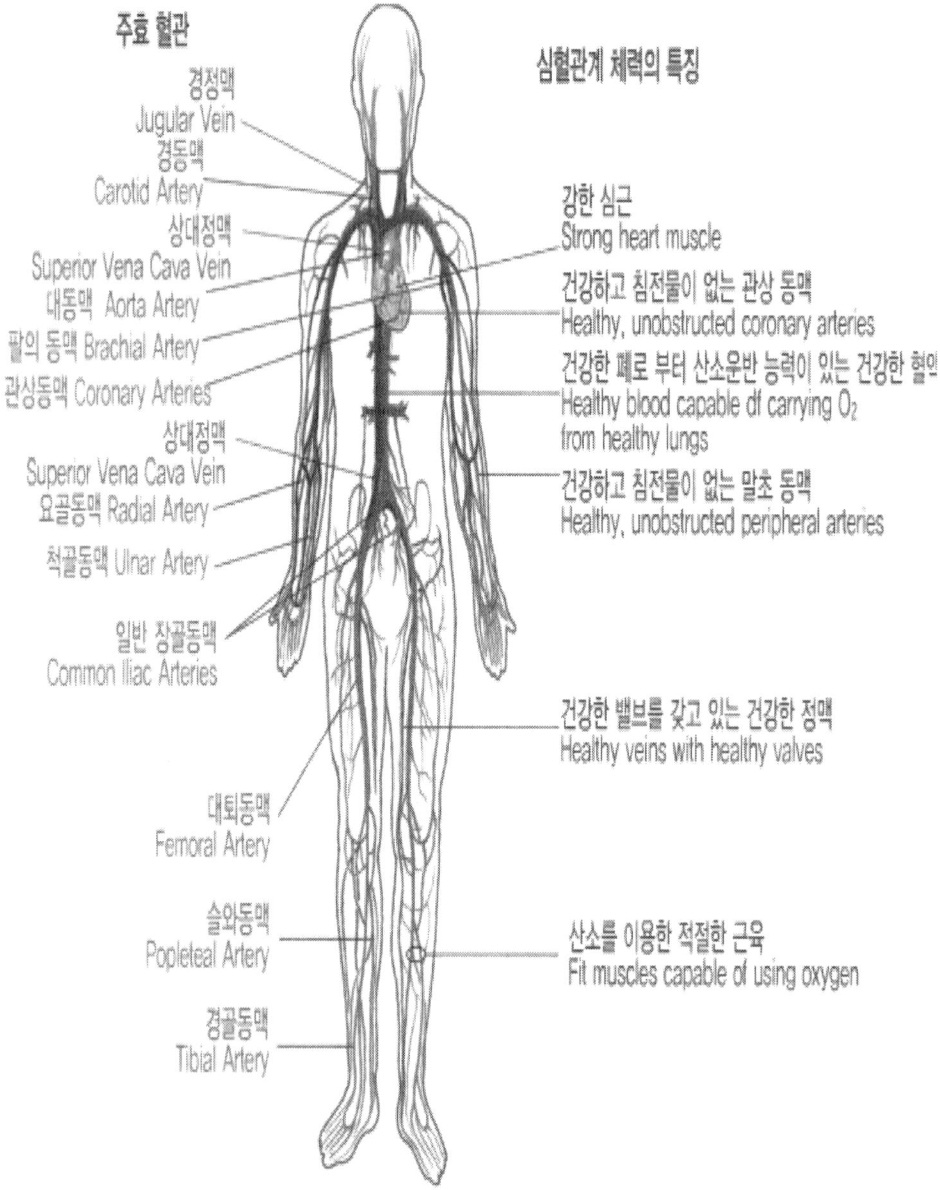
주효 혈관
경정맥
Jugular Vein
경동맥
Carotid Artery
상대정맥
Superior Vena Cava Vein
대동맥 Aorta Artery
팔의 동맥 Brachial Artery
관상동맥 Coronary Arteries
상대정맥
Superior Vena Cava Vein
요골동맥 Radial Artery
척골동맥 Ulnar Artery
일반 장골동맥
Common Iliac Arteries
대퇴동맥
Femoral Artery
슬와동맥
Popleteal Artery
경골동맥
Tibial Artery
심혈관계 체력의 특징
강한 심근
Strong heart muscle
건강하고 침전물이 없는 관상 동맥
Healthy, unobstructed coronary arteries
건강한 폐로 부터 산소운반 능력이 있는 건강한 혈액
Healthy blood capable of carrying O2
from healthy lungs
건강하고 침전물이 없는 말초 동맥
Healthy, unobstructed peripheral arteries
건강한 밸브를 갖고 있는 건강한 정맥
Healthy veins with healthy valves
산소를 이용한 적절한 근육
Fit muscles capable of using oxygen

## 9. 순발력 트레이닝

순발력이란 제한된 시간 안에 많은 양의 일을 할 수 있는 능력을 뜻하는 것으로서 위기상황 발생 시 빠르고 정확하게 대처해야 하는 경호원들이나, 경기에 임하는 운동선수들에게는 매우 중요한 트레이닝 요소이다.

근력을 정적상태에서 발휘되는 힘이라고 한다면, 순발력은 동적으로 발휘하는 힘이다. 이는 근력 × 스피드 = 파워(power)로 규정할 수 있다.

순발력 향상을 위한 트레이닝 방법으로는 역기와 같은 기구를 이용한 트레이닝, 체중을 이용한 덤블링 및 유연성 트레이닝 등이 있다.

순발력 트레이닝은 1차적으로 근력의 강화가 이루어져야 하고, 2차적으로는 속도가 떨어지지 않도록 반복 회 수를 늘리고 운동 속도를 빨리 하는 방법으로 실시한다.

### 1) 순발적 파워와 지속적 파워

경호활동이나 스포츠 활동에서 운동성과의 기반을 생각할 때에 단시간에 폭발적인 파워를 발휘해야 하는 경우와 장시간에 지속적인 파워를 발휘해야 하는 경우가 있다.

파워는 에너지 저장량을 기반으로 하는 근력과 에너지 반응속도를 기반으로 하는 근수축의 스피드가 문제되는데 여기서, 순발적 파워는 신경충격의 집중성에 좌우되는데 대하여 지속적 파워는 최대 산소 부채의 효율에 좌우된다.

#### (1) 순발적 파워

- 일시적인 순발적 파워는 근력과 근수축 스피드를 기반으로 한다.
- 근육을 순발적으로 수축 시키는 데는 신경 충격의 집중성이 크게 작용한다.
- 순발적 파워를 발휘하는데 ATP나 크레아틴 인산과 같은 에너지원을 많이 비축하여 비젖산 산소부채를 크게 하는 것이 중요하다.
- 근수축의 스피드를 빨리 할 수 있는 백근섬유의 혼재 비율이 큰 편이

순발적 파워에 유리하다.

- 근수축 스피드를 좌우하는 것은 근섬유 형태의 차이뿐만 아니라 신경 지배에 의한 충격도 많이 작용한다.
- 경호활동이나 스포츠 활동 중 신경 지배에 의한 긴장 상태가 유지되고 있을 경우 그렇지 못한 경우에 비해 폭발적인 힘을 낼 수 있다.
- 순발적 파워를 발휘함에 있어 신경 충격의 집중을 통하여 심리적인 한계를 벗어나는 것도 중요하다.

### (2) 지속적 파워

- 어느 정도의 시간에 걸쳐 지속적으로 파워를 발휘할 때에는 근력과 근수축의 스피드를 기반으로 한다.
- 근육을 지속적으로 수축시키는 데에는 최대산소부채가 크게 관여한다.
- 지속적 파워를 발휘하는 데에는 근 글리코겐과 같은 에너지원을 많이 비축하여 젖산성 산소부채를 크게 하는 것이 무엇보다도 우선되어야 한다.
- 인간의 골격근에는 평균적으로 약230cal/kg의 근 글리코겐을 비축 할 수 있는데 이보다 많은 근 글린코겐을 골격근에 비축할 수 있다면 지속적 파워를 발휘하는데 유리하다.
- 근수축의 스피드를 빨리할 수 있는 백근섬유의 혼재비율이 큰 편이 유리하다.
- 근 비대만을 위하고 그 근군의 사용훈련을 게을리 했을 때에는 길항근과 주동근의 움직임을 방해하여 근수축의 스피드를 떨어뜨리는 수도 있다.
- 지속적 파워의 강화는 근력 트레이닝을 통해 일차적으로 근 비대를 꾀하고 난 다음 강화된 근육을 그 전문종목의 특유한 동작을 반복 연습함으로써 스피드의 저하를 막는 것이 무엇보다 중요하다.

### 2) 순발력 트레이닝의 구성요소

#### (1) 운동강도

일반적으로 최대 근력의 30~40%의 강도를 선택한다. 그러나 근력이 부족한 경우와 스피드가 부족한 경우를 구별하여 부하 강도를 조절해야 하는데, 근력이 부족한 경우는 최대 근력의 80%를 스피드가 부족한 경우에는 최대 근력의 30%로 트레이닝을 실시한다.

#### (2) 운동시간

부하 강도에 따라서 다음과 같이 최대 스피드로 반복 운동을 실시한다.

최대 근력의 30%일 경우는 최대 스피드로 3~6초간 반복 또는 최대 스피드로 8~12회 반복 실시하고 최대 근력의 80%일 경우에는 최대 스피드로 5~8초간 반복 또는 최대 스피드로 3~5회 반복 실시한다.

#### (3) 운동빈도

일반적으로 격일제, 또는 주 3회 실시한다.

#### (4) 세트와 휴식시간

초보자는 3~5세트, 숙련자는 7~10세트를 실시하며 세트와 세트사이의 휴식시간은 3~5분간으로 한다.

## 10. 유연성 트레이닝

유연성은 관절의 가동성을 의미한다. 인체에는 약 250여개의 관절이 있는데 이들 관절은 동작을 할 때 마다 고유의 가동영역 범위 내에서 작용하고 있다.

관절의 가동성은 구조적으로 제한되어 있기 때문에 아무리 애써서 더 펴려고 하더라도 결코 가동범위 이상을 벗어날 수 없다.

일상생활 속에서나 경호활동 중 관절의 가동범위 이상을 펴지 못하는 것은 길항근을 수축시켜 동작의 범위를 단축시키기 때문인데 이는 관절의 탈구나 근 · 건 · 인대 · 근주막 등의 단열과 같은 상해를 예방한다.

이 같은 동작을 여러 번 반복하면 그 부위에 결체조직을 증식시켜 마침내 관절의 가동범위를 축소시키고 마는데 이는 유연성을 저하시키는 요인이다. 유연성이 부족하면 다양한 동작을 취할 수 없고 상해를 입을 가능성이 매우 높으며, 또한 근력, 스피드, 협응력 등의 발달에 제한을 받고 높은 수준의 기술을 수행할 수 없는 단점이 있다.

유연성을 개선하는 방법으로는 굴곡운동 보다는 신전운동이 더 효과적이다. 신전운동은 관절부위에 결체조직의 증식을 막아 관절의 가동범위를 높여주며 근, 건, 인대, 관절낭, 근주막 등에 강제로 신전운동을 시키면 유연성을 크게 개선할 수 있다.

각 스트레칭마다 바람직한 지속시간이 있으나 피로 때문에 정해진 시간 동안 계속하지 못할 경우에는 휴식을 취해도 좋고 다른 부분을 해도 좋다. 정해진 지속시간에 달할 때까지 몇 번이나 스트레칭을 반복하도록 한다.

전신의 유연성 향상이 목표이지만 트레이닝 종류에 따라서 부위별 유연성을 요구하는 경우도 있다.

### 1) 스트레칭의 효과

스트레칭을 지속적으로 실시하면 일상생활에서나 트레이닝 중에 있을 수 있는 부상의 위험을 줄여줄 뿐만 아니라 업무의 효율성도 높여주며 최상의 컨디션을 유지시켜 줄 수 있다. 이처럼 스트레칭은 어디에서 누구나 할 수 있는 가장 손쉬운 운동방법 중에 하나이다.

스트레칭을 운동이라 생각하면 운동을 싫어하는 사람들에게는 스트레스로 작용 할 수도 있겠으나 스트레칭을 운동이라 생각하지 않고 일상생활의 한 부분이라고 생각 하면 스트레칭의 효과는 더욱 더 높아 질 것이다. 스트레칭을 매일 지속적으로 실시하면 다음과 같은 효과를 얻을 수 있다(이승아외3인, 2004).

- 피로와 스트레스를 풀어주며, 체력을 향상시켜 준다.
- 자신의 몸에 대한 자신감을 가지게 해 준다.
- 신체 지각력을 발달시켜주며 혈액순환을 촉진시켜준다.
- 특정한 종목의 운동 능력을 향상시켜 주며, 정신적·육체적 긴장완화를 증진시켜 준다.
- 건, 근육, 관절의 부상 위험을 감소시켜 주며 근육의 긴장을 완화 시켜 준다.
- 신경근의 작용이 부드러워져 격렬한 운동과 빠른 운동에도 잘 반응할 수 있다.
- 여성에 있어 생리통의 고통을 줄여 주며 아름다운 바디라인을 만들어 준다.
- 적절한 유연성은 근 파열의 위험을 감소시킬 수 있다.
- 스트레칭 운동의 실행은 적절한 유연성 이외에도 다른 이득을 얻을 수 있다.
- 적절한 유연성은 선수들의 운동수행을 향상시킬 수 있다.
- 정적 근육 스트레칭은 근 경련을 경감시키는데 효과적이다.

### 2) 유연성에 영향을 미치는 요인

#### (1) 긴 근육-건 단위들은 유연성에 중요하다.

- 관절의 가동범위는 유연성의 척도이다.
- 인대의 신장성, 둘러싸고 있는 근육, 근육을 뼈에 연결하는 건에 따라 영향을 받는다.
- 긴 근육과 건을 가지는 것은 보다 큰 가동범위와 보다 좋은 유연성을 가능하게 한다.
- 근육과 건이 합쳐져서 근육-건 단위라고 불린다.
- 근섬유는 건보다는 신장력과 탄력성이 높지만 둘 다 함께 늘어난다.

### (2) 관절의 사용 부족이나 상해 혹은 질병은 관절의 가동성을 감소시킬 수 있다.

- 관절염과 석회침착은 관절을 손상시킬 수 있고 염증은 동작을 방해하는 통증을 초래한다.
- 관절을 규칙적으로 최대 가동범위로 움직이지 않는 것은 근육과 건을 단축시키는 원인이 된다.
- 반대쪽의 근육군을 무시하고 오직 한 근육군을 과다하게 발달시키는 부적절한 운동은 유연성을 제한하는 불균형을 야기 시킨다.

### (3) 유전적인 특성 때문에 특이한 유연성(과다한 움직임)을 갖는다.

- 과 운동은 때때로 관절 느슨해짐 이라고 언급되며 이러한 특성을 가지고 있는 사람은 관절 탈구가 일어나기 쉽다.
- 과운동 또는 이와 같은 사람은 특히 무릎, 발목, 어깨에 운동 혹은 무용 상해를 더 입기 쉽고, 조기 골관염으로 발전하기 쉽다.

### (4) 유연성은 나이, 성, 인종을 포함하여 여러 가지 요인에 의해 영향을 받는다.

- 유연성은 어린이가 일반적으로 우수하지만 성숙에 따른 변화 때문에 사춘기 초기에 감소한다.
- 여자는 남자보다 유연성이 좋은 경향이 있지만 성인의 경우 성별차이가 적다.
- 나이가 든 성인들은 대개 감소한 신체활동으로 인하여 유연성이 떨어진다.
- 규칙적인 스트레칭은 고령자들에게 일생 동안 적절한 유연성을 유지하도록 도울 수 있다.

### (5) 근력을 향상시키기 위하여 유연성을 포기해서는 안 된다.

- 적절하게 실행된 근력훈련은 근육이 뻣뻣해지는 것을 막는다.
- 최상의 규칙은 강화시키는 곳을 스트레칭하고 스트레칭 하는 곳을 강화시키는 것이다.

### 3) 유연성 트레이닝의 종류

#### (1) 동적 스트레칭

동적 스트레칭은 앞·뒤로 숙이기와 같은 율동적 동작 등에서 나타나는 운동 유형으로 신체 분절에 반동을 주어 근육과 관절 주위의 결합조직을 신전시키는 운동방법이다.

동적 스트레칭의 가장 큰 장점은 박자나 구령에 맞추어 쉽게 할 수 있어 준비운동 시에 적절하게 이용할 수 있다는 점이다. 또한 특정 관절의 신경계 활동을 자극 할 때나, 격렬한 활동 전에 실시해도 효과적이며 정적 스트레칭에 비해 덜 지루하여 수행자의 흥미가 지속된다는 장점도 있다. 그러나 단점으로는 동적 스트레칭 시 근육과 이를 지지하는 결체조직이 너무 빠르게 신장될 경우 근육과 결체조직은 이에 적절히 대응하지 못해 조직의 상해와 통증을 유발할 수 있다.

갑작스러운 신장은 근육의 수축을 일으키는 반사작용을 유발하게 되는데 그 결과 근육의 장력이 증가하게 되어 결체 조직의 신장이 더욱 어려워지고 따라서 유연성이 크게 향상되지 못하게 된다.

#### (2) 정적 스트레칭

정적 스트레칭은 일정한 자세를 유지하는 운동으로서 그 동작을 약간 반복한다든지 혹은 거의 반복하지 않는 경우가 대부분이다. 근육과 관절 주위의 결합조직을 천천히 신전시키고 수초동안 신전된 자세를 유지하는 형태로서 운동으로 인한 상해의 위험이 가장 적은 운동 방법이다.

일반적으로 정적, 혹은 완만한 스트레칭이 동적 스트레칭보다 더 좋은 스트레칭 방법 이라는 데에는 의견이 일치되고 있으며 근육이 잘 늘어나게 하기 위해 힘을 조금씩 사용하여 관절의 가동범위 내에서 근육의 길이를 늘려주어 근육이 약간 당긴다는 느낌이 올 때 멈추어 고정 상태를 유지해 주는 동작이다.

정적 스트레칭의 장점은 동적 스트레칭에 비하여 에너지 소비가 적고 조직 손상에 의한 통증이 거의 없으며 근육통을 경감시킨다는 점이며, 단점으로는 운동으로서는 너무 강도가 약하고 매우 지루한 느낌을 준다는 점을 들 수 있다.

### (3) 말초 근신경 촉진법(PNF) 스트레칭

말초 근신경 촉진법 스트레칭이란 말초 수용기를 자극하여 근신경 기전을 촉진, 또는 고양시키는 방법이라고 정의 할 수 있다. 우리가 늘려주려는 것은 근육이다. 근육은 실질적인 근육과 뼈에 근육을 붙여주는 건으로 구성 되어 있다.

근육에는 근방추라는 것이 있어, 근육이 지나친 신장을 하면 신호를 머리에 보내서 수축을 시킨다. 건에도 근방추가 있어 건이 지나치게 수축을 하면 신호를 머리에 보내 이완을 시킨다. 이 두 가지 신호가 동시에 작용하면 이완하라는 신호가 수축하라는 신호에 우선 하게 된다. 따라서 스트레칭(신장)중 근육을 수축(힘을 주면)시키면 두 가지 신호가 다 머리에 가고, 그 중에 이완시키는 신호가 우선 하므로 근육은 한계를 넘어서 더 늘어날 수 있는 것이다.

이러한 PNF 스트레칭은 6·70년대 재활을 위한 물리요법에서 비롯·형성된 것인데 근래에는 매우 발전된 유연성 향상 프로그램으로 스포츠 및 타 분야에서 널리 이용되고 있다.

**○ 동적 · 정적 · PNF 스트레칭의 비교 ○**

| 특 성 | 동적 스트레칭 | 정적 스트레칭 | 말초 근신경 촉진법 |
|---|---|---|---|
| 상해의 위험 | 높음 | 낮음 | 중간 |
| 고통의 정도 | 중간 | 낮음 | 높음 |
| 스트레칭에 대한 저항 | 높음 | 낮음 | 중간 |
| 실용성 (시간과 보조자) | 좋음 | 우수함 | 약함 |
| 효율성(에너지 소비) | 약함 | 우수함 | 좋음 |
| 가동 범위 증가의 효과 | 좋음 | 좋음 | 좋음 |

## ○ 3가지 스트레칭 방법 ○

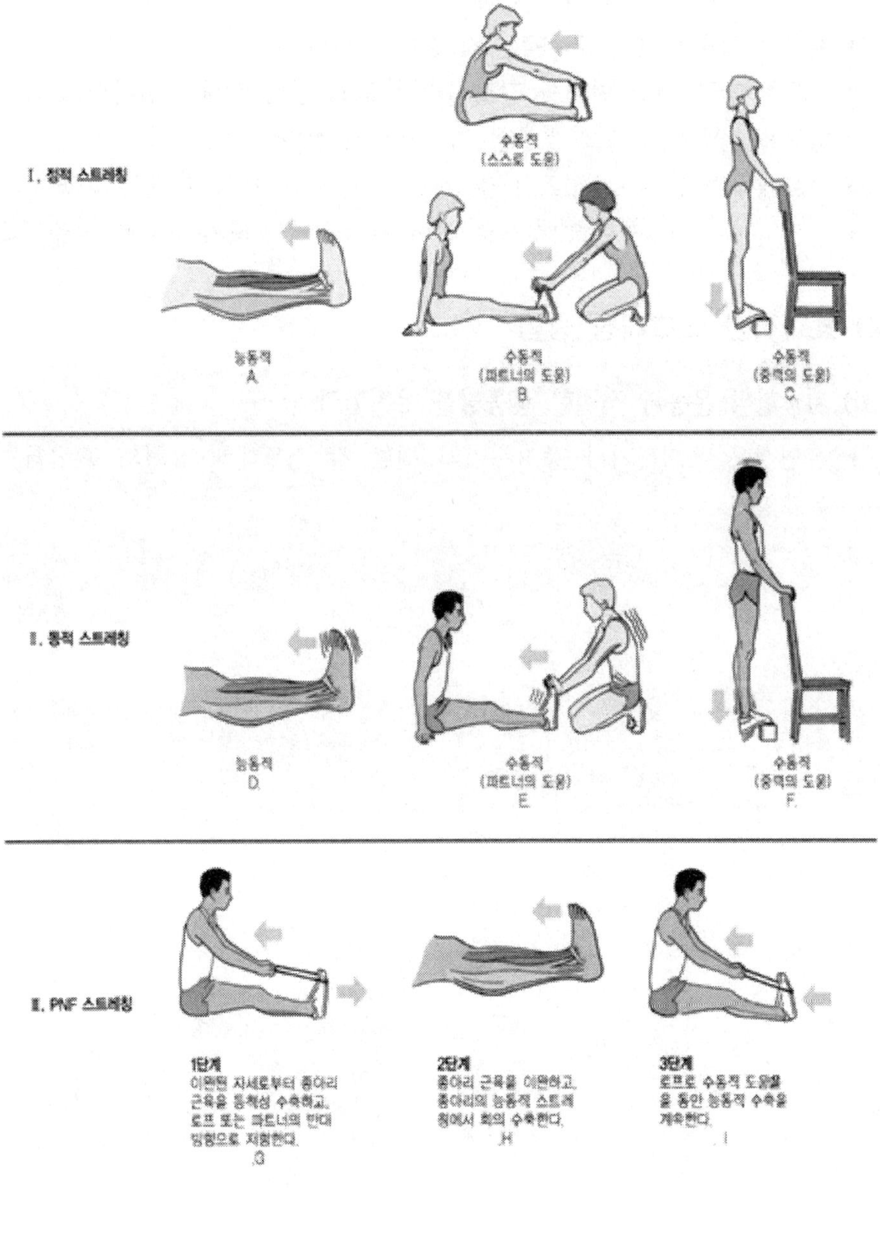
Ⅰ. 정적 스트레칭
수동적
(스스로 도움)
능동적
A.
수동적
(파트너의 도움)
B.
수동적
(중력의 도움)
C.
Ⅱ. 동적 스트레칭
능동적
D.
수동적
(파트너의 도움)
E.
수동적
(중력의 도움)
F.
Ⅲ. PNF 스트레칭
1단계
이완된 자세로부터 종아리
근육을 등척성 수축하고,
로프 또는 파트너의 반대
방향으로 저항한다.
G.
2단계
종아리 근육을 이완하고,
종아리의 능동적 스트레
칭에서 회의 수축한다.
H.
3단계
로프로 수동적 도움을
을 동안 능동적 수축을
계속한다.
I.

### (3) 스트레칭의 주의사항

- 마음을 편하게 하고 시작 한다.
- 절대로 고통을 참거나 무리하지 말아야 한다.
- 근육과 건 그리고 인대를 긴장시키지 않고 편한 자세로 실시한다.
- 반동을 이용하지 말고 호흡은 자연스럽게 한다.
- 스트레칭 타임은 8~30초를 준수하며 다른 사람과의 경쟁은 피한다.
- 작은 근육에서 큰 근육 순으로 하며 정신을 스트레칭 부위에 집중한다.

## 4) 효과적인 스트레칭 방법

### (1) 최소한의 운동과 적절한 운동량을 유지한다.

- 유연성을 유지하거나 증진시키기 위한 각 스트레칭 유형의 훈련역치와 목표영역

| | 훈련역치 | | | 목표영역 | | |
|---|---|---|---|---|---|---|
| | 정적 | 동적 | PNF(CRAC) | 정적 | 동적 | PNF(CRAC) |
| 빈도 | 모든 방법마다 주당 3일 | | | 모든 방법마다 주당 3~7일 | | |
| 강도 | • 통증이 없는 한 멀리 스트레칭하라. 느린 동작으로 가동 범위 끝에서 멈춰라. | • 보통 탄력이나 진동으로 근육을 정상길이 이상으로 스트레칭하되, 긍정적-정적가동범위의 10%를 초과하지 말라 | • 스트레칭 전에 최대 등척성 수축의 사용을 제외하고 정적 스트레칭과 동일 | • 도움 추가<br>• 모든 방법마다 과도한 스트레칭과 통증을 피한다. | • 훈련 시작과 동일 | • 정적과 동일<br>• 도움 추가 |
| 시간 | • 15초를 유지<br>• 3회 반복<br>• 반복 시 30초 휴식 | • 30초 동안 지속적으로 반복 (이것이 1세트) | • 3초간 등척성 수축 유지<br>• 15초간 스트레칭<br>• 3회 반복<br>• 반복시 30초 휴식 | • 15~60초 유지<br>• 3~5회 반복<br>• 반복시 30초 휴식<br>• 세트 사이에 1분 휴식 | • 1~3 세트<br>• 세트사이에 1분 휴식 | • 3초간 수축을 3~5회 반복하고 15~60초 유지<br>• 반복시 30초 휴식<br>• 1~3세트<br>• 세트사이에 1분 휴식 |

**(2) 규칙적으로 자주 실행한다.**

- 일반적으로 스트레칭은 최소한 주당 3일 해야 하고 가능하면 매일 실행한다.
- 스트레칭을 실행하지 않으면 일주일 후 근육의 길이가 감소하고 경직이 증가하므로 규칙적인 스트레칭이 불가능할 경우 주1일의 스트레칭으로도 근 길이의 유지와 신전내성의 증가를 도울 수 있다.

**(3) 근육을 정상적인 길이보다 많이 스트레칭 해야 하지만 과도하게 신전시키지는 않는다.**

- 유연성을 향상시키기 위해서는 보통 길이의 10%이상이 신전되어야 한다.
- 스트레칭 강도의 실질적인 지표는 불편함을 느끼기 전이나 긴장하는 지점까지 스트레칭하는 것이다.
- 과도하게 강도 있는 스트레칭은 실질적으로 유연성을 저하시킨다.

## 5) 스트레칭의 구성요소

### (1) 운동강도

강도는 근육이 얼마나 늘어나는가이다. 신전 할 때 가장 편안한 감각을 느끼는 점을 스트레칭 포인트라고 하는데  유연성을 개선하기 위한 트레이닝에서는 이러한 스트레칭 포인트를 지키는 것이 중요하다.

관절의 가동 범위를 증가시킬 때 편안한 느낌을 갖는 단계, 약간의 긴장을 느끼는 단계, 통증을 느끼는 단계를 차례로 거치게 되는데 유연성 운동은 약간의 긴장을 느끼는 단계에서 정지자세를 유지하는 정적인 스트레칭이 안전하다.

### (2) 운동시간

편안한 단계에서부터 약간의 긴장을 느끼는 단계까지 가동범위를 증가시켜 10~30초간 유지한다. 이러한 방법으로 2~3회(3~5세트) 반복하면 효과적이다.

### (3) 운동빈도

주 6회, 즉 매일 하는 것이 바람직하며 다른 체력 운동을 할 때 준비운동과 정리운동으로 반드시 포함시킨다.

| 스트레칭 시 해야 할 일 | 스트레칭 시 하지 말아야 할 일 |
|---|---|
| • 스트레칭하기 전에 근육을 따뜻하게 한다.<br>• 골다공증이나 관절염 환자는 주의해서 스트레칭 한다.<br>• 초보자는 동적스트레칭보다 오히려 정적 스트레칭을 한다.<br>• 최근에 근육이 손상되었거나 약하다면 주의해서 스트레칭 한다.<br>• 파트너에게 수동적 도움을 요청하여 주의를 한다(천천히 실행하고 피드백을 요구한다).<br>• 유연성이 요구되는 근육과 관절마다 스트레칭 운동을 수행한다.<br>• 스트레칭 시 신체가 정확히 정렬하는지 확인한다.<br>• 처음에는 사지의 작은 관절 근육을 스트레칭 하고 나중에 큰 관절 근육과 함께 몸통 쪽으로 진행한다.<br>• 정적스트레칭과 동적스트레칭 모두 중요하다. | • 통증부위에는 스트레칭을 하지 않는다.<br>• 골다공증이나 관절염환자는 동적 스트레칭을 피한다.<br>• 전문가의 감독 하에 있지 않다면 수동적 도움에 의한 동적스트레칭을 하지 않는다.<br>• 근육이 손상되었거나 약하다면 스트레칭을 하지 않는다.<br>• 근육을 과도한 가동범위로 움직이게 하지 않는다.<br>• 동적스트레칭은 부드러워야하고 과다한 가동범위로 하지 않는다.<br>• 전문적인 감독 없이 관절이 팽창되는 스트레칭은 하지 않는다.<br>• 각 근육을 스트레칭 할 때까지 한 번에 모든 근육의 스트레칭을 하지 않는다(예:발목 근육을 스트레칭한 후 무릎, 그 다음에 발목과 무릎을 동시에 한다.) |

# 11. 정신력 강화 트레이닝

## 1) 정신건강의 개념

- 개인이 자신의 환경을 적극적으로 극복하고 성격의 통일성과 일관성을 나타내 보이며 자기 자신뿐만 아니라 주위 세계를 현실적으로 지각할 후 있는 것을 지칭한다(Johoda, 1950).
- 사람이 환경을 바람직하게 조성하고 잘 적응하며 만족과 성공과 능률과 행복을 누릴 수 있는 능력이다(Kider, 1962).
- 개인의 물리적, 사회적, 심리적 환경을 처리함에 있어 개인 성격의 탄력성과 원상을 회복할 수 있는 능력이다(Bower, 1961).
- 환경에 대한 소극적, 적극적 적응이로만 끝나는 것이 아니다. 우리는 바깥 환경과 타인들에게만 적응할 뿐만 아니라 우리의 몸과 마음의 환경과 한계들에게도 적응해야 한다(Atwter, 1979).

## 2) 불안의 종류와 징후

### (1) 특성불안

- 개인이 타고난 선천적인 기질로써 주어진 자극을 위협적인 것으로 느끼는 성격적 특성이다.
- 선천적으로 타고난 불안성격이다.

### (2) 상태불안

- 후천적인 불안성격으로 상황에 따라 다르게 나타나는 일시적인 근심, 걱정, 우려, 긴장으로 나타나는 상황적 불안으로써 특수한 상황적 요구에 대해 일정한 강도로 나타나는 일시적 반응이나 감정이다.
- 특성불안이 높은 사람은 더 많은 상황을 위험한 것으로 지각하기 때문에 더 높은 수준의 상태불안을 보인다.

#### (3) 불안증세 후 신체적, 심리적, 행동적인 징후

- 혈압이 상승하여 맥박수가 증가한다.
- 근육이 긴장하여 굳어진다.
- 심장박동이 빨라지고 불규칙하며 얕은 호흡을 하고 감정이 고조된다.
- 주의집중이 잘 안 된다.
- 모든 것이 실제보다 빨리 진행되는 것 같다.
- 명확하고 정확하게 생각할 수 없다.
- 주의집중이 부정적인 곳으로 집착된다.
- 불안이나 공포감이 높아진다.
- 쉽게 피곤해 진다.
- 부정적으로 생각하게 되고 자기 비판적이 된다.
- 감정 조절이 어렵게 된다.
- 얼굴이 창백하여 진다.
- 대소변을 자주  게 된다.

### 3) 정신력 강화 트레이닝의 개념

경호업무수행의 극대화를 이루기 위해서는 훌륭한 체력 및 신체조건과 경호무도기술 그리고 첨단 경호장비 외에도 경호원 자신의 최적의 심리상태를 들 수 있다. 평소 연습 때에는 뛰어난 경호업무수행 능력을 발휘하다가도 긴박하게 진행되는 실제 경호상황에서는 자신의 경호업무 능력을 충분히 발휘하지 못하는 경우를 흔히 볼 수 있다.

이는 바로 신체적 수행 능력 외에도 경호원 자신의 심리적 상태가 경호업무 수행에 중요한 영향을 미치고 있음을 알 수 있다. 정신력 강화 트레이닝은 인간의 내적·외적, 신체적·정신적 행동과 경험을 제어하고 변화시키는 것을 목표로 하는 심리적 기법의 총체적 훈련이라고 정의 할 수 있으며, 심리적 기술이나 행위, 태도, 전략 등의 변화를 목표로 설정하여 체계적 트레이닝을 실시하는 것이다(체육과학연구원, 2000).

### 4) 정신력 강화 트레이닝의 효과

경호업무수행 전 이나 경호업무 수행 중에 경호원들이 자신의 경호능력이나 신체적 능력을 최대한으로 발휘할 수 있는 최적의 심리상태를 유지하고 조절할 수 있는 능력은 심리적 차원에서 매우 중요하다.

이러한 조절 능력은 평소 경호업무수행 능력 향상을 위한 여러 가지 트레이닝과 병행하여 정신력 강화 트레이닝에 의해 향상될 수 있다. 정신력 강화 트레이닝을 통해 얻을 수 있는 효과는 매우 다양하지만 주 효과를 제시하면 다음과 같다(김창국외 1인, 1999)

#### (1) 신체적 긴장이완

신체적으로 긴장을 느끼지 않는 상태로서 특히, 골프, 사격, 양궁, 위기상황 발생 시 등과 같이 섬세하고 정교한 기술이 요구되는 경우에는 신체적 긴장이완은 더욱 중요하다.

#### (2) 정신적 평온상태

내적으로 냉정하고 심리적으로 침착하고 안정된 상태로서 여러 가지 요인 중 가장 중요한 요인이다.

최적의 경호활동과 운동수행은 이와 같이 냉정하고 침착한 상태에서 이루어져야한다.

#### (3) 낮은 불안수준

동기유발이란 측면에서 자극이 부족한 특별한 경우에만 불안한 활력적인 요소가 되며 대부분 경호원들이나 선수들은 흥분이나 불안을 감지하지 않는 상태에서 최상의 경호활동과 운동수행력을 발휘할 수 있다.

#### (4) 활력이 넘침

긍정적인 감정이 활성화가 되었을 때 경호원이나 선수는 최상의 경호 및 운동수행능력을 발휘할 수 있다.

### (5) 낙관적임

경호원이나 선수 자신이 모든 것이 잘 될 것이라는 긍정적인 태도를 갖는 상태이다.

부정적 사고와 감정은 경호 및 운동수행에 부정적 영향을 미치게 된다.

### (6) 즐거움

경호업무나 운동 자체에 대하여 흥미와 즐거움을 느끼는 상태로서, 재미가 있고 자신이 즐긴다는 의미는 정신적으로 평온함과 낮은 불안수준, 그리고 낙관적인태도 등에 직접적으로 영향을 미친다.

### (7) 힘들이지 않음

경호 및 운동수행 상태가 별로 힘이 들지 않는 상태로서, 수행이 제대로 시행되지 않을 경우, 열심히 하려는 의도는 근의 긴장을  초래하거나 정신상태의 혼란을 야기할 수 있다.

따라서, 편한 마음으로 최선을 다하는 심리상태가 중요하다.

### (8) 자동적 상태

경호 및 운동수행이 자동적으로 되는 것 같은 느낌을 갖는 상태로서, 이러기 위해서는 여러 가지 생각에 집착하지 말고 자동적 또는 본능적으로 위기상황 발생 시 경호기법이나 운동수행을 시도하는 방법을 익히는 것이 중요하다.

### (9) 민첩함

정신적으로 민첩함을 느끼는 상태를 말한다. 이러한 상태에서 경호원들이나 선수들은 전개되고 있는 경호상황이나, 시합상황을 바로 인식할 수 있으며, 앞으로 전개되어야 할 상황적 문제를 빠르고 정확하게 예측할 수 있다.

### (10) 주의집중

특별한 목표 또는 요구되는 목표에 주의를 집중시키고 유지하는 능력으로서,

정신집중이 잘 되려면 심리적 평온상태가 유지되어야 하며 긍정적인 감정에서 활성화가 수반되어야 한다.

#### (11) 자신감

경호원이나 운동선수가 어떤 과제에 대해 충분히 그 과제를 해결할 수 있다는 마음가짐이다.

#### (12) 자기조절

경호 및 운동수행 중 상황적 요인으로부터 발생되는 심리적 변화를 스스로 조절할 수 있는 능력을 말한다.

이상의 요인 중에는 경호원이나 운동선수에 따라서 몇 가지를 선천적 또는 후천적 영향을 받아 소유하는 것도 있다. 그러나 최상의 경호 및 운동수행을 위한 이상적인 심리상태는 결코 선천적으로 나타나는 것이 아니라 훈련을 통하여 획득할 수 있다.

따라서, 체력·기술 훈련뿐만 아니라, 경호 나 경기 중에 일어나는 경호원 및 선수들의 각종 심리적인 상태에 대처할 수 있는 능력을 배양하는 훈련 역시 겸비해야 한다.

### 5) 정신력 강화 트레이닝의 유형

정신력 강화 트레이닝은 경호업무수행 중 특히 위기상황 발새 시에 필수적이며 경호업무수행에 부정적인 영향을 미치게 되는 각종 정신적 요인을 제어 및 조절하여 최적의 심리상태에서 효율적이고 완벽한 경호업무를 수행하기 위한 목적에서 각 정신적 요인과 사회 문화적 특성에 따라 다양한 프로그램이 개발되어 사용되어지고 있다.

#### (1) 심상 훈련

심상훈련이란 실제로 동작을 하지 않고 정적인 상태에서 경호업무수행 장면을 머리속에서 반복해서 상상해보는 훈련방법이다.

어떠한 행동을 체계적이고 순서적으로 시연해나가는 사고의 전 과정으로서 경호원들로 하여금 신체적, 정신적으로 경호행사에 대한 준비상태를 갖추게 하고 불안을 해소시켜 경호업무수행에 대한 주의집중력을 높이려는 방법이다.

또한, 경호원 자신들이 경호업무수행 중 가장 성공적인 장면을 실제 장면과 같이 생생하게 그려보고 새로운 경호무도 기술의 습득이나 복잡한 기술의 향상을 위하여 또는 경호업무수행에 대한 자신감 부족이나 위해범, 경호대상자, 관중, 친구, 가족 또는 생소한 경호환경이나 위기상황 대처 시에 따른 심리적 압박이나 부담감에서 발생되는 불안 요소들을 해소시키는데 효과적이다. 이러한 심상기법을 성공적으로 수행하기 위해서는 다음과 같은 사항에 유념하여 실시하여야 한다(이상철, 1998).

### ➤ 심상 훈련 시 유념사항

① 경호원들은 가능한 실제 경호행사가 벌어질 장소에서 심상 훈련을 실시하는 것이 훨씬 효과적이다. 이때 경호행사에 영향을 미칠 수 있는 중요한 단서들이나 특징적 장면, 환경 요소에 대한 주의를 기울여야 한다.

② 심상훈련을 할 때는 반드시 행사를 성공적으로 수행하는 장면을 상상해야 한다. 실수 하는 장면을 상상하게 되면 실수에 대한 불안 심리가 더욱 고조 될 수 있으며 실수의 가능성도 높아지기 때문이다. 따라서 경호원들은 그들 스스로가 긍정적 자아상을 가지고 업무를 성공적으로 수행 할 수 있다는 확신 하에서 연습하여야 한다.

③ 심상훈련의 연습에서 경호원들은 경호상황의 진행 과정과 흐름을 상상할 경우 실제 계획된 순서를 재확인 하고 현실감을 느낄 수 있다.

④ 심상훈련을 할 때 경호원들은 실제 동작을 수행하는 것처럼 느낄 수 있도록 집중적이며 체계적으로 상상해야 한다.

⑤ 사진이나 도면 등의 시청각자료를 가지고 자신이 수행해야 할 경호행사장의 환경을 상상해 보고 가상적인 우발상황을 성공적으로 처리하는

자기 자신을 상상해 봄으로서 자신감을 느낄 수 있다.

⑥ 경호상황에서 나타날 수 있는 모든 변인, 예를 들면 기후조건, 참석인원, 소음정도, 조명상태 등을 상상해 봄으로서 경호환경에 대한 적응능력을 향상시킬 수 있다.

### (2) 자기 확신 훈련

실제로 많은 경호원들이 경호업무수행 전 또는 수행 중에 자신감 결여, 자신의 능력에 대한 의심 등으로 최상의 능력 발휘에 좋지 않은 생각을 하게 되는 경우가 많다. 그러나 그것은 지극히 정상적이고 당연하다고 볼 수 있다.

문제가 되는 것은 경호원들의 잠재능력을 최대한 발휘하지 못하게 하는 자기의심, 자신감의 결여, 경호업무에 대한 신경과민, 각종 자신을 나약하게 만드는 생각과 감정 등이다.

따라서 이상과 같은 상황에 직면한 경호원들에게 심상기법 외에 또 다른 정신적 기법으로 자기효과진술, 사고정지 등 여러 가지 형태로 불리는 자기 확신 훈련이 있다(김창국외 1인, 1999).

➤ 자기 확신 훈련의 기본 지침

① 성공에 대한 자기 확신을 높일 수 있도록 환경을 조성해야 한다.(지도자는 성공에 대한 기대를 가질 수 있는 환경을 조성해 줌으로서 경호원들이 갖고 있는 자신감의 수준을 높일 수 있다.)

② 비현실적인 기대와 확신은 오히려 자신감을 붕괴시킨다.

③ 말의 내용은 부정적이거나 자기패배적인 언어가 아닌 긍정적인 말이어야 한다.

④ 말을 하는 과정에는 마치 좋은 결과가 나온 것처럼 그 결과를 상상하면 더욱 효과적이며 연습 시 또는 휴식 중이나 업무 중에도 가능하다

### (3) 근육이완 훈련

근육이완 훈련은 불안과 긴장감을 해소시키기 위한 목적으로 긴장된 근육을 가능한 최고 속도로 수축시킨 다음 서서히 이완시키는 기법으로 근육긴장 상태의 현상과 이완의 느낌이 어떠한 것인가를 인식하게 한다.

근육을 풀어주는 것과 관련하여 경호원들은 목, 어깨, 팔 등 신체 각 부위의 근육을 긴장시키고 잠시 동안 긴장상태를 유지시킨 후 다시 가능한 한 부드러운 동작을 취함으로서 긴장된 근육을 의식적으로 풀어주는 것이 필요하다고 느끼게 될 것이다.

이러한 일련의 과정을 통해서 경호원들은 불안감이 조성되었을 때 근육이 긴장된다는 사실을 알 수 있게 되며 그러한 긴장 상태에서 느낄 수 있는 기분과 긴장이 완전히 풀어진 상태에서 느끼는 기분을 비교해 볼 수도 있다.

➤ 근육 이완 훈련의 기본적 지침

① 정신을 집중할 수 있는 조용하고 편안한 장소를 택한다. 특히, 초보자의 경우에는 소음이 완전히 차단된 장소에서 연습을 한다.

② 숙달되기까지 지속적이고(3개월 이상), 규칙적인 훈련이 필요하다.
초기의 효과적인 연습은 천천히(수축과 이완의 차이를 느낄 수 있어야 하기 때문에)진행되어야 하기 때문에 너무 성급하게 성과를 거두려 해서는 안 된다.
초기단계에서는 가장 편안한 자세(누운 자세)에서 근육이완을 연습하여 이완과 긴장의 경험을 하고 숙달단계에서는 근육 이완훈련의 단계 중 필요한 부분(부위)만을 실시하여도 이완은 가능하다.

③ 테이프에 녹음된 지시사항에 따라 연습하는 것이 효과적이며 숙달된 후에는 마음속으로 말을 함과 동시에 상상을 하면서 긴장과 이완을 경험할 수 있다.

### (4) 주의집중 훈련

효과적인 경호업무수행을 위해서는 하나의 목표에 주의를 집중시키는 능력과 집중 상태를 지속적으로 유지 시키는 능력보다 중요한 것은 없다.

경호원들이 여러 가지 경호환경 등으로 인해 간섭을 받게 되면 주의집중에 상당한 지장을 받게 되며 심리적 압박감이 증대된다. 경호원들이 압박감을 받게 되면 여러 가지 상황변화에 적절하게 주의를 집중할 수 없으며 이로 인해 산만해진 경호원들은 주의를 집중하기위한 부담감을 느끼게 되어 실수를 유발할 수도 있다.

위기상황 발생 시 실수는 자칫 경호대상자를 잃을 수 도 있는 최악의 상황으로 전개될 수도 있다. 주의력을 저해시키는 요인으로는 신체적 요인과 심리적 요인 그리고 환경적 요인 등으로 나누어 볼 수 있는데 이러한 주의집중을 저해하는 요인에 따라 집중력을 증가시키는 방안으로는 다음과 같다.

➤ 주의집중력을 증가시키는 방안

- 일상생활 중 가능한 걱정되는 일은 신속히 해결한다.
- 긍정적이고 발전적인 생각에 몰두하고, 부정적인 생각은 떨쳐버린다.
- 훈련과정 중 훈련과 실제 행사를 구별하지 않고 실제 상황과 동일하게 인식한다.
- 호흡 또는 신체의 움직임을 의식하게 하고 어느 특정한 부위에 정신을 집중 한다.
- 업무수행 중 실수를 하지 않아야 된다는 과도한 의식보다는 평상 시 훈련자세로 임하는 것이 효과적이다.
- 실질적으로 행동을 구사할 때는 현재 또는 바로 후에 일어날 동작에 주의집중을 해야지 지나간 일이나 미래에 일어날 일을 생각해서는 안 된다(이상철, 1998).

# 제5장

# 트레이닝과 안전관리

1. 트레이닝과 안전
2. 트레이닝과 휴식
3. 트레이닝 상해와 예방

# 제5장

# 트레이닝과 안전관리

## 1. 트레이닝과 안전

트레이닝의 안전성 확보를 위해 가장 중요한 것은 의학검사와 더불어 적합한 운동의 선택이다. 경호원들은 주기적으로 운동 부하검사를 포함한 의학검사와 체력검사를 실시하여 건강상태와 체력수준을 파악하고 그 결과에 기초한 운동처방에 따라 트레이닝을 실시하면 안전성을 확보할 수 있다.

또한 신체의 컨디션은 여러 가지 내적·외적 환경요인으로 인해 항상 변화하기 때문에 매일 자신의 몸 상태를 체크 한 뒤 그날 컨디션에 맞춰 운동강도와 운동시간을 조절해야 한다. 이것은 경호원들의 건강과 안전 확보에 있어 매우 중요한 요소이며 체력육성 트레이닝을 실시하는 경호원들은 항상 염두 해 두어야할 사항이다.

체력육성 트레이닝으로 인해 발생 할 수 있는 위험요소를 사전에 제거하기 위한 안전대책과 주의사항을 트레이닝 전, 트레이닝 중, 트레이닝 후로 나누어 보면 다음과 같다.

### 1) 트레이닝 전의 안전관리

#### (1) 건강검진

건강검진은 트레이닝 상해의 예방적 차원에서 가장 중요하다고 할 수 있다. 건강검진을 통해 트레이닝 상해를 일으킬 가능성을 사전에 찾아내서 문제해결을 할 수 있다. 건강검진의 목표는 다음과 같다(남상남외 3인, 2011).

- 전신의 건강도를 측정한다.
- 상해를 일으킬 수 있는 조건을 찾는다.
- 그 트레이닝에 적절하지 않은 사람을 찾아낸다.
- 선택한 트레이닝에 대한 적성을 확인한다.
- 운동처방을 한다.

### (2) 당일의 컨디션 점검

다음과 같은 경우에는 강한 트레이닝은 바람직하지 않으며 트레이닝을 중지하든지 아니면 가벼운 운동으로 대처 하도록 한다.

- 수면부족, 심한 피로감, 숙취, 심한 정신적 충격
- 감기, 설사, 기타 컨디션의 난조
- 약물의 사용(특히, 자율 신경 약, 강압제, 심장에 대한 약제 등)

### (3) 트레이닝 시 환경(기후)

실외의 지나치게 덥거나 추운 환경에서 트레이닝을 하면 여러 가지 질환이 발생할 수 있다.

더위와 추위는 건강한 사람에게는 좋은 스트레스이며 이러한 환경 하에서 운동하는 것은 단련으로서의 적극적인 의미가 있다.

그러나 극단적인 경우에는 위험을 동반하기 때문에 특히 몸 상태가 좋지 않을 경우, 여름에는 시원한 시간대를 고르고 겨울에는 따뜻한 시간대를 골라 운동하는 것이 좋다. 트레이닝 현장에서는 기온, 습도, 풍속, 복장 등에 따라고 체온증 또는 저 체온증을 일으킬 가능성이 있으므로 항상 주의를 기울여야 한다.

### (4) 식후 트레이닝

식사 후에는 잠시 트레이닝을 피하는 것이 좋다. 가벼운 트레이닝은 식후 30분, 중 정도의 트레이닝은 식후 1시간, 강한 트레이닝은 식후 2시간 이상

경과하고 난 후 시작하는 것이 좋다. 이러한 시간대는 아침식사 전, 아침식사 후 2시간이 경과한 후부터 점심식사까지, 오후 2시 경부터 저녁식사 전까지, 저녁식사 후 2시간이 경과한 후 취침 전까지이다.

### (5) 복장과 신발

○ 복장

적절한 복장은 체온을 쾌적한 수준으로 유지시키고 습도나 바람과 같은 외부 환경으로부터 몸을 지켜줄 뿐만 아니라 트레이닝을 즐겁고 안전하게 만들어준다.

가장 좋은 복장은 가볍고 흡수성과 통기성이 우수한 것이 좋으며 일반적으로 면제품이 좋다. 그리고 하고자 하는 트레이닝 유형에 맞게 선택하도록 한다.

추운날씨에는 얇은 옷을 여러 벌 겹쳐 입는 것이 좋으며 머리부터 많은 체온을 빼앗기기 때문에 모자를 반드시 써야 한다. 또한 동상을 예방하기 위해 머리, 코, 귀를 다 덮도록 하며 비오는 날에는 방수의복을 반드시 착용하도록 한다.

직사광선이 강할 때에는 모자를 착용하고 피부의 노출을 적게 하기 위해 소매가 있는 복장을 입거나 노출된 피부 부위에는 자외선 차단제 등을 바르는 것이 좋다.

○ 특수의복

여자는 스포츠 브레지어를 착용하고 남자는 선수용 서포터를 착용한다. 또한 트레이닝의 종류에 따라 안전모와 보호대를 착용하고 야간 운동 시에는 야광 기능의 의복을 착용하도록 한다.

수중 운동 시에는 수중화를 신도록 하고 상해 예방을 위해서는 발목까지 올라오는 보호대를 착용한다. 접촉이 많은 스포츠를 할 때 마우스피스를 착용한다.

○ 신발

달리기 시 발은 체중의 3~4배에 달하는 부하를 받는다. 이러한 부하는 노면, 발, 신발, 종아리에 흡수되며 다리가 흡수하는 부하가 적으면 상해위험도 적어진다.

좋은 신발은 트레이닝을 즐겁게 하고 상해의 발생도 방지하지만 맞지 않은 신발은 트레이닝을 고통스럽게 만들고 발관절의 염좌나 발의 통증, 무릎의 반달판상해까지 초래할 수 있다.

특히 양말도 충격흡수와 발에 물집이 생기는 것도 막아주는데 피로골절, 발다닥근막염, 충격이나 마찰에 관련된 질환을 예방하는 데 도움이 된다. 충격흡수를 위해 적당한 두께의 양말을 신는 것도 중요하다.

### (6) 준비운동

준비운동은 사전에 체온을 높여 신체의 여러 기능을 안정 상태에서 트레이닝에 적당한 상태로 서서히 전이시켜가기 위한 준비단계인데 다음과 같은 작용이 있다.

- 운동기능을 충분히 발휘하고 좋은 기록을 내는 데 도움이 된다.
- 대사활동을 왕성하게 하고 호흡·순환기능을 높이며 산소운반의 효율이 높아진다.
- 신체의 여러 기능이 운동적응상태가 되어 운동에 의한 사고를 미연에 방지한다.
- 근과 건의 온도가 낮을 때 갑자기 강하게 수축하면 근의 부분단열이나 건단열 등의 외상을 일으키기 쉬운데 미리 체온을 높여 두면 이러한 위험성이 저하된다.
- 근 온도가 낮으면 근의 협응성이 모자라 잘 조정된 원활한 동작이 어려워지는데 워밍업은 근 온도를 높이고 동작을 원활하게 하는 데 도움이 된다.

○ 준비운동과 각 부위별 효과 ○

| 근 육 | 순 환 기 | 기 타 |
|---|---|---|
| • 근수축 및 이완시간 단축<br>• 근육의 에너지 효율증가<br>• 마이오글로빈의 산소해리 능력증가<br>• 근육의 유연성 증가 | • 헤모글로빈의 산소해리 능력 증가<br>• 혈관저항의 감소<br>• 심장기능의 촉진 | • 관절의 가동범위<br>• 부상 발생률 감소<br>• 기도저항 감소 |

### 2) 트레이닝 중의 안전관리

트레이닝 중의 안전관리로서 가장 중요한 유의사항은 자기 페이스를 지키는 것이다.

경호체력육성 트레이닝은 체력향상 및 건강의 유지와 증진이 목적이기 때문에 기록을 위한 무리한 도전이나 승부에 대한 집착을 버려야 하며 유해한 증상이 나타났을 경우 반드시 적절한 처치를 취해야 한다. 다음은 트레이닝 중 자주 일어나는 이상 증상에 대한 설명이다.

#### (1) 호흡이상

트레이닝을 처음 시작하는 초보자의 경우 트레이닝 시작 후 얼마 되지 않아 운동을 계속할 수 없을 정도로 호흡이 가빠지는 경우가 있는데 대부분 호흡·순환계에 의한 산소운반능력이 충분히 높아지기 전에 무산소 에너지가 고갈되거나 혈중젖산이 현저히 높아져 일어나는 현상 때문이다. 이러한 경우 일단 트레이닝을 중지하고 몇 분간의 휴식을 취한다.

휴식으로 인해 호흡이 편안해지면 가벼운 운동부터 다시 시작한다. 대부분 운동을 가볍게 하기만 해도 무 산소 과정에서 유산소과정으로의 이행이 부드럽게 이루어져 운동을 원활히 지속적으로 계속할 수 있다.

### (2) 복 통

조깅 중 자주 일어나는 측 복부의 통증은 대부분 내장 가스의 축적 때문에 일어나는 경우가 많다. 내장 가스는 탄산음료나 음식물의 내장 발효에 의해서 또는 음식물이나 타액과 함께 삼킨 공기 때문에 발생하기도 하는데 운동 중 복통이 일어나면 일단 운동을 일시 중단한 후 천천히 걸으면서 복통이 사라지기를 기다린다.

복통이 자주 일어나는 경호원들은 일상생활에서 소화가 잘 되는 음식을 섭취하여 위장을 보호하고 탄산음료의 섭취를 피하는 등의 주의가 필요하다.

### (3) 가슴부위의 통증

트레이닝 중 흉골 안쪽 부위에 답답함이나 통증을 느끼는 경우가 있는데 이는 심근의 산소부족으로 인한 협심통과 차가운 공기가 기관지를 자극하여 일어나는 기관지통이다.

전에는 협심통이 있을 경우 운동이 해가 된다는 견해였지만 현재는 특별한 경우를 제외하고는 통증이 발생하지 않는 범위 내에서의 운동은 오히려 치료에 효과가 있다고 본다.

기관지통은 운동을 계속 지속하면 소실되는 경우도 있는데 운동 후에 헛기침이 나오는 것이 특징이며 추울 때는 마스크를 쓰고 운동 하는 것도 좋은 방법이다.

### (4) 하지통증

트레이닝에 의해 일어나는 하지의 통증에는 여러 가지 경우가 있으며 증상에 따라 처치 방법이 각각 다르다(김명일외 1명, 2005).

① 얼마 동안 운동을 쉬었다 갑자기 운동을 하거나 지금까지 실시하던 운동의 운동강도와 운동종목을 바꿨을 경우, 트레이닝 다음날 하퇴(하퇴 삼두근)와 대퇴(대퇴 사두근)등에 발생하는 통증의 대부분은 근육통이다.
이것은 급격한 근 활동이나 젖산의 과잉축적에 의해 일어나는 근세포

의 팽만 혹은 염증성 변화 때문이며, 하루나 이틀 후면 소멸되기 때문에 특별히 걱정할 필요는 없다.

통증의 강도에 따라 운동량을 일시적으로 감소하거나, 1~2일 트레이닝을 중단 하는 등의 방법이 있다. 통증이 가벼운 경우에는 트레이닝을 중지하지 말고 계속하는 것이 오히려 결과가 좋은 경우도 있다.

② 트레이닝 시작 후 1~2주 정도 경과 했을 때 서서히 일어나는 무릎과 발의 관절통은 뼈와 관절 및 인대에 과부하가 반복됨으로서 일어나는 것으로, 이 경우 트레이닝을 며칠 중지하고 상태가 호전되기를 기다렸다가 상태가 호전되면 트레이닝을 다시 재개한다. 이 때 운동강도는 전보다 가볍게 하는 것이 좋으며 계속적으로 재발할 경우 정형 외과 의사에게 상담을 받아 볼 필요가 있다.

③ 트레이닝 중 돌발적으로 일어나는 하지의 통증은 염좌, 근의 부분단열, 건단열, 골절 등에 의한 경우가 많다. 이러한 경우에는 휴식을 원칙으로 하며 처치를 잘못하면 후유증을 남길 위험이 있으므로 반듯이 의사의 진료를 받는 것이 좋다.

### (5) 열사병

더운 환경에서 장시간 트레이닝을 하면 체온이 비정상적으로 상승하여 열사병을 일으키는데 열사병은 일사병이라고도 한다. 열사병은 체온은 상승하는데 오한을 느끼거나 소름이 일어나는 증상이 나타난다. 이 때문에 진단이 틀려 응급처치를 잘못하는 경우도 있으므로 주의를 요한다. 바람이 없는 고온다습한 환경이나 직사광선 아래에서의 격렬한 트레이닝은 특히 위험하다.

열사병에 대한 응급처치로는 우선 체온을 낮추는 것이다. 체온이 상당히 높을 때(39℃이상)에는 얼음주머니로 전두부, 후두부, 흉부, 대퇴내측부 등을 냉각시키며, 중등도 일 때(38℃대)에는 젖은 수건으로 전신을 닦아주면 좋고, 미열(37℃대)이 있을 때에는 서늘한 장소로 옮겨 탈의 시킨다.

### ❍ 열 관련 질병의 종류 ❍

| 문 제 | 증 상 | 심각도 |
|---|---|---|
| 열경련 | 운동 시 사용했던 근육에서 발생하는 근 경련 | 최소 심각 |
| 열피로 | 근 경련, 허약, 현기증, 두통, 메스꺼움, 냉습한피부, 창백 | 최소 심각 |
| 일사병 | 뜨겁고 붉은 피부, 건조한 피부(땀의 부족), 현기증, 빠른 맥박수, 의식불명, 고온 | 최대 심각 |

### ❍ 열사병(일사병)의 증상 ❍

| 경 증 | 중등도 | 중 증 |
|---|---|---|
| 두중감(머리가 무겁고 멍하다)<br>전신 권태감(나른한 느낌)<br>하 품<br>소 름<br>미 열 | 구역질<br>안면 창백<br>발한정지·피부건조<br>중 등도발열<br>의식장애 | 의식상실<br>경 련<br>고 열 |

### (6) 수분보충

많은 양의 땀을 흘렸을 경우에는 혈액이 농축되고 순환혈액량이 감소하는데 혈액농축은 혈류저항을 높이고, 순환혈액량의 감소는 심박출량을 감소시킨다. 또한 혈액이 농축되면 침투압이 높아지고 이로 인해 발한이 억제되며 발한 량이 감소한다. 발한 량의 감소는 체온조절기능의 저하를 일으켜 체온이 비정상적으로 상승하여 열사병의 위험이 있다.

따라서 다량의 땀을 흘렸을 경우 트레이닝 중이더라도 갈증이 나면 수분을 섭취하여 신체에 필요한 양 만큼의 수분을 보충할 필요가 있다.

하지만 한번에 너무 많은 양의 수분을 섭취하면 운동에 의해 위가 진자운동을 일으켜 구토를 일으킬 수 있으므로 1회의 섭취량은 소량(100ml 이하)으로 하는 것이 좋다.

수분의 역할은 효소활동을 도와 화학반응을 일으키고, 산소와 영양분을 운반하며, 불필요한 성분을 배출한다. 또한 체온조절과 체액의 산성도를 조절하는 역할도 한다.

#### (7) 공인 지도자에 의한 정확한 기술습득

공인 지도자들은 기술지도능력뿐만 아니라 트레이닝 상해 예방 및 응급처치 능력도 함께 습득하고 있으므로 올바른 지도자를 통한 교육이 절대적으로 필요하다.

트레이닝 시 정확한 트레이닝의 기술 습득은 매우 중요한 요소이다. 급성 상해는 기술의 미숙 때문에 발생하는 경우가 많으며 잘못된 기술을 반복함으로써 발생하는 과사용 상해도 일어 날 수 있다.

### 3) 트레이닝 후의 안전관리

트레이닝으로 인한 일시적인 급성피로는 보통 단 시간의 휴식에 의해 회복된다. 피로회복을 위한 휴식방법으로는 운동을 중지하여 회복을 도모하고자 하는 소극적인 방법과 가벼운 운동을 통해 피로 회복을 하고자하는 적극적인 방법이 있다.

격렬한 트레이닝을 갑자기 중지하면 현기증 등 여러 가지 증상이 일어나 오히려 더 강한 피로가 남는 경우가 있다. 이것은 트레이닝에 의해 항진된 각종 생리기능이 안정 시의 수준으로 돌아가는 과정에서 기능 상호간의 조화를 잃어버려서 일어나는 현상으로서 특히 자율신경계의 평형이 무너지는 것과 관련이 있다.

이것을 방지하기 위해서는 격렬한 트레이닝 후에는 바로 안정 상태로 돌아가지 말고 잠시 가벼운 운동을 실시하여 높아진 신체의 생리기능을 서서히 안정수준으로 이끌어 가는 것이 필요하다. 이를 위해서 실시하는 운동을 정리운동(정리체조) 또는 쿨 다운이라고 한다(김명일외 1인, 2005).

정리운동은 강도 높은 트레이닝 후에 가벼운 정도의 운동을 통해 근에 축적되어 있는 젖산의 제거율을 높이려고 하는 피로회복 작용이다. 여기서 가벼운 운동은 근육중의 혈류를 증가시키고, 증가된 혈류를 통해 젖산을 혈액 중에 확산시켜서 간장에서 글리코겐으로 재합성 되는 것을 촉진 시키는 작용을 한다.

정리운동의 내용은 트레이닝의 종류와 강도에 따라 달라지므로 일괄적으로 정할 수는 없지만, 일반적으로 다음과 같이 1~2분의 가벼운 조깅 또는 보행, 하지의 유연체조와 스트레칭, 하지근의 마사지 등으로도 충분하다.

- 1~2분의 가벼운 조깅 또는 보행
- 하지의 유연체조와 스트레칭
- 하지근의 마사지(특히, 운동 후에 경련을 일으키기 쉬운 사람)

격렬한 트레이닝 후에 안정을 취하면 젖산의 소실에 시간이 걸리고 반감하는 데 30분이나 필요하지만, 안정 대신 가벼운 운동을 하면 젖산소실이 촉진되고, 15분만에 약 반이 된다. 이 경우의 운동은 처음에는 약간 강하게 실시하고(40~60VO2max), 점차 가볍게 해 나가는 방식이 가장 효과적이다(김명일외 1인, 2005).

## 2. 트레이닝과 휴식

트레이닝은 격렬한 신체활동이기 때문에 당연히 근피로가 나타나며 또한 정신적인 긴장으로 인해 정신피로도 수반한다.

트레이닝에 의해 손실된 에너지원이나 기타 물질들을 다음 트레이닝 시 까지 필요한 에너지원을 재충전하기 위해서는 휴식이 반드시 필요하다.

휴식의 방법으로는 영양보충, 휴식, 수면, 목욕, 마사지 등의 방법이 있다.

### 1) 피로

피로는 경호업무나 일상생활에서 누구나가 경험하는데 피로가 누적되면 업무능력이 저하되고 건강에도 악 영향을 미친다.

"피로라는 것은 작업 또는 운동에 의해 신체의 각 기관이나 조직의 에너지 소비와 조정력의 저하에 따른 신체기능의 감퇴가 일어나 이것으로 인해 작업이나 운동의 성과를 저하시키도록 된 때의 상태를 말하고 이 때 대부분의 경우 피로감을 수반하는 것이다"라고 피로에 대해 정의 하고 있다.

트레이닝을 통해 일어나는 피로의 방식은 운동의 종류, 강도, 지속시간 등에 의해 달라지는데 이것은 보통 일시적인 급성피로이다. 일반적으로 트레이닝은 생리적으로 일정수준 이상 강도의 자극을 반복해가는 성격을 가지기 때문에 트레이닝에는 항상 급성피로가 수반된다. 따라서 트레이닝은 급성피로와 회복을 번갈아 반복하는 것에 의해 그 효과가 나타난다. 이 때문에 트레이닝 효과를 올리기 위해서는 급성피로를 우려하지 말고 운동자극을 부하한 후 급성피로를 완전하게 회복하는 것이 중요하다.

급성피로가 완전히 회복되지 않고 피로가 겹치면 과로라는 상태에 빠지게 되고 계속 이어지는 피로는 만성피로가 되어 건강상에 문제를 일으킨다. 따라서 트레이닝 후에는 될 수 있는 한 빨리 피로를 풀어주고 과로나 만성피로의 예방에 주의를 기울이는 것이 중요하다(박기주, 1999). 피로는 나타나는 증상이 복잡하지만 다음과 같이 분류 할 수 있다.

① 원인에 따른 분류 - 육체 피로와 정신피로

② 발현 부위에 따른 분류 - 전신피로와 국소피로, 육체피로와 정신피로, 중추피로와 말초피로

③ 시간적 경과에 따른 분류 - 피로와 과로, 급성피로와 만성피로(축적피로)

### (1) 급성피로와 만성피로

급성피로란 심한 신체 활동이나 정신 작업 후에 나타나는 불가피한 현상으로서 일반적으로 단기적인 휴식에 의해 쉽게 회복된다.

반면 쌓인 피로가 적당한 관리 없이 연일 반복되는 경호업무와 트레이닝 등으로 피로가 누적되어 쉽게 회복되지 않는 상태를 만성피로라고 한다. 만성피로는 휴식을 취해도 순간적인 회복만을 줄 뿐 이며 불균형한 식사, 변비, 소화

불량, 자세불량, 심리적 불안 등도 만성피로의 원인이 된다.

#### (2) 신체피로와 정신피로

신체피로는 경호행사, 트레이닝과 같은 육체적 활동을 하는 사람에게 흔히 나타나는 피로를 말하며, 주로 근육계에 나타난다. 그런데, 신체 트레이닝을 조절하는 것은 중추 신경계이므로 엄밀한 의미에서 육체피로는 중추 신경의 피로에 의해서 생긴다고 할 수 있다.

정신피로는 정신적 긴장을 요하는 활동을 계속하거나 일상생활 중에 정서가 불안하여 생기는 경우가 흔하다. 그러므로 정신피로는 생리학적 문제라기보다는 심리학적인 문제가 된다.

#### (3) 일과성피로와 축적피로

피로가 다음날 바로 회복될 경우에는 일과성 피로라 하고, 다음날까지 피로가 풀리지 않고 계속하여 조금씩 축적되는 상태를 축적피로라고 한다.

축적피로가 풀리지 않은 상태에서 계속 정신작업이나 트레이닝을 하는 경우에는 만성피로로 진행되기 쉽고 건강에 나쁜 영향을 끼친다.

#### (4) 국소피로와 전신피로

근육 기관 또는 신경계 등의 신체 일부에 오는 피로를 국소 피로라 하며 주로 분업화된 산업에 종사하는 사람에게 많이 볼 수 있는데, 국소피로의 경우 피로감이 크지 않으며 회복도 빠른 편이다.

반면 전신을 사용하는 작업이나 트레이닝에 따른 피로를 전신피로라 하며, 전신피로는 에너지 소모가 큰 것이 특징이며 국소피로에 비해 피로감이 크고 회복도 느린 편이다(정성태, 1998).

### 2) 샤워

땀을 흠뻑 흘린 트레이닝 후의 샤워는 기분을 상쾌하게 하고 피로회복을 촉진한다. 하지만 격렬한 트레이닝 직후의 냉수나 온수 샤워는 피하는 것이 좋은데, 트레이닝 직후에는 피부혈관이 현저히 확장되어 있고 피부혈류량도 많으며 혈압도 낮기 때문이다.

이 때 냉수가 피부에 닿으면 피부혈관이 급속히 수축하기 때문에 혈압이 높아지고 심장의 부담이 급증하게 된다. 반대로 뜨거운 샤워를 하면 피부혈관을 더욱 확장시켜 혈압저하와 뇌빈혈을 일으키기도 한다.

따라서 트레이닝 후에는 심박수가 거의 안정 시 상태로 되돌아가고 발한이 정지될 때까지 기다린 후 미지근한 물로 샤워하는 것이 좋다.

### 3) 목욕

목욕을 통해서 트레이닝으로 인해 발생한 탄산가스, 초성포도당, 젖산 등을 제거하는 것도 피로회복에 매우 도움이 된다. 목욕은 체온을 높여 혈관을 확장하고 혈류를 증가시켜 대사를 높임으로서 근육으로의 영양물 보급과 피로물질 제거를 촉진한다.

또한, 정신적인 피로와 긴장감, 초조감을 해소할 수 있으며 몸이 따뜻해지면서 팔, 다리의 근육경직과 피로도 제거할 수 있다.

목욕을 하기 전에 간단한 몸 풀기 정도의 체조를 한 후에 물을 한 두 컵 정도 마시고 탕에 들어가는 것이 좋으며 온탕에 들어가기 전에는 반드시 따뜻한 물로 간단히 샤워를 한 후에 들어가는 것이 혈관을 서서히 열어 주는 데 도움이 된다. 목욕 후에는 한기를 느끼지 않도록 욕실을 나오기 전에 물 온도를 낮춰가며 피부를 적당히 수축시키는 것이 좋다.

욕탕에서는 혈관이 많이 확장되기 때문에 혈압이 갑자기 내려가서 쓰러지기 쉬우니 주의해야 한다(황수관, 1996). 또한 술을 마신 뒤 2시간 이내에 욕탕에 들어가는 것은 위험하며 목욕은 소화 능력을 저하시키므로 식후 30분 이내에는 목욕을 하지 않도록 한다.

특히 겨울철에는 날씨가 차가워 혈관이 수축하면서 혈액 순환이 잘 되지 않기 때문에 몸을 데워서 혈관을 열어 주는 목욕 건강법이 더욱 유용하며, 여러 가지 형태의 목욕이 주는 일정한 효과를 알고 목욕을 하는 것이 더욱 효과적이다.

### (1) 육체적 피로를 풀고 자극 효과를 주는 고온욕

장시간 연속되는 경호업무나 강도 높은 트레이닝 등으로 인한 육체적 피로를 풀기 위해서는 고온 목욕법이 좋다. 혈액 속의 피로 물질인 젖산을 제거하는 데는 뜨거운 물이 적격이기 때문이다. 또 전날 밤 과음하여 머리가 멍할 때는 42~43도 정도의 고온욕이 효과적인데 온도 자극으로 교감 신경이 흥분되어 몸에 활력을 불어넣어 주기 때문이다. 하지만, 고온 목욕을 너무 오래(5~10분 이상)하지 않도록 조심해야 한다.

목욕 중에 가슴이 두근거리거나 땀이 지나치게 흐를 경우, 현기증이 일어날 때에는 바로 탕 속에서 나와야 한다.

### (2) 진정 작용의 미온 욕

미온욕은 부교감 신경의 긴장을 강하게 하여 진정시키는 작용을 한다. 따라서 머리가 복잡하고 스트레스가 쌓인다든지 초조하거나 산만한 마음을 진정시키고 싶다면 미온 욕을 하는 것이 좋다.

### (3) 냉온 교대 욕과 사우나

냉온 교대욕의 방법으로 온욕 5분과 냉욕 1분을 교대로 2~3번 한 후 마지막 온욕을 5분 정도 하면 된다. 냉온욕은 여름에 더위를 덜 타게 하고, 겨울에는 추위에 내성이 길러지게 해준다. 또한 혈관에 탄성을 증가시키고 혈액 순환을 더 원활히 하는 데도 냉온 교대 욕이 좋다. 흔히 하는 사우나는 1회 입실 시간이 10분을 넘지 말아야 하고, 사우나와 냉온 욕을 함께 할 때는 온욕 - 사우나 - 샤워 - 냉욕 순으로 하는 것이 바람직하다(황수관, 1996).

### (4) 안전한 목욕법

- 아주 격렬한 스포츠 활동을 하고 난 뒤의 목욕은 체내 노폐물을 대사시켜 피로를 빠른 시간 내에 회복시켜주는 긍정적인 측면도 있다.
- 격렬한 운동 때 발생한 근세포내의 미세한 상처는 지나치게 뜨거운 수온으로 인한 혈관확장으로 혈압을 갑자기 떨어뜨리는 위험이 있을 뿐만

아니라 근육통으로서의 회복이 지연될 수 있으므로 물의 온도가 약 44도가 넘지 않도록 하고 목욕시간은 15분이 넘지 않도록 한다.

- 류머티즘성 관절염, 요통, 만성피로, 소화기 질환, 스트레스해소에는 냉탕으로 시작해서 냉탕으로 끝내는 냉온욕이 좋다.
- 냉탕 1회(30초), 온탕 1회(60초) 각각 냉탕 8회, 온탕 7회로서 온탕의 수온은 약 40도, 냉탕의 온도는 약 15도가 알맞다.
- 노인이나 비만인 사람, 당뇨병 환자는 냉온탕 교대시간과 횟수를 줄여서 무리하지 않도록 한다.
- 냉온요법은 신진대사의 변화를 유도하여 지방 연소량이 늘어나 체중감량에도 효과가 있다.
- 피부가 수축과 이완을 거듭하면서 탄력적인 피부를 만들 수 있어 미용효과에도 좋다.
- 고혈압과 심장이 약한 사람은 반신욕이 좋다. 이 때 수온을 약 38도로 하고 물에 배꼽 아래까지만 20~30분간 담그면 혈압이 서서히 떨어지고 가슴이 편해진다.
- 고혈압과 심장질환이 심한 사람들은 수온이 약 42도인 물에 20~30분간 발목을 담그는 족탕법이 좋다.
- 소음인의 목욕방법은 일단 저온탕에 잠시 몸을 적응시킨 뒤에 온탕에서 20~30분을 하는 것이 좋고 미지근한 물로 샤워를 하고 마치는 것이 좋다.
- 태음인은 냉온욕을 실시하거나 장시간 욕탕에 들어가서 땀을 많이 흘리는 목욕법을 권한다.
- 소양인은 고온욕을 오래하지 말고 족탕법, 반신욕이나 저온사우나를 이용하는 것이 좋다.
- 태양인도 열이 많이 나는 체질이므로 소양인과 같이 고온욕을 오래하지 말고 족탕법, 반신욕이나 저온사우나를 이용하는 것이 좋다(유광욱외 1인, 2005).

### 4) 수 면

수면은 피로회복의 가장 좋은 수단이며 휴식 중에서 최고의 피로 회복법이다. 수면은 생명 유지에 특히 필요한 기관이외는 활동을 휴지하여 전신 에너지 보급과 피로물질의 제거에 힘써서 운동에 수반되는 피로를 회복하고, 신체 상태를 원래로 복귀시키는 휴식에 적합한 상태이다.

수면을 충분히 취하지 않으면 피로 회복이 늦어져 피로가 축적되고 컨디션이 저하되거나 다음날의 트레이닝 시에 사고를 일으킬 수도 있다.

따라서 트레이닝을 한 날에는 충분한 수면을 취할 수 있도록 각별한 노력을 해야 한다. 트레이닝에 따른 피로가 단시간의 휴식이나 샤워, 목욕, 마사지 요법 등으로도 회복되지 않더라도 보통 충분한 수면에 의해서는 회복된다.

인체에 필요한 수면시간은 하루에 7~8시간이라고 하지만, 이 수면시간은 개인에 따라 상당히 다르고, 또한 트레이닝의 양이나 강도가 높을수록 충분한 수면을 취함과 동시에 신체가 갖는 생체리듬에 맞추어서 밤 수면을 취하는 것이 합리적이다.

### 5) 만성피로와 예방

트레이닝 후 휴식이나 수면이 충분하지 않았거나, 밤을 새워 자지 않고, 낮동안 수면을 취하거나, 경호업무로 인한 흥분이나 교대근무 등으로 인해 불면증이 계속되거나 하면 피로가 회복되지 않고 과로나 만성피로에 빠지기 쉽다.

과로나 만성피로가 되면 체력소모와 저항력 저하를 초래하고, 경호업무능력의 저하와 건강장애, 염좌·골절 등의 상해를 일으키기 쉬운 상태가 되기 때문에 트레이닝 중에는 피로의 조기 발견과 피로회복을 위한 노력이 중요하다.

바람직한 트레이닝 효과를 보기 위해서는 합리적인 운동의 강도, 시간, 빈도 등의 운동처방이 필요하며 동시에 충분한 영양보충, 휴식, 수면 등을 통해 건강관리에 항상 유의해야 한다.

## 6) 스포츠마사지

스포츠마사지는 맨손에 의한 자극을 통해 피부와 근육의 혈액과 림프액의 순환을 촉진시키고 신진대사를 왕성하게 하여 운동기능을 증진시키는 효과가 있다.

강도 높은 트레이닝이나 신체적, 정신적 능력을 최대한 발휘하여야 하는 경호업무수행 등으로 발생한 피로 회복 및 상해예방과 치료에 이용된다.

스포츠마사지의 역사는 곧 스포츠의 역사와 같다고 볼 수 있는데 20세기에 들어와서 과학적으로 체계화되기 시작하였다. 우리나라에서의 스포츠마사지는 1920년대 의사나 물리치료사들이 환자의 치료를 목적으로 시술하기 시작하였으며 1960년대에 와서는 신체교정을 위한 수기형태로 신체의 피로를 풀어주고 안정시키기 위한 안마법의 형태로 민간인을 중심으로 발달하기 시작 하였다. 1980년대 중반부터는 스포츠마사지를 전문적으로 양성하는 단체가 설립되고 일본의 영향과 국제경기에 참가하면서 관심이 증대되기 시작하였다. 또한 86 아시안게임과 88서울 올림픽을 계기로 트레이너의 필요성의 절실해졌으며 이로 인해 스포츠마사지가 활성화되기 시작했다.

### (1) 마사지의 종류와 목적

#### ① 마사지의 종류

마사지의 종류에는 스포츠마사지, 트레이닝마사지, 회복마사지, 치료마사지, 재활마사지, 유아성장마사지, 비만처치마사지, 골다공증예방마사지, 미용마사지, 산업마사지, 실버마사지 등이 있으며 크게 의료마사지, 위생마사지, 미용마사지로 나눌 수 있다.

#### ② 마사지의 목적

직접적으로 근육을 자극하는 방법과 피부감각의 자극을 통하여 반사 신경을 간접적으로 자극하는 두 가지 방법으로 인체의 기능을 촉진, 활발화 시킨다.

### (2) 스포츠마사지의 분류

트레이닝을 기초로 스포츠마사지를 체계적으로 분류한 사람은 러시아의 Sarejeni(1974)가 최초이다. 일반적으로 스포츠마사지는 트레이닝을 위한 마사지와 준비마사지 그리고 회복마사지로 분류할 수 있다.

트레이닝을 위한 마사지는 트레이닝 능력의 향상과 유지, 운동종목에 따른 참가자의 개별적인 트레이닝에 포함되는 마사지로서 신체조직의 기능적인 능력을 높이고 중추신경계통의 정상적인 움직임과 내부 신체조직의 활동을 보충하는 역할을 한다.

이러한 종류의 마사지는 트레이닝의 보조수단으로 이용된다(김영빈외 1인, 2003).

#### ① 워밍업 마사지

워밍업 마사지는 트레이닝 전이나 경호업무수행 전에 워밍업과 함께 신체조직 기능을 활성화하거나 촉진시키는 것이 목적이다.

워밍업 마사지를 실시하면 신경과정의 활동력이 높아지고 자극전달속도가 증가하며 혈액순환 및 근수축 속도가 증가하게 된다.

#### ② 강화 마사지

강화 마사지의 목적은 중추신경계통의 자극반응과 신체조직내의 근육의 긴장을 보다 예민하게 하는 것이다.

#### ③ 진정 마사지

진정 마사지는 이상 흥분이 나타나는 경우에 중추신경계통의 자극반응 및 억압과정을 정상화 시키고, 경호원들의 신경계통 자극반응에 대한 적당한 레벨확보와 경호업무를 앞두고 내부조직을 활성화한다.

#### ④ 온열 마사지

온열 마사지는 근육·인대·관절 등의 상해를 예방하는 것을 목적으로 하며 경호원들의 몸이 차가울 때 실시하는 것이 좋다.

⑤ 회복 마사지

회복 마사지는 트레이닝 후 목욕법과 병행하여 실시하며, 경호업무 및 트레이닝에 필요한 능력을 가능한 빨리 회복시키기 위해 실시한다.

### (3) 스포츠마사지의 정의와 목적

① 스포츠마사지의 정의

스포츠마사지는 손을 이용하여 효과적으로 인체의 부드러운 조직을 수기 교정함으로써 신경 및 근육계에 적절한 자극을 주고 혈액과 림프의 국소 및 전신적인 순환을 다루는 조직적이고 과학적인 조작이다.

② 스포츠마사지의 목적

**○ 피로회복을 위한 스포츠마사지**

트레이닝으로 인해 피로가 발생한 근육 부위는 운동종목에 따라 다소 차이가 있다.
스포츠마사지는 이와 같이 피로한 근육을 신속하게 정상적인 상태로 회복시키기 위해 실시한다.

**○ 상해예방 및 치료를 위한 스포츠마사지**

트레이닝활동이나 경호업무수행 전 관절가동범위나 근육의 유연성 및 탄성을 증진시켜 상해를 예방하거나 염좌, 근육이탈, 관절통 등의 상해를 가능한 한 빨리 회복시키기 위해 스포츠마사지를 실시한다.
스포츠마사지 단독으로 치료를 기대하기보다는 의학적 치료를 병행하면서 상해 회복을 위한 보조수단으로 실시하는 것이 바람직하다.

**○ 기타**

경기력 향상, 원활한 혈액순환, 노폐물 제거, 산소와 영양분의 공급, 반사적 신경계의 기능 조절, 흥분상태를 조절, 저하된 기능 상승의 목적이 있다.

### (4) 스포츠마사지의 역할과 특징

① 스포츠마사지의 역할

스포츠마사지는 경기력 향상뿐만 아니라 직접적으로 피부나 근육의 혈액순환을 좋게 하고 신진대사를 왕성하게 하여 노폐물을 제거 시킨다.

- 혈액이 심장으로 되돌아가는 흐름을 보조하는 역할을 한다.
- 맨손에 의한 자극을 통해 피부와 근육의 혈액과 림프액의 유통을 촉진 시킨다.
- 신진대사를 왕성하게 하여 운동기능을 증진 시킨다.
- 많이 사용한 근육의 피로를 회복시켜 그 기능을 충분히 발휘하게 하고 부상부위의 재발 방지에 효과가 있다.
- 스포츠마사지는 자신이 가지고 있는 능력을 100% 발휘하는데 보조역할을 한다.
- 컨디션을 조절함으로써 부상을 방지 할 수 있다.

② 스포츠마사지의 특징

- 특수한 기구나 시설이 필요 없다.
- 운동요법이 병행 되어야 효과를 얻을 수 있다.
- 구심성으로 마사지를 실시한다(정맥 혈액의 흐름을 보조).
- 해당 스포츠의 특성을 파악 후에 시술한다.
- 트레이닝 전, 후 등 상황에 적합한 마사지를 선택한다.
- 근육의 수축과 이완, 혈액순환을 촉진 시킨다.

### (5) 스포츠마사지와 유사용어 및 차이점

① 스포츠마사지와 유사용어

- 안마: 혈, 경락을 찾아 몸의 중심에서 말초로 실시한다.
- 마사지: 동적인 동작이며 피부와 근육을 문지르고 주무르고 쓰다듬고 누르고 늘리고 두드리고 흔드는 등의 기술이 다양하고 복합

적으로 구심성으로 실시된다.

- 경혈지압: 경혈을 압박법으로 자극한다.
- 임파 마사지: 임파절을 따라 마사지를 실시하여 면역성을 높인다.
- 지압: 정적인 동작으로 손가락 끝이나 손바닥으로 피부에서부터 근육 심부까지 압력을 주는 방법이다.

② 안마와 스포츠마사지의 차이점

| 분류 | 안마 | 스포츠마사지 |
|---|---|---|
| 발생 및 전래 | 중국 | 유럽 |
| 주요목적 | 질병치료 | 경기력 향상 |
| 자극방법 | 경혈 자극법으로<br>자연치유력 증진 | 근육 자극법으로<br>운동기능 조절 |
| 효과 | 경락장애로 인한 질환치료 | 스포츠 상해 예방 |
| 시술 장소 | 일정한 장소 | 스포츠 현장 |
| 피술자 자세 | 앙와위, 복와위, 측와위,<br>좌위 | 스포츠 종목에 따른<br>모든 자세 가능 |
| 주요효과 | 신경계의 불균형 억제 | 혈액 및 임파의<br>흐름을 촉진시켜<br>근수축력 향상 |

### (6) 스포츠마사지의 효과

스포츠마사지는 환부에 일정한 압력으로 기계적인 자극을 반복적으로 가함으로서 연부조직을 압박하고 수용기의 신경종말부위에 자극을 주는 방법이다.

스포츠마사지의 효과는 마사지 방법과 강도, 마사지를 시술하는 시간에 의해 좌우되는데 시술 시의 물리적인 자극, 신체의 생리적 상태, 환자의 정신적 요소 등에 영향을 받는다.

스포츠마사지를 스트레칭과 같이 병행하면 경직된 근육을 이완시키고 유연성을 향상시킬 수 있을 뿐만 아니라 피로해진 근육에 대한 마사지는 근육의 기본적인 운동능력을 회복시키고  근육을 강화시키는 역할도 한다.

트레이닝 활동이나 경호업무수행 중 휴식시간에 행하는 마사지는 짧은 시간 안에 근육의 기본적인 운동능력을 회복시키는 효과를 내기 때문에 경호원들의 안전한 트레이닝과 지속적인 경호업무수행의 발휘를 위해 짧은 휴식시간이더라도 스포츠마사지를 실시하는 것이 좋다. 또한, 스포츠마사지는 근육으로의 혈액공급과 물질대사로 생긴 노폐물의 제거를 촉진하며, 혈액순환 및 산화-환원과정을 개선시킨다. 이처럼 스포츠마사지는 근육이 최고의 운동능력을 발휘할 수 있는 조건을 제공하는 역할을 한다.

아울러 경호무도와 같은 격렬한 운동을 실시한 후 나타나는 근육 내부의 부어오름, 마비, 지각이상 등은 스포츠마사지를 다양한 방법으로 실시함으로서 제거할 수 있다.

스포츠마사지의 보다 중요한 측면은 경호원들의 기분을 전환시킬 수 있을 뿐만 아니라 반응시간을 증진시키고 편안하게 하는 감각기능에도 영향을 미친다는 점이다.

경호업무수행에 심리적으로 큰 부담을 갖거나 긴장을 많이 하는 경호원들은 적절한 마사지를 통해 심리적 안정감을 회복하여 편안하게 업무에 임할 수 있다. 이와 같이 스포츠마사지는 신체뿐만 아니라 경호원들의 심리적 상태에도 긍정적인 효과를 줄 수 있다.

신체적·기술적·전술적 준비가 된 경호원들이 최상의 심리적 상태를 갖는 것은 성공적인 경호업무수행에 가장 중요한 기반이 되며, 이에 스포츠마사지는 경호업무수행을 위한 심리적 준비의 한 부분이 될 수 있다.

#### ① 피부에 미치는 영향

- 피부를 진정시키고 체온을 조절하고 피부의 탄력성을 증가 시킨다.
- 세균의 침입을 저지하고 외부환경으로부터 신체를 보호하는 등의 저

항력을 강화 시킨다.
- 마사지에 의한 마찰로 발한되며 이로 인해 지방질이 배출된다.
- 피부의 혈액순환과 피부호흡 및 영양상태가 좋아진다.
- 혈액 및 림프액의 흐름을 좋게 하고 피부근육의 긴장을 높인다.

② 근육에 미치는 영향

- 얕은 조직의 신전과 스트레칭을 병행하여 경직된 근육을 이완시키고 유연성을 향상 시킨다.
- 아세틸콜린 분비를 촉진하여 신경자극의 전달을 원활하게 하는 조건을 마련한다.
- 피로해진 근육을 마사지 하면 근육의 운동능력을 회복하고 근육강화 역할을 할 수 있다.
- 휴식 시의 마사지는 선수의 안전과 지속적인 경기력을 발휘하는데 도움을 준다.
- 근육으로의 혈액공급, 노폐물 제거 촉진, 근육의 활동력을 증대 시킨다.
- 혈액순환 및 산화-환원 과정의 개선과 피로에 대한 빠른 회복에 도움을 준다.
- 근육 내부의 부어 어름, 마비, 지각이상을 제거한다.

③ 관절, 인대, 건에 미치는 영향

- 결합기관의 탄력성, 내구성이 증가하고 가동범위를 확대 시킨다.
- 상해의 예방과 관절외상 후 회복에 도움을 준다.
- 관절과 관절을 감싸고 있는 조직의 혈액 순환을 좋게 한다.
- 혈액낭의 형성과 흐름을 높이고 인대의 탄력성을 향상 시킨다.
- 관절의 영양 상태를 개선하고 연골조직의 파손 예방과 관절염의 방지에 효과가 있다.
- 관절기능 회복에 효과적인 수단이다.

④ 순환기에 미치는 영향

- 혈액과 임파액의 흐름을 강화시킨다.
- 혈액의 역류를 방지하는 능력을 강화시키고 붓기를 가라앉히는 효과가 있다.
- 혈류 양을 증가시켜 산소와 에너지물질을 증가시키고 산화-환원반응을 활성화 시킨다.
- 이로 인해 영양공급이 원활하며 조직의 활발한 활동을 유발시킨다.
- 림프액의 흐름을 도와주고 운동부족현상을 만회 시킨다.
- 림프액 흐름의 강하는 조직의 영양공급을 개선하고 정체현상을 감소시키는 결과를 가져온다.

⑤ 소화기에 미치는 영향

- 소화능력을 향상시킨다.
- 소화기 이상 운동을 억제 시킨다.
- 소화 작용 및 영양소 흡수를 촉진 시킨다.

⑥ 호흡기에 미치는 영향

- 반사적 깊은 호흡을 유발시켜 호흡량을 상승 시킨다.
- 장기간 복부 마사지는 호흡기능을 향상 시킨다.

⑦ 대사변화에 미치는 영향

- 부분적, 전체적 피로회복에 효과적이며 뇌하수체로부터 엔돌핀을 분비 시킨다.
- 대사과정에서 생긴 젖산을 기계적으로 혈액과 림프로 밀어내는 것을 돕는다.

⑧ 심리에 미치는 영향

- 운동선수의 기분전환과 반응시간을 증진 시키고 감각기관에도 영향

을 준다.

- 긍정적 경기를 위한 심리적 준비의 한 부분이다.
- 부드러운 마사지는 신경을 안정시키고 강한 마사지는 심리적 흥분을 유발 시킨다.

### (7) 스포츠마사지 시술 시 주의사항

- 세균감염 방지를 위하여 손을 청결히 한다.
- 가능한 한 맨 피부에 시술하며 시술 중 잡담을 금지 한다.
- 처음과 끝이 동일하게 리듬감 및 속도를 조절하여 편안함을 유지한다.
- 손바닥에 굳은살을 없앤다.
- 적당한 횟수와 시간을 정한다. 국소는 5~10분, 전신은 40분정도 시술한다.
- 손톱을 깍고 반지나 손목시계는 반드시 벗는다.
- 전염성 피부질환이 있는 경우에는 시술을 금한다.
- 경기 중 마사지는 알코올이나 청결제를 적신 솜으로 피부를 닦고 실시한다.
- 체모가 많은 부분을 마사지할 때는 체모를 일정 부분 제거 한다.
- 식사 후 마사지는 적어도 70~120분정도 지난 뒤 실시한다.
- 마사지 시술 후 8~10분간은 완전한 휴식을 취한다.

### (8) 스포츠마사지의 실행시기

#### ① 경기(트레이닝) 전 마사지

- 보조적 역할 수행과 운동 상해 예방을 위해 실시한다.
- 그 경기(트레이닝)에서 사용되는 주동근 및 관절부위를 중심으로 약 3~5분에 걸쳐 실시한다.

#### ② 경기(트레이닝) 중 마사지

- 급성피로가 발생된 부위에 한해서 1분 이내 실시한다.

- 운동(트레이닝)장애를 제거함으로써 운동기능을 회복시킨다.

③ 경기(트레이닝) 후 마사지

- 정리운동 후 피로해진 근육과 관절 부위를 30~40분간 실시한다.
- 온열욕과 함께 행하는 전신마사지는 더 효과적이다.

④ 시즌 오프 후의 마사지

- 신체불균형을 바로잡는다.
- 운동수행능력을 최대한 유지, 향상 시킨다.
- 교정운동을 병행하면 더 효과적이다.

## 3. 트레이닝 상해와 예방

경호원들이 원활하고 완벽한 경호업무수행을 위해 실시하는 체력육성 트레이닝과 경호무도 수련을 격렬히 하다보면 뜻하지 않게 몸에 이상이 생기거나 상해를 당하는 수가 있다.

특히, 높은 강도의 트레이닝을 갑자기 실시하거나 아무런 준비운동 없이 바로 꺾기와 같은 신체 가동범위가 많은 무도기술을 구사하게 되면 관절이나 심장 및 다른 신체부위에 치명적인 부담을 주게 된다.

따라서 트레이닝이나 경호무도 수련 중에 나타날 수 있는 신체적 이상 신호와 상해의 유형을 알아 두는 것이 트레이닝으로 인해 발생하는 상해를 예방하고 적절한 처치를 취하는데 있어 도움이 된다. 아울러 경호대상자가 이와 같은 예기치 않은 상해를 입었을 경우 신속하고도 적절한 처치는 경호업무의 연장으로서 경호대상자의 신체를 보호해야 하는 경호의 고유한 목적에도 부합된다.

경호원들의 체력육성 트레이닝이나 경호무도 수련은 자신의 건강 또는 취미나 여가활용 등을 목적으로 하는 일반인들의 운동 활동과는 달리 상대방과의 경쟁에서 승리 또는 도전을 목적으로 하고 경호대상자를 완벽히 보호해야 되는 경호의 목적을 달성해야 하기 때문에 강도 높은 훈련과 때로는 과격한 동작 등과 같은 격렬한 신체활동을 수반한다.

이러한 신체활동은 각종 유형의 스포츠 장애를 유발하며 이로 인해 경호원들의 훈련차질, 경호업무수행력의 저하, 의욕상실 등의 문제가 야기될 뿐만 아니라 지나친 경쟁의식과 부주의는 자칫 생명에도 위협을 줄 수 있다.

일반적으로 경호원들의 상해는 신체의 어느 한 부분에 갑자기 힘이 가해지거나 무리한 기술구사 등으로 인하여 예기치 않은 상해를 입는 경우가 흔히 발생하는데, 이러한 경우의 상해를 급성상해라 한다.

일반적으로 상해라고 하면 외상과 내부손상 양쪽의 의미를 모두 포함하고 있다. 외상은 신체의 표면으로서 피부와 점막의 상처를 가리키는데, 외상의 주요 유형으로는 피부와 점막의 찰과상, 절상, 열상, 자상, 절단 등의 유형이 있다. 이에 비해 내상은 신체의 표면, 즉 피부와 점막의 상처 없이 급격한 외력이 가해져서 인체의 조직이 입는 상해로서, 피부 조직의 파열, 골격근 조직에 생기는 타박상, 좌상, 염좌, 탈구, 골절, 관절염 등의 종류가 있다.

### 1) 트레이닝 상해의 발생 종류(남상남외 3인, 2011)

#### (1) 급성 트레이닝 상해

급성 트레이닝 상해는 비틀기, 삔기, 넘어지기, 착지 등에 의해 팔다리에 타박, 염좌, 탈구, 골절 등이 일어나는 상해이다.

염좌는 관절에 외력이 가해져서 비생리적인 운동이 강제되었을 때 인대, 관절주머니 등 관절을 지지하는 조직이 과하게 신전되었을 때 근육 및 힘줄의 상해는 근육이 급격히 수축되었을 때 주로 많이 일어난다.

#### (2) 구획증후군

종아리 등과 같이 뼈, 뼈사이막, 근육막, 근육사이막에 의해서 둘러싸인 부분을 구획이라고 하며 이 구획 속에는 신경 및 혈관이 들어있다.

타박에 의한 혈종 등에 의해 부어오르면 구획속의 내압이 상승하기 때문에 혈관이 압박받아 순환부전이 일어난다. 그 결과 신경이 압박받기 때문에 구획

속의 근육, 힘줄의 기능장애, 괴사, 신경장애 등을 일으키는 것을 구획증후군이라 한다.

### (3) 중증 트레이닝 상해

○ 머리상해

머리에 충격이 가해면 뇌조직에 전달력이 발생하는데 이 힘으로 인해 신경세포의 기능이 일시적으로 상실되어 뇌진탕이 일어난다. 또한 충격의 속도와 작용시간이 커지면 넓은 범위의 신경섬유와 미세한 혈관이 손상되어 뇌손상이 일어난다.

○ 척추, 척수상해

목의 과다굽힘과 압박에 의한 목척수의 손상이 많다. 강한 외력이 신체에 가해졌을 것으로 예상되는 경우에는 목척수손상이 있을 것으로 보고 대응할 필요가 있다.

○ 기타

얼굴상해(코뼈골절, 아래턱 골절, 안와골절)와 가슴 배부위, 비뇨생식기 상해 등 다양한 상해가 트레이닝에 의해 일어난다.

**○ 부위별 발생빈도가 높은 트레이닝 상해 ○**

| 부 위 | 트레이닝 상해의 종류 |
|---|---|
| 머 리 | 두 개내 혈종(경막하 혈종, 경막외 혈종), 뇌 좌상, 뇌진탕, 혈종(혹) |
| 얼 굴 | 코 출혈, 얼굴골절, 안와골절, 안구타박 |
| 목 | 목뼈, 목 척수 손상(염좌 포함) 버너증후군 |

| | |
|---|---|
| 가 슴 | 갈비뼈골절, 가슴타박 |
| 배 | 간 손상, 콩팥손상 |
| 허 리 | 근막염, 허리뼈척추사이원반(요추추간판)헤르니아, 허리뼈 분리증, 허리뼈•허리촉수손상, 허리뼈 염좌 |
| 팔 | 빗장뼈골절, 어깨뼈탈구, 팔꿉관절탈구, 위팔뼈골절, 아래팔골절, 손배뼈(주상골)골절, 손가락삠, 손라락골절 |
| 다 리 | 근육단열, 넙다리뼈골절, 무릎인대손상, 반달판손상, 종아리골절, 아킬레스힘줄단열, 발관절염좌, 발관절골절, 중족골골절 |

## 2) 트레이닝 상해의 요인

트레이닝 상해의 요인들로서는 무리한 훈련, 나쁜 운동방법, 경호원의 체격상의 문제, 유연성의 결핍, 근력의 불균형 등을 공통된 요인으로 지적하고 있으며, 그 외에도 훈련부족, 과도한 긴장 및 집중력 부족, 시설 및 규칙, 적절하지 않은 환경 등의 요인이 있다.

또 다른 요인으로는 트레이닝 상해에 관한 지식 부족과 지도자의 감독 소홀로 인해 상해가 발생하는 경우도 있는데 이러한 상해의 요인을 분류하고 그 내용을 살펴보면 다음과 같다(장순용외 2인, 2006).

### (1) 준비운동의 부족

준비운동은 몸의 체온을 높이고 근육을 충분히 이완시켜 심폐기능을 원활하게 하는 동시에 모든 근육의 긴장 및 시간적 경과를 원활하게 하여 근수축의 과부족을 최소화 시켜 주는 역할을 한다.

따라서 이와 같은 준비운동이 부족하게 되면 기술과 체력을 요하는 신체운동이 원활하지 못하게 되어 상해가 발생한다.

### (2) 훈련방법상의 문제

트레이닝과 경호무도 수련 시 대부분의 상해는 인체조직 특히 근육 및 골격 조직의 내응력의 한계를 넘는 외력 또는 내력이 작용할 때 발생한다.

인체조직은 일정한 한도 내에서 외력 또는 내력에 대한 적응력인 내응력을 체계적이고 지속적인 훈련에 의해 보다 효율적으로 증진 시킬 수 있다.

그러나 트레이닝과 경호무도 수행능력 향상에 집착한 나머지 자신들의 신체적 내응력의 한계를 넘는 훈련을 감행하는 경우에는 과로증후군이 초래되거나 인체조직의 상해를 초래할 수 있다.

### (3) 과도한 정신적 긴장

경호원들은 일반적으로 경호업무수행을 완벽히 수행해야 한다는 책임감에 사로잡히는데, 그 영향이 신경계에 전달되면 불필요하게 긴장하게 되어 전신이 굳어지는 현상을 일으켜 자신들의 능력 발휘를 제대로 하지 못할 뿐만 아니라 근육의 긴장 상태에서 기술을 수행함에 따라 상해를 입기도 쉽다.

하지만, 경호원들에게 있어서 적당한 긴장상태는 오히려 정신 집중을 높여 경호업무수행에 도움을 줄 수도 있다.

### (4) 주의력 부족

과도한 트레이닝이나 경호무도 수련 등으로 인하여 경호원들은 피로가 축적되거나 자신만의 내적갈등으로 인해 여러 가지 생각이 교차되면 주의력이 산만해지게 된다.

주의력이 산만해진 상태에서 갑자기 가해지는 외부의 힘에 적절히 대응하지 못함으로 상해가 발생한다.

### (5) 지나친 트레이닝과 과로

트레이닝에 있어서 계획적이지 못한 트레이닝은 반드시 신체를 피로하게 한다. 이러한 피로는 근육계통에만 오는 것이 아니라 신경계, 순환계 등 인체의 모든 조직과 기관에서 발생한다. 또한 중추신경계의 협응작용이 떨어지거나 지연을 가져옴으로서 생각 및 판단력이 저하되어 트레이닝 기능이 저하될 뿐만 아니라, 신체의 반사적 운동 기능도 저하되어 급변하는 상황에 대응하는 신체의 움직임이 둔해져서 상해가 발생한다.

### (6) 기술 및 훈련부족

무도기술을 습득하려면 오랜 시간의 수련이 필요하다. 수련이 부족하여 기술이 숙달되지 않는 상태에서의 실전은 매우 위험하며 상해를 가져올 수도 있다.

무도를 수련한지 얼마 되지 않은 초보자가 고난이도의 기술을 발휘하려다가 잘못하여 큰 상해를 입고 무도수련 자체를 그만두어야 하는 경우도 많다.

이와 같이, 기술의 미숙이나 훈련부족에서 오는 상해는 반드시 초보자에게만 발생하는 것이 아니라 숙련자나 지도자에게서도 발생 할 수 있다.

또한, 오랜 기간 운동을 쉬므로 인해 유연성 부족 및 체중의 증가, 신경·근계통의 기능이 감퇴 되었는데도 옛날의 자기능력만을 과신하여 갑작스럽게 운동을 하다가 상해를 당하는 경우도 있다.

### (7) 운동장비 불량 및 규칙위반

최근 운동장비의 급속한 기술적 개선은 트레이닝 수행에 도움이 되고 있지만, 불량 운동장비는 그만큼 트레이닝 상해의 위험성도 높이고 있다.

새롭고 많은 복잡한 규칙들이 트레이닝 상해 적 측면을 고려하지 않고 경기력 활성화에만 주안점을 두고 있기 때문에 트레이닝 상해의 요인으로 대두되고 있다.

### (8) 기타

대부분의 경호원들은 경호무도수련 시 승부에만 너무 집착한 나머지 감기 같은 질병을 소홀히 취급하기 쉬우나 바이러스 감염으로 인한 감기의 경우 근육통, 두통, 고열 등을 수반하기 때문에 충분한 휴식을 취하지 않고 계속해서 무리하게 트레이닝이나 경호업무를 감행하는 경우 체력저하로 인한 상해가 발생한다.

또한, 소량이라 하더라도 음주는 근육운동의 부조화와 정신집중력의 저하를 초래하여 상해의 위험성을 높이며, 경호원들의 흡연은 혈액 내 이산화탄소량과 맥박율을 높이므로 건강 및 체력 저하는 물론 트레이닝 상해의 위험성을 높인다

### 3) 트레이닝 시 상해의 종류

트레이닝 시 흔히 일어나는 상해의 종류에는 크게 급성 트레이닝 상해와 만성 트레이닝 상해로 나눌 수 있다.

#### ○ 급성 트레이닝 상해

골절, 스트레인, 염좌, 타박·좌상, 탈구, 아탈구, 윤활주머니속출혈, 급성 구획증후군

#### ○ 만성 트레이닝 상해

힘줄염, 신경염, 연골마모와 단열, 이단성골연골염, 활액낭염, 과사용에 의한 구획증후군, 피로골절

#### (1) 근육의 상해

근육은 능동적으로 장력을 발휘할 수 있는 유일한 신체 조직이다. 이러한 특징으로 인해 골격근과 횡문근은 직립자세를 유지하고 사지를 움직이며 충격을 흡수하는 등의 중요한 기능을 수행할 수 있다. 하지만, 적절한 자극을 받은 경우에만 이러한 기능을 수행할 수 있다.

근 조직의 활동 특성으로는 신장성, 탄성, 감응성, 장력발휘 등이 있으며 인체에는 약 434개의 근육이 있고 대부분 성인 체중의 40~50%가 근육으로 구성되어 있다.

또한, 근육은 신체의 오른쪽과 왼쪽에 대칭을 이루며 분포되어 있고, 75쌍의 근육이 신체의 움직임과 자세의 유지를 담당하고 있으며 나머지는 안구조절 및 삼키기와 같은 활동을 담당한다.

인체의 움직임은 근육이 수축하는 힘에 의해서 이루어지는데 근세포가 자극을 받으면 흥분하게 되고 그 자극이 근세포막을 따라 전달되며 이에 의해서 화학적 변화가 일어나 근섬유가 수축하게 되는 것이다.

근육은 트레이닝 시 신체의 움직임에 따라 때로는 격렬히 움직일 때도 있고 사격 선수들의 섬세한 움직임처럼 극도로 정교하게 움직이기도 하며, 의식이 깨어 있는 동안 신체의 자세를 조절하는 것처럼 거의 영구적으로 움직이기도 한다.

또한, 근육은 많은 혈액 공급이 필요하고 힘과 모세관의 혈기는 운동에 의해 증진되어 질 수 있으며, 근육의 상해는 외부로부터의 직접적인 타격으로 인한 타박상이나 약간의 근섬유의 분열, 또는 스스로 유도해서 찢어지는 것이 원인이 된다.

### ① 근육통

무리한 근육 트레이닝이나 격렬한 경호무도 수련은 종종 근육의 통증을 유발하는데, 근육통에는 두 가지 유형이 있다.

근육통의 첫 번째 유형은 급성과 이에 수반되는 치료 증세로 트레이닝 중이나 트레이닝 직후에 나타난다.

두 번째 유형은 근육통이 지연되어 상해 후 대략 12시간 이후에 나타나는데, 24~48시간 이후에 가장 심해졌다 점차 가라앉게 되어 3~4일 후면 증세가 없어진다. 이러한 두 번째 유형의 통증은 근 긴장, 부종형성, 근육경직의 증가 등을 보이게 된다.

근육통의 예방 및 치료 방법으로는 적당한 수준으로 트레이닝을 시작하여 서서히 강도를 높여 가는 방향으로 트레이닝을 하는 방법이다. 더불어, 스트레칭 운동을 포함한 준비 운동을 철저히 해 줌으로서 근육통을 상당히 예방할 수 있으며 특별히 트레이닝 후 48~72시간 이내에 냉찜질을 해 주는 것도 매우 효과적이다.

### ② 타박상

타박상은 외상성 상해로서 발생빈도가 높으며 넘어지거나 충돌 등 외부로부터의 타격을 받아 발생하는 경우가 많으며 의학적으로는 좌상과 같은 뜻이다.

주된 손상부위는 근육 내와 피하조직이기 때문에 전신의 모든 부위에서 일어날 수 있으며, 직접 외력에 의해 연부조직이 손상을 입으면 조직에 분포하고 있는 혈관과 신경도 손상을 입는다.

타격의 강도가 크면 모세 혈관이 파열되어 조직으로부터 출혈이 일어나며 출혈은 며칠 동안 피부를 푸른 자주 빛으로 변색시키며 상해 부위를 만지면 상당한 통증을 유발된다.

대부분의 경우, 통증은 며칠 이내에 없어지게 되며, 2~3주 후면 피부의 변색도 사라진다.

타박상의 주요 문제점은 그 부위가 반복적으로 타격을 받기 쉬운 부위라는 점이며 만일 동일한 부위가 반복하여 타박상을 입게 되면 상해 부위에 작은 칼슘 침전이 생기게 된다.

이러한 칼슘은 근 복부의 섬유들 사이에서 발견되며 뼈 아래로부터 돌기를 형성하게 된다. 이러한 칼슘의 형성은 근 염으로 진전되며, 근 염을 방지하기 위해서는 상해를 입은 부위에 패드를 대어 주는 방법이 좋다. 처음 타박상을 입었을 때 적절하게 그 부위를 보호해 주면 근 염으로 진전되는 것을 방지할 수 있으며 더불어, 충분한 휴식과 함께 보호(protection)해주면 칼슘의 흡수를 촉진한다.

초기치료는 RICE가 중요하다. RICE를 적절하게 시행하면 후유증을 감소시키고 빠른 시간 내에 트레이닝이나 경호업무에 복귀하는 것을 돕는다.

### ③ 근육의 경련

근육 내의 염분과 칼륨의 불균형 상태로 인하여 생기는 불수의근의 수축 현상이 근육의 경련을 일으킬 수 있다.

보통은 스트레칭이나 마사지를 실시함으로서 곧 회복된다. 특히 수영 중에 근육의 경련이 발생하면 생명에 심각한 위험을 가져올 수 있으므로 세심한 주의가 요구된다. 예방 및 치료 방법으로는 적당한 준비 운동, 발한으로 손실된 염분 및 칼륨의 보충, 트레이닝 후의 충분한 정리 운동 등을 통해 근육의 경련을 막을 수 있다.

트레이닝 후에 경련의 상태를 신속히 해소하지 않고 그대로 두면 장기간 동안 만성적인 통증으로 고생하는 수가 있으므로 주의해야 한다.

### (2) 건의 상해

건(tendon)은 근육을 뼈와 연결하는 기능을 하는데 근섬유의 말단이 끝나는 결합조직의 섬유삭으로서 근을 뼈 혹은 그 외에 다른 구조물에 부착시키고 있다.

건에서는 혈액 공급이 빈약하고 신진 대사가 활발하지는 못하지만 잘 짜여진 교원질 섬유 조직 때문에 높은 장력을 발휘한다. 일반적으로 건은 탄력성이 제한되어 있으며 노화에 따른 손실은 상해의 원인이 된다.

대부분의 건은 미끄러지는 운동의 윤활제로서 이용되는 활액(synovial fluid)을 포함하는 섬유초를 가지고 있으며, 신체에서 가장 큰 두 개의 건은 아킬레스건과 슬개건이다.

건의 상해는 움직일 때 아픔을 느끼게 하는 원인이 되며 심한 상해는 건을 파열시키거나 염증을 일으킨다.

#### ① 건 염(tendinitis)

과도한 트레이닝에 의해 건염은 자주 발생하며, 근육이 활동하는 동안 건은 반드시 움직이거나 다른 기관으로 미끄러져야 한다. 특별한 트레이닝을 반복적으로 수행하면 건의 염증을 유발하게 되고 이러한 염증은 트레이닝 시에 통증과 부어오름, 약간의 열과 염발음성 수포음(crepitus)을 나타낸다.

이것은 익숙하지 않은 운동이나 과도한 트레이닝에 의해 발생 되거나 반복성 운동으로 인한 특정부분의 과도한 사용으로 인해 발생한다.

#### ② 건초염(tenosynovitis)

건의 운동이 매우 왕성하고 격렬하여 건초가 마모되어 염증을 일으키는 증상이다. 염증은 익숙하지 않은 동작을 과도하게 사용했기 때문이지만 직접적인 타박이나 감염 때문일 경우도 있다. 그 결과, 혈행이 부족하여 활막의 혈행이 증가하고 염증세포가 침입하고 활액이 과잉 분비됨으로서 피브린이 많아져

건과 주위조직의 유착이 생긴다. 이것은 염증이 생긴 건에 의해 매우 달라질 수도 있다.

첫번째 단계는 동작시의 동통이지만 곧 안정시의 동통으로 이행되는데, 증상이 진행되면 유착은 더욱 강해지고 최종적으로 건초 내에서 건은 전혀 움직일 수 없게 된다.

일반적으로 적절한 처치를 하면 건초염은 없어져 정상기능으로 되돌아온다. 그러나 염증발생의 조건이 나쁘거나 부적절한 처치, 그리고 그 부위의 해부학적 특성 등에 의해 합병증이 생길 수 있다. 이 합병증은 중대하고 영구적인 장애의 원인이 되기도 하는데 이 경우에는 건이 운동할 때 건초가 부풀어 올라 심한 통증을 호소하는데 간단하고 효과적인 치료 방법에는 패드 부착, 부목대기, 얼음찜질 등이 있다.

#### ③ 건단열

아킬레스건단열은 보통 볼 수 있는 상해로서, 최대운동 시에 어떠한 아픔이나 압통 없이 갑자기 단열이 되기고 하고, 삼두근이 긴장하고 있을 때나 뒤꿈치를 차일 때 외력에 의해 단열이 되기도 한다. 단열 시에는 예리한 통증과 무거운 느낌이 들며 종골(뒤꿈치뼈)을 세게 맞은 느낌이다.

트레이닝 현장에서 아킬레스건단열이 의심될 때에는 환자를 엎드리게 하고 무릎을 90도로 굴곡하여 하퇴 삼두근을 잡는다. 단열이 있으면, 발끝이 전혀 움직이지 않거나 조금만 움직인다. 그러나 단열이 없다면, 잡을 때마다 발끝이 움직인다. 단열이 의심되는 경우에는 병원으로 후송해야 한다. 최근 들어 깁스와 보장구에 의한 고정술 만으로도 치료를 하고 있으며 반드시 수술을 해야 하는 것은 아니다.

### (3) 뼈, 관절, 인대의 상해

뼈는 특수결합조직의 하나로서 적은 수의 세포와 많은 세포간질로 구성되어있는데 세포간질인 기질 속에는 많은 무기질이 있어 단단한 성질을 가지고 있다.

뼈의 주요 구성 물질은 탄산칼슘, 인산칼슘, 콜라겐과 물이다. 뼈를 형태별로 분류해보면 장골, 단골, 평편골, 불규칙골, 종자골로 분류 할 수 있으며 신체의 지주기능, 주요기관의 보호기능, 신체의 운동 작용기능, 조혈기능, 영양소를 저장하는 기능들을 가지고 있다.

또한 인체는 어떠한 형태로든 뼈가 서로 접합되어 몸을 지탱하고 있는데 이처럼 두 개 또는 그 이상의 뼈가 접합되어 있거나 뼈와 연골이 접합되어 있는 상태를 관절이라고 한다.

각 관절의 움직임은 곧 신체 각 부위의 운동을 의미하며 관절은 뼈와 뼈 사이에 있는 조직의 종류에 따라 크게 섬유성 관절, 연골성 관절, 활막성 관절로 구분하며, 관절의 일반적인 안정성은 관절을 지나는 근육과 건에 의해 증가된다.

**○ 뼈의 형태에 의한 분류 ○**

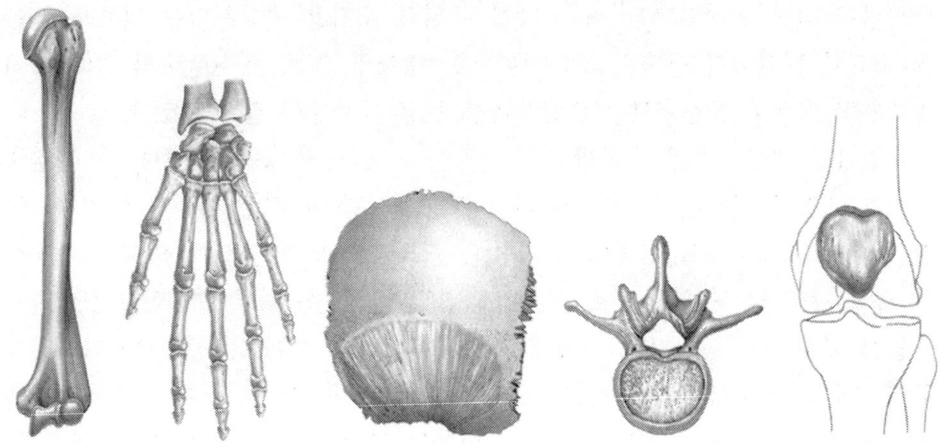

장골(상완골) long bone　단골(중수골, 지골) short bone　편평골(두정골) flat bone　불규칙골(척추골) irregular bone　종자골(슬개골) sesamoid bone

### ① 골절

골절은 트레이닝이나 경호무도 수련 중에 가장 흔히 발생하는 상해로서 직접적인 외력이나 회전력 때문에 발생하며 일반적으로 개방 골절(open fracture)과 폐쇄 골절(close fracture)로 분류할 수 있다.

폐쇄 골절은 뼈의 약간의 탈골 때문이며 연부 조직의 파열은 거의 없다. 한편 개방 골절은 골절 말단이 크게 탈골됨으로서 뼈가 피부 층을 뚫고 나오게 된다. 이 밖에도 뼈가 부러져 다른 조직에도 상해를 입히는 복합 골절과 반복적인 육체활동에 의해 일어나는 피로 골절(stress fracture)등이 있다. 급성 외상에 의해 발생되는 다른 골절들과는 달리 피로 골절은 과도한 트레이닝이나 피로에 의해 발생되며 무게를 지탱하는 다리나 발의 뼈에서 흔히 발생한다.

골절이 일어나면 동통, 종창, 변형, 피하출혈이 골절부에 특징적으로 나타나는데 완전골절의 경우 뼈에 하중을 실을 수 없는 것이 보통이며 골절부위에 출혈이 발생한다. 대퇴골 등 혈류가 풍부하고 두터운 뼈의 골절은 출혈성 쇼크를 일으키는 경우도 있다.

골절이 되면 골절단면과 뼈 조각이 주위의 조직을 손상시키는 경우도 있는데 혈관이 단열되어 동맥손상이 일어나면 대량의 출혈, 전신상태의 악화를 가져오므로 개방성 골절에서는 출혈상태를 유심히 관찰할 필요가 있다.

골절시의 최우선적인 처치방법은 고정이다. 골절의 고정은 상하 두 관절을 고정하는 것이 원칙이다. 골절에 의한 통증은 고정에 의해 다소나마 경감되지만 반대로 골절부위를 움직이면 심한 통증을 불러오며 통증에 의해 쇼크증상을 일으키는 경우도 있으므로 골절이 의심되면 신중히 다루어야 한다.

골절 부위를 고정시키는 고정재료로는 테이핑용 테이프, 봉, 골판지, 잡지등이 긴급한 경우에 이용되지만, 골절의 발생을 예측할 수 있는 경호업무수행 중이나 트레이닝 또는 경호무도 수련 중에는 고정용 부목을 사전에 준비해 두는 것이 바람직하다.

골절을 일으키면 완치 될 때까지 모든 활동이 제한된다. 골절은 환부의 안정이 장기간에 걸쳐 필요하기 때문에 치유기간 동안에는 심폐지구력이나 환부와 환부 이외의 근력이 저하될 가능성이 높으므로 트레이닝을 하지 않는 동안에는 이러한 능력의 저하에 주의하여 리헤빌리테이션을 실시할 필요가 있다. 또한 골절은 치료 상 관절을 고정하여 고치는 경우가 대부분이기 때문에 고정된 관절의 가동역 저하, 관절주위의 근력 저하를 가져오는 경우가 많다. 그러므로 고정을 풀게 되면 의사의 지시 하에 관절 가동역 회복 및 근력 회복훈련을 실시해야 하며 이 회복훈련을 게을리 하면, 운동능력의 현저한 장애를 가져오므로 충분히 주의해야 한다.

**○ 골절의 유형 ○**

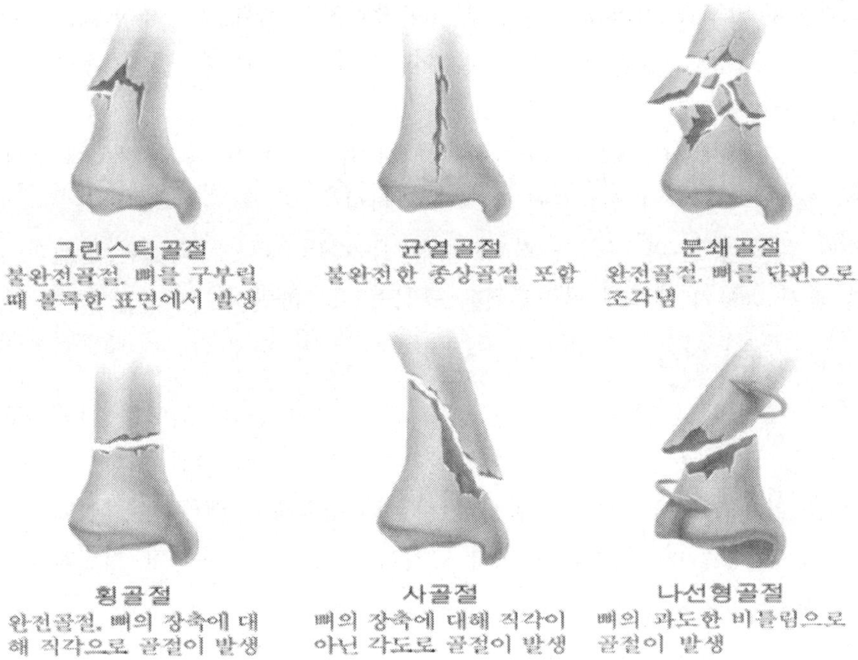


② 탈 구

탈구는 일반적으로 관절에 외력이 가해져 관절을 구성하는 관절낭 이나 인대가 손상을 입어 관절을 이루는 뼈 상호간의 접합성이 완전히 상실된 상태를 말한다.

탈구가 되면 뼈를 연결하는 인대 및 관절을 둘러싸 움직임을 쉽고 부드럽게 해주는 활액낭이 부분적 혹은 전면적으로 파손되며 관절주위의 혈관, 건, 근육 및 신경도 역시 손상을 입거나 혹은 터져 갈라지는 경우도 있다.

탈구는 빠르고도 정확한 처치를 필요로 하며 특별한 비상 상황이 아닌 이상은 반드시 의료요원이 치료하여야 하며, 부상 부위는 될 수 있는 한 편안하게 해주고 찬물이나 얼음찜질을 하여 통증과 붓기를 방지한다. 슬관절에 상해를 입은 부상자를 옮길 때에는 베개나 윗도리를 접어서 부상당한 다리의 무릎 밑에 괴어준다.

견관절에 탈구가 일어났을 경우에는 삼각건이나 붕대를 사용하고, 주관절의 탈구는 부목으로 고정한 후 삼각건을 이용한다. 무릎과 손가락은 부목으로 고정하는 것이 좋다.

그리고 고정한 이후에는 아이싱을 실시하며, 후송하는 동안 진동에 의해 동통이 증가하는 경우가 있으므로 주의해야 한다.

완치 후 환부 주위 근의 근력 트레이닝을 하면 탈구가 되었던 관절의 적합성을 좋게 만들기 때문에 근력훈련을 규칙적으로 하면 좋다.

### ③ 인대와 염좌

인대는 2개의 구조물을 잇는 끈 혹은 띠 모양의 결합조직이며 단단하고 비탄성적인 조직으로서 뼈와 뼈를 연결한다. 인대는 밀성 결합 조직으로 구성되며 섬유 아세포로부터 생성된 콜라겐 다발로 평행하게 배열된다. 인대는 건과 구조적으로 매우 비슷하지만 건보다 납작하며 콜라겐 섬유보다 치밀하게 배열되어 있다.

관절의 가동범위 이상의 변위나 비틀림으로 인해 인대와 건 및 관절을 둘러싼 결합조직이 늘어나거나 찢어져 입게 되는 상해를 염좌라 하며, 주로 족관절, 슬관절에 염좌가 많이 발생한다. 가해지는 외력에 의해 뼈에 부착되어 있는 인대는 과신전, 부분단열, 완전단열을 일으키는 경우가 있는데 이때, 혈관이 손상되어 출혈을 일으키고 종창이 생긴다.

족관절의 손상형태는 그 대부분이 내측에 운동이 강제된 경우에 생기며, 슬관절에서는 손상형태가 다양하고 관절 바깥에까지 미치며, 관절 내의 인대의 단독 또는 복합된 손상이 된다. 관절 내의 인대손상에서는 전방십자인대의 손상빈도가 높고 대부분은 관절에 혈종을 형성한다. 슬관절 염좌가 급성기로 의심될 때에는 정형외과 전문의에게 진찰을 받도록 하며, 관절 지지조직의 복합손상 가능성도 있으므로 동통과 가동역 제한을 느낀다면 트레이닝을 즉시 중지해야 한다.

족관절 염좌에서 관절의 불안정성이 없고 동통이 경도여서 러닝이 가능하다면, 테이핑 처치 후에는 트레이닝이 가능하다. 그러나 보행이 곤란하거나 하중통이 있을 때에는 트레이닝을 즉시 중지하고 정형외과의사의 진찰을 받아 골절 등의 합병증의 확인도 필요하다.

염좌의 처치 방법으로는 국소를 움직이지 않도록 하고 골절 유무를 검사하여 이상이 없다면 염좌를 일으킨 관절부위를 붕대나 부목 등으로 고정한 뒤 가능한 한 빨리 냉찜질을 하고, 그 후로는 서서히 온습포로 변경시킨다. 또한 RICE처치를 시행하며, 손상부위가 관절이기 때문에 일반적으로 탄성붕대, 깁스, 보호 장구를 이용하여 그 부위를 고정하도록 한다.

트레이닝 현장에서 족관절 염좌 시에는 테이핑이나 탄성붕대가 많이 사용되며, 냉각은 부종이 가라앉을 때까지 아이스 팩을 이용하여 20분간 실시하는데 실온에서 20분간 냉각하며, 이것을 교대로 반복한다. 인대 상해에 관해서 많은 분류가 있으나 인대 염좌를 3등급으로 나누어 분류하면 다음과 같다.

- **제1도 인대 염좌**

  인대 섬유의 찢어짐으로 인해 관절이 약간 불안정하게 된다. 경미한 통증을 느끼게 되며 약간의 부어오름과 관절의 경직이 나타난다.

- **제2도 인대 염좌**

  인대 섬유의 찢어짐과 분리가 보여 지고 관절이 중간 정도의 불안정을 보인다. 통증과 부어오름, 관절의 경직이 나타난다.

- **제3도 인대 염좌**

  인대의 완전한 파열로 관절의 불안정성이 나타난다. 초기에는 심각한 통증을 느끼게 되지만, 신경 섬유의 완전한 파괴에 의해 고통을 거의 느끼지 않게 된다.

부어오름에 의해 상해 후 몇 주 동안은 상당한 경직을 보인다. 3도 염좌는 적어도 몇 주 동안 고정이 요구되며, 인대가 자주 상하게 되면 다른 인대나 관절 주변의 구조 또한 상해를 입을 수 있다.

#### ④ 관절 상해

정상적인 생활과 규칙적인 트레이닝 참여는 오랜 기간 동안 관절의 구조와 기능을 건강하게 보존시켜 준다. 즉, 활동적인 관절의 움직임은 관절의 영양과 윤활을 촉진하여 좋은 기능을 유지하게 한다. 그러나 심한 관절 상해나 충분한 치료가 이루어지지 않은 관절 상해는 노후 생활에서 관절염에 걸리기 쉬우므로 즉각적인 진단과 효율적인 처치가 중요하다.

심한 관절 상해는 부목으로 지지하여 휴식을 취해야만 하며 때로는 짧은 기간 동안 깁스 등으로 고정시키는 것도 염증 발생을 방지하는 데에는 필수적인 방법이다.

또한, 저항성 운동을 통한 물리치료법을 병행하면 정상적인 관절의 회복을 앞당길 수도 있다. 상해부위의 고통을 덜어 주기 위해서는 초음파 또는 냉찜질을 사용하기도 하는데 이는 활액을 굳게 하여 운동을 억제시키는 작은 섬유의 유착을 막는 것이다.

관절치료가 끝난 뒤 다시 정상적인 생활이나 트레이닝 시작 시에는 위축되었던 관절의 가동범위를 향상시키기 위해서는 활동적인 운동을 수행하는 것이 효과적이다.

### ○ 관절형태에 따른 분류 ○

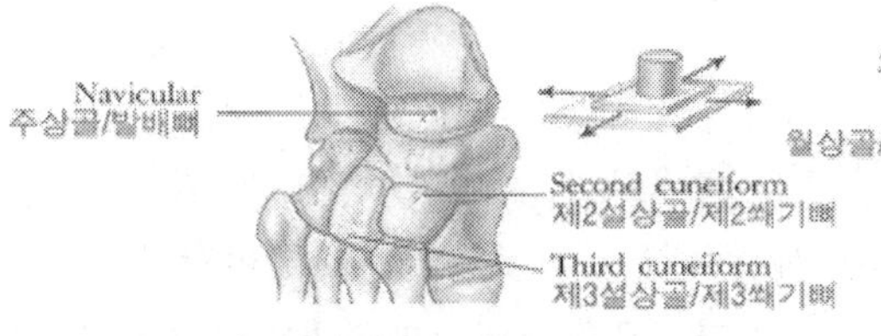

평면관절(Planar joint)

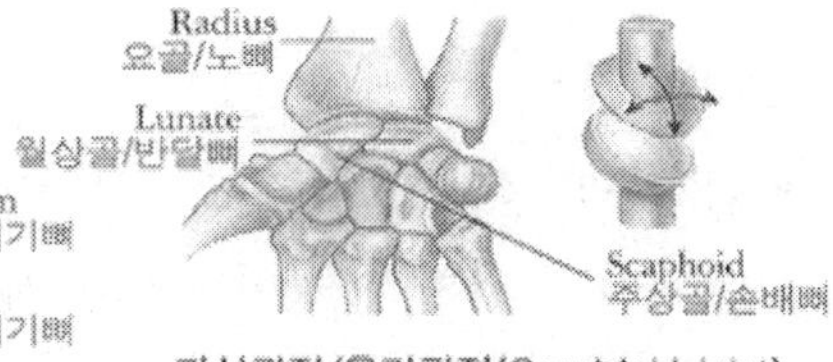

과상관절/융기관절(Condyloid joint)

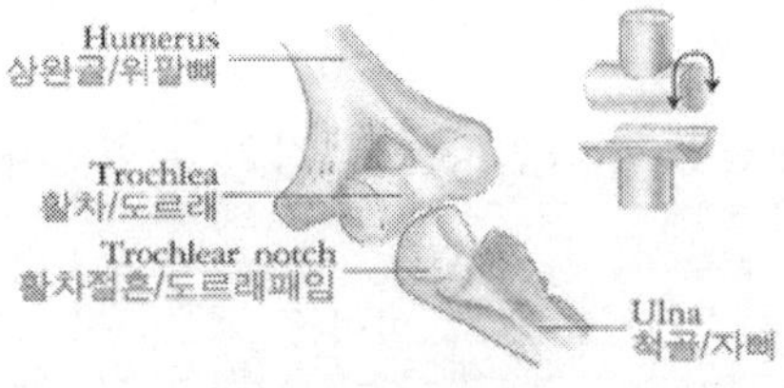

접번관절/경첩관절(Hinge joint)

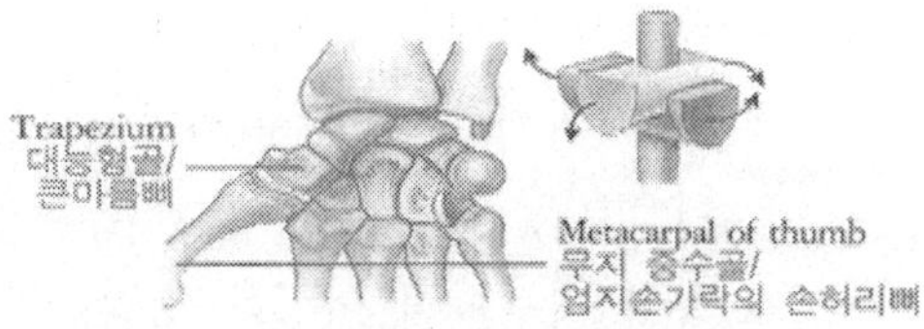

안장관절(Saddle joint)

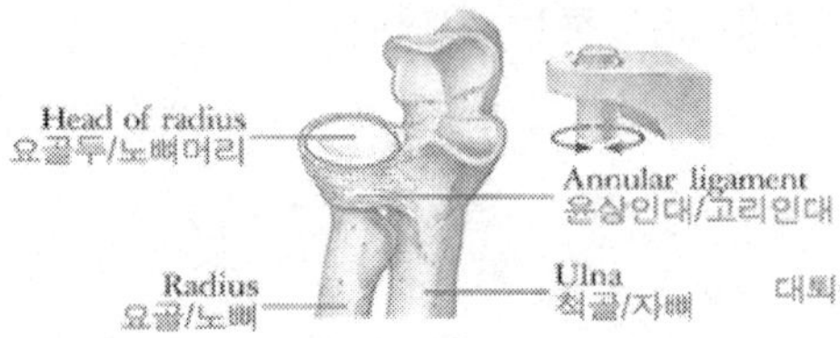

차축관절/중쇠관절(Pivot joint)

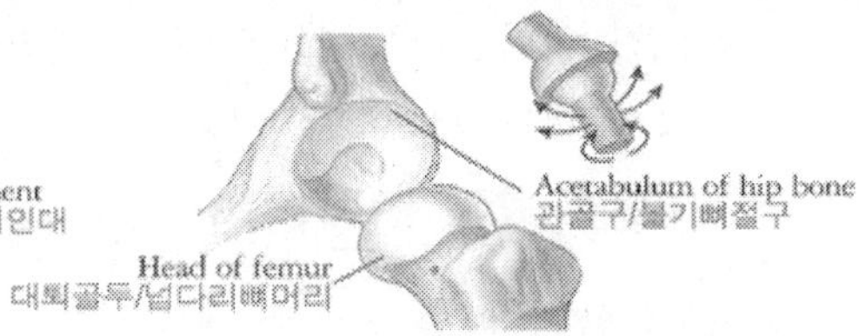

구관절/절구공이관절(Ball and socket joint)

## 4) 신체 각 부위별 상해와 예방(남상남외 3인, 2011)

### (1) 발의 상해와 예방

발은 트레이닝 시 뿐만 아니라 일상생활에서도 많은 상해가 일어나는 부위이다. 발은 신체가 이동할 때 체중을 받아서 분산시키는 부위이며 발이 상해를 입으면 특히 걷기, 달리기 등을 할 때 제 역할을 다 하지 못한다.

일상생활에서는 발의 해부학적 이상이 문제가 되지만 트레이닝에 의한 반복적 스트레스가 가해지면 과사용 상해가 발생한다.

① 발의 상해

- 급성 발 상해에는 골절, 근단열, 인대손상, 관절탈구 등이 있다.
- 조직이 지나치게 늘어나거나 직접적인 압박으로 인해 일어난다.
- 과사용 상해로는 피로골절, 건초염, 윤활주머니염, 발바닥근막염 등이 있다.
- 발 부위 상해가 많은 것은 발의 구조가 복잡하고 트레이닝 시 스트레스가 가해지기 때문이다.
- 발의 과사용 상해의 위험인자는 내적인 위험인자와 외적인 위험인자가 있다.
- 발의 해부학적 이상은 평발, 과회내족, 요족 등이 있다.
- 내적인 위험인자는 강도가 약하며 탄력성이 없는 경우, 해부학적 이상 등이 있다.
- 외적 위험인자는 일반적으로 신발과 운동하는 지면이다.
- 발의 피부질환으로는 물집, 티눈, 굳은살, 사마귀, 무좀, 흑색손발톱, 파묻힌 발톱 등이다.

② 발상해의 예방

- 급성 발상해는 갑작스런 사고로 일어나는 경우가 많으므로 예방하기 어렵다.
- 발과 발 주위의 근력이나 유연성향상뿐만 아니라 운동 전에 올바른 준비운동이 필요하다.
- 위험인자의 제거가 효과적인 예방법이다.
- 트레이닝을 시작하기 전 과사용 상해를 일으키는 발 및 발부위의 해부학적인 이상을 없앤다.

### (2) 발관절의 상해와 예방

트레이닝으로 인해 발생하는 상해 중 발관절 상해의 빈도가 가장 높으며 일상생활에서도 발생빈도가 높으므로 주의를 기울여야 한다.

#### ① 발관절의 상해

- 발관절의 급성 상해에는 인대상해, 골절, 관절탈구, 염좌 등이 있으며 이 중 인대상해가 가장 많이 일어난다.
- 일반적으로 발목을 삠으로 발관절염좌가 일어난다.
- 내반염좌는 발관절이 안쪽으로 가로회전해서 일어나며 외반염좌는 바깥쪽으로 구부러져 발생한다.
- 발관절은 안쪽으로 구부러지기 쉬워 내반염좌가 외반염좌보다 발생빈도가 높다.
- 발관절염좌는 중증도에 따라 1도, 2도, 3도로 분류한다.
- 발관절골절은 발이 강제적으로 한쪽 방향 또는 다른 방향으로 구부러질 때, 발이 지면에 붙은 상태에서 종아리가 한쪽 방향 또는 다른 방향으로 회선되었을 때, 내반 또는 외반 자세를 하고 있는 발관절 위에 중량물이 떨어지거나 사람이 넘어졌을 때 많이 발생한다.
- 발관절과사용 상해에는 힘줄염이 많이 나타나며 힘줄염은 종아리의 강한 근육에서 생기는 긴 힘줄이 발관절을 옆으로 가르는 지점에서 많이 일어난다.
- 과사용상해의 내적요인으로는 근육·힘줄의 강도나 유연성 부족, 평발, 달릴 때의 과회내족, 요족과 같은 해부학적 이상 등에 의해 발관절 주위의 힘줄에 과도한 힘이 가해지기 때문이다.
- 과사용상해의 외부요인은 내리막길만 달리는 잘못된 트레이닝 방법과 부적절한 신발, 미숙한 기술 때문이다.
- 과사용상해의 발생은 천천히 일어나며 명백한 원인도 찾기 힘들다. 처음에는 운동 후 통증이 느껴지나 트레이닝에 지장을 줄 정도는 아

니다. 이 후 일상생활에서도 심한 통증을 느낀다.

② 발관절상해의 예방

- 발관절 주위 조직의 강도와 유연성을 향상시키며 아킬레스힘줄의 유연성향상이 매우 중요하다.
- 종아리 근육을 스트레칭하여 근육, 힘줄의 유연성을 향상 시킨다.
- 종아리근육의 근육을 강화하면 발관절의 과회내와 내반염좌의 예방에 효과적이다.
- 트레이닝에 맞는 적절한 신발을 신으면 급성 발관절상해를 예방할 수 있다.
- 발이나 무릎상해의 위험인자를 알고 대처하면 발관절의 과사용상해를 예방할 수 있다.

### (3) 종아리의 상해와 예방

종아리의 과사용상해는 급성상해보다 발생빈도가 높고 트레이닝 현장에서 많이 일어나며 쉽게 치료 되지도 않는다.

① 종아리의 상해

- 급성종아리상해에는 골절, 근육상해, 힘줄상해 등이 있으며 종아리에 외력이 직접 가해져 발생된다.
- 가장 일어나기 쉬운 종아리 급성상해에는 근육과 힘줄의 좌상이 이며 종아리세갈래근과 아킬레스힘줄에서 일어난다.
- 좌상은 근육 또는 힘줄의 섬유신장, 부분단열, 완전단열 등의 형태를 띄며 중증도에 따라 1도, 2도, 3도로 분류한다.
- 과사용상해에는 아킬레스힘줄의 힘줄염과 피로골절, 구획증후군, 앞정강이근의 힘줄집염, 정강뼈를 덮는 결합조직의 염증 등이 있다.
- 내적 위험요인으로는 근력부족, 근육·연부조직의 유연성 부족, 해부학적 이상 등이 있다.
- 외적 위험요인으로는 잘못된 트레이닝 방법, 바닥상태, 부적절한 신

발 등이 있다.

② 종아리 상해의 예방

- 종아리의 근육과 힘줄의 근력, 아킬레스힘줄의 유연성을 향상 시킨다.
- 트레이닝 전에 근력저하의 원인과 해부학적 이상을 제거한다.
- 잘못된 트레이닝방법을 시정하고 워밍업과 쿨링다운을 확실시 실시한다.

### (4) 무릎의 상해와 예방

무릎은 인체에서 가장 큰 관절이며 트레이닝 활동에서 매우 큰 부하를 받는 곳이지만 무릎관절의 크기나 중요성에 비하면 구조는 매우 취약하다.

무릎은 강하고 많은 근육들로 둘러싸여 있으며 이 근육들에 의해 하반신을 움직이거나 힘을 줄 수 있다.

① 무릎의 상해

- 무릎의 급성상해에는 인대상해, 무릎뼈탈구, 무릎뼈골절, 뼈연골골절, 연골손상 등이 있다.
- 무릎의 급성상해는 무릎이 비틀거리거나 관절을 구성하는 뼈끼리 떨어지려는 힘이 작용하기 때문에 일어난다.
- 빠르게 달리기와 방향전환, 속도의 급감속, 외부에서 가해지는 힘으로 인해 발생빈도가 높다.
- 인대상해는 트레이닝 중 발생빈도가 높은 급성상해이며 중증도에 따라 1도~3도 까지 분류한다.
- 1도의 상해는 1~2주 정도 안정을 취하면 되지만 완전단열일 경우에는 평생 무릎불안정성으로 고생한다.
- 무릎의 과상용상해에는 반달손상, 무릎뼈손상, 무릎뼈위아래힘줄염, 윤활주머니염, 관절내 유리체 등이 있다.
- 과사용상해의 내적요인으로는 무릎주위의 근육, 힘줄, 인대의 강도와 유연성 부족, 다리길이차이, 엉덩관절의 엎침이상, 무릎뼈의 위치이

상, 내반무릎, 외반무릎, 평발, 해부학적 이상이 있다.

- 과사용상해의 외적요인으로는 잘못된 트레이닝방법과 부적절한 신발 등이 있다.

② 무릎상해의 예방

- 무릎관절 주위, 넙다리부위의 근육의 강도나 유연성을 높이며 양다리의 밸런스를 맞춘다.
- 해부학적으로 이상이 있으면 보장구를 사용하여 교정한다.
- 올바른 트레이닝방법으로 트레이닝하며 워밍업과 쿨링다운을 정확히 실시한다.
- 트레이닝의 강도, 지속시간, 빈도를 적절히 조절하도록 한다.

### (5) 넙다리의 상해와 예방

트레이닝 시 넙다리가 큰 힘을 발휘한다. 넙다리부위의 근육은 크고 순간적인 움직임을 필요로하는 동작에 관여한다.

① 넙다리의 상해

- 넙다리의 급성상해는 순간적으로 큰 힘을 발휘할 때 주로 발생한다.
- 햄스트링상해는 트레이닝 현장에서 자주 발생하며 통증도 심고 재활훈련도 어렵다.
- 넙다리의 피로골절은 주로 넙다리뼈 윗부분에서 발생한다.

② 넙다리 상해의 예방

- 넙다리의 급성상해는 워밍업과 쿨링다운을 계획에 의해 실시하고 올바른 트레이닝 기술을 사용하여 예방한다.
- 충격에 의한 상해는 보호장구를 이용하여 예방할 수 있다.
- 넙다리 근육의 근력과 유연성향상을 위한 프로그램을 실행한다.

### (6) 엉덩관절의 상해와 예방

엉덩관절과 골반은 군세고 단단하여 인체를 안정시키는 토대가 되고 골절이나 탈구와 같은 중대한 급성상해는 잘 일어나지 않는 편이다. 하지만 근육과 힘줄결합이 많아 트레이닝 시 부하가 크게 걸리면 좌상을 받기 쉽다.

① 엉덩관절의 상해

- 엉덩관절의 급성상해에는 타박상, 근육과 힘줄상해, 인대염좌, 골절, 박리골절, 탈구 등이 있다.
- 엉덩관절, 골반의 급성상해는 넘어짐, 직접적인 타박, 비틀림, 근육의 극한 수축 등으로 발생한다.
- 엉덩관절의 탈구는 하반신의 신경을 손상시켜 영구적인 근력저하와 경련의 후유증을 동반하며 엉덩관절의 혈류가 저해 받게 되면 엉덩관절뼈머리를 괴사시킨다.
- 근육과 힘줄의 좌상은 충격에 의해 많이 발생한다.
- 엉덩관절과 골반의 과사용상해에는 윤활주머니염, 힘줄부착부위의 염증, 피로골절 등이 있다.
- 과사용상해는 다리를 지면에 자주 강하게 부딪치는 운동이나 근육과 힘줄결합부의 강한 수축을 반복하는 운동을 할 때 반복되는 스트레스가 쌓여서 일어난다.

② 엉덩관절의 상해 예방

- 근육과 힘줄의 유연성향상 프로그램과 워밍업과 쿨링다운을 계획하여 실시한다.
- 충격상해는 보호용 패드를 사용하여 예방한다.
- 해부학적 이상을 건강검진을 통하여 제거한다.

### (7) 등부위의 상해와 예방

등부위는 생각, 운동 등을 담당하는 뇌, 척수, 말초신경이 있기 때문에 급성상해는 아주 위험하다.

등부위의 만성상해는 과사용상해, 선천성 해부학적 이상, 좋지 않은 자세, 부적절한 신체역학, 나이에 따른 변성과정 등에 의해 일어난다.

① 등부위의 상해

- 등부위의 급성상해에는 염좌, 골절, 타박상, 좌상 등이 있다.
- 등부위상해의 발생기전과 유형은 목부위상해와 같다.
- 등부위의 과사용상해는 반복된 작은 외상, 선천성 해부학적 이상, 나쁜 자세, 신체컨디션의 부조화, 연령에 따른 변성상태 등에 의해 발생한다.
- 등부위상해의 가장 큰 원인은 근육의 약함과 유연성 결여이다.

② 등부위의 상해 예방

- 근육좌상이나 인대염좌 등과 같은 등부위 급성상해는 대부분 강도와 유연성 부족 및 언발란스 때문에 일어난다.
- 워밍업과 쿨링다운을 올바르게 실시하고 근력강화와 유연성향상을 위한 스트레칭을 수행하면 예방할 수 있다.
- 트레이닝 시 정확한 기술과 안전한 장비 사용방법, 불필요한 위험을 피하는 것이 필요하다.
- 나쁜 자세나 변성 상태를 포함한 등부위의 과사용상해는 트레이닝을 점진적으로 서서히 증가시켜 나가면 최소한으로 줄일 수 있다.
- 등부위의 만성상해는 근육의 강도와 유연성 부족 그리고 언밸런스에 의해 일어나므로 이러한 문제에 대처하는 프로그램을 통하여 예방이 가능하다.
- 트레이닝 전 실시하는 건강검진은 등부위상해를 일으키는 근력과 유연성 부족뿐만 아니라 잘못된 자세도 발견할 수 있는 좋은 방법이다.

○ 요통을 예방하는 방법 ○

요통은 근육조직의 정기적인 강화와 유연성을 위한 컨디셔닝 프로그램을 실시하면서 항상 좋은 자세를 취하면 예방이 가능하다.

**〈서 있을 때와 걸을 때〉**

- 허리를 똑바로 하여 가능한 쭉 펴서 선다. 엉덩이를 끌어 모으고 숨

을 깊이 마시면서 배쪽부위를 긴장시키면 허리가 똑바로 펴진다.

- 가능한 등을 똑바로 펴고 걷거나 서거나 앉는다.
- 앞으로 구부리는 자세를 할 때에는 무릎을 약간 구부리며 쭈그려 앉을 때도 되도록 허리를 똑바로 편 상태로 앉는다.
- 하이힐을 신지 않는다. 하이힐은 아킬레스힘줄을 단축시키고 허리부위 척주의 전만상태를 증가시킨다.
- 장시간 계속 서있는 것을 피한다. 서 있을 때에는 뒤로 기울이지 말고 손으로 몸을 지지하지 않는다.
- 선 자세에서 걷기 시작할 때는 먼저 발부터 움직이고 그 다음에 몸을 움직인다.

**〈앉을 때〉**

- 앉을 때에는 허리를 펴거나 약간 둥글게 한다. 활처럼 몸을 구부려서는 안 된다.
- 의자에 앉을 때는 무릎을 엉덩관절보다 높게 한다.
- 의자는 10~15cm위에서 등과 닿아야 하며 허리 전체를 평평하게 유지시킬 딱딱한 등받이가 있는 것이 바람직하다.
- 부드럽고 쿠션감이 좋은 의자나 소파에 앉지 않는다.
- 장시간 같은 자세로 앉지 말고 때때로 일어서서 움직이도록 한다.

**〈누울 때〉**

- 수면이나 휴식을 취할 때에는 평평하고 단단한 매트리스 이외는 사용하지 않는다.
- 바로 누워 자되 엎드려 자지 않는다.
- 누웠을 때 양팔을 머리위로 펴지 않는다. 양팔은 몸 옆으로 내려 편하게 한다.

**〈물건을 들어 올릴 때〉**

- 물건을 들어 올릴 때는 다리를 사용한다. 등쪽의 작은 근육을 사용하

는 것이 아니라 넙다리의 큰 근육을 사용한다.

- 몸을 비틀지 말고 목적물에 바로 향하며 다리를 쭉 편 상태에서 물건을 들어 올리지 않는다.
- 허리를 반 굽힌 자세에서 물건을 들어 올리지 않는다.
- 들어 올릴 때에는 엉덩이를 들고 배쪽 부위를 당긴다.
- 항상 물건을 신체에 가까이 댄 상태에서 들어 올린다.
- 물건이 허리보다 높은 곳에 있으면 허리 쪽 척주의 전만이 증가되므로 무거운 것은 허리높이 이상으로는 들지 말고 가벼운 것이라도 어깨보다 위로 들지 않는다.
- 물건을 들어 올려 방향을 바꿀 때에는 발을 축으로 해서 한 번에 전신을 회전시킨다.

### (8) 머리와 목부위의 상해와 예방

머리와 목부위(목뼈)상해 시에는 사고, 동작, 감각 등을 지배하는 뇌·척수·신경에 영향을 주기 때문에 트레이닝 상해 중에서 가장 위험하다.

#### ① 머리와 목부위의 상해

- 머리상해는 중증이 아니더라도 바로 목숨을 위협하는 상황으로 악화될 수 있기 때문에 판정방법을 알아두는 것이 중요하다.
- 의식불명을 동반하는 머리상해 시에는 목부위 상해가 동반된다.
- 머리의 급성 상해는 뇌조직이나 머리뼈손상이 동반된다.
- 머리상해의 유형에는 뇌진탕, 뇌좌상, 뇌출혈과 뇌혈종, 머리뼈골절의 4가지가 있다.
- 뇌진탕은 실질적인 뇌손상이 동반되는 뇌의 일시적인 기능장애이며 뇌좌상은 출혈이나 뇌조직이 부종을 동반하고 있을 가능성이 있다.
- 뇌출혈과 뇌혈종은 뇌를 둘러싸고 있는 막 사이나 뇌 속에 출혈이 있거나 혈액이 저류된 것이다.
- 목부위 상해가 의심되면 상해를 입은 사람의 몸은 움직여서는 안 된다.

- 목부위의 급성상해에는 염좌, 골절, 타박, 좌상 등이 있는데 이들 중 어떤 하나라도 척수에 심한 손상을 끼칠 수 있다.
- 염좌는 척수 인대가 늘어나거나 단열된 것을 의미한다.
- 타박 또는 좌상은 출혈이나 종창을 발생시키고 척수나 신경가지를 압박하거나 좁게 만들어 통증을 발생시킨다.
- 좌상은 목부위의 근육 또는 힘줄이 늘어나거나 단열된 것으로 목부위의 안정성에 영향을 미칠 뿐만 아니라 일상생활의 움직임도 불편하게 한다.
- 목부위 상해 시에는 염좌, 골절, 타박, 좌상 등을 구별하기 힘들기 때문에 상해유형, 상해 발생기전, 상해부위 등을 구별하지 말고 똑같이 다루어야 한다.

② 머리와 목부위의 상해 예방

- 머리와 목부위의 급성 상해는 목부위의 근력 및 유연성향상, 적절한 자세, 올바른 운동기술습득, 적절한 장비사용 등으로 예방할 수 있다.

### (9) 어깨와 위팔의 상해와 예방

어깨와 위팔의 과사용상해는 트레이닝 현장에서 자주 일어나며 급성, 만성 모두 정확한 진단이 어려운 증상 중의 하나이다.

어깨는 해부학적으로 구조가 복잡하고 관절기능이 다양하여 단일부위의 상해뿐만 아니라 뼈·힘줄·인대 등의 상해가 복합되어 일어나는 경우가 많다. 또한 어깨는 인체의 모든 관절상해 중에서도 가장 재활훈련이 어려운 부위기도 하다.

① 어깨와 위팔의 상해

- 어깨와 위팔의 급성상해에는 골절, 탈구, 염좌, 타박 등이 있다.
- 어깨와 위팔의 급성상해는 팔을 벌린 자세에서 넘어지거나 어깨 자체에 직접적으로 전달되는 충격, 견봉끝에서 일어나는 충격으로 인해 발생한다.

- 어깨 상해발생 직후에는 심한통증, 압통, 종창, 운동제한, 변형 등의 증상이 나타난다.
- 어깨뼈는 혈행이 풍부하기 때문에 골절은 비교적 빨리 치료되지만 어깨인대나 힘줄은 혈행이 적기 때문에 치유될 때까지 오랜 시간이 소요된다.
- 동일한 동작으로 인해 통증이 심해지면 과사용상해일 가능성이 많다.
- 어깨의 과사용상해 시 내적요인으로는 주로 회선건판의 취약화나 손상이 있는데 이로 인해 위팔뼈머리가 관절 내에서 부자연스러운 움직임을 하게 되어 상해가 발생한다.
- 외적요인으로는 던지는 동작, 역도 등에서 필요한 활발한 들어 올리는 동작의 반복적인 스트레스 등이 있다.
- 어깨의 과사용상해 증상은 다른 부위의 급성 상해와는 달리 서서히 나타나며 조기치료가 중요하다.

② 어깨와 위팔상해의 예방

- 넘어질 때 팔을 안으로 끌어 모아서 몸통으로 구르듯 넘어진다.
- 접촉성 트레이닝 시에는 팔을 편 채로 넘어지지 않도록 한다.
- 어깨에 직접적인 충격이 가해질 가능성이 있는 트레이닝을 할 때에는 어깨보호대를 착용한다.
- 어깨에 부하가 많이 걸리는 트레이닝은 어깨관절 주위의 근력과 유연성 향상을 위한 프로그램을 실시한다.
- 올바른 트레이닝 기술을 익히는 것도 어깨의 과사용상해 예방에 도움이 된다.

### (10) 팔꿈치의 상해와 예방

팔굽관절이나 그 주위조직의 상해는 일상적인 트레이닝 활동에서 증가하고 있다. 특히 근력트레이닝과 같이 팔꿈치에 많은 부담이 가는 트레이닝 시 과사용상해가 많이 일어난다.

① 팔꿈치의 상해

- 팔꿈치의 과사용상해 시에는 트레이닝 활동을 중지한다.
- 팔꿈치의 급성상해는 긴급을 요하는 상해이며 종창이나 팔꿈치구조의 파탄은 팔꿈치를 지나 아래팔, 손관절, 손, 손가락 등을 지배하는 주요 신경에 장애를 주기도 한다.
- 심한 통증, 종창, 기능장애 등이 동반되면 신속하게 치료를 받아야 한다.

② 팔꿈치 상해의 예방

- 팔꿈치에 충격이 자주 가해지는 트레이닝 시에는 팔꿈치 보호대를 착용한다.
- 팔꿈치에 부담이 걸리는 트레이닝 시에는 팔꿈치주위의 근력과 유연성향상 프로그램을 선 행 한다.
- 바른 트레이닝 기술도 과사용상해 예방에 도움이 된다.

### (11) 손관절의 상해와 예방

손관절 상해는 트레이닝 현장에서 자주 일어나며 급성상해를 입기 쉽다. 그 중에서도 골절이 가장 많이 일어나는 편이다.

① 손관절의 상해

- 손관절의 급성상해에는 골절, 탈구, 염좌 등이 있으며 주로 넘어지거나 굴러 떨어질 때 손관절을 갑자기 신전 또는 굴곡 시킨 채로 지면에 닿기 때문에 발생한다.
- 손관절의 급성상해는 변형, 통증, 종창 등의 증상이 나타난다.
- 손관절의 과사용상해는 힘줄(건)염증, 신경염증 등이 있다.
- 손관절의 과사용상해는 잡거나 비트는 움직임을 필요로 하는 트레이닝에서 일어나는 반복적 스트레스가 원인이며 트레이닝 시간이 길어질수록 발생하기 쉽다.

- 손관절힘줄염은 힘줄이 지나가는 힘줄집(건초)이 좁기 때문에 자주 발생하며 힘줄이 미치는 가벼운 자극이 힘줄집 속을 좁히는 원인이다.
- 손관절 과사용상해는 조기발견과 조기치료가 중요하다. 만약 조기치료를 하지 못했을 경우에는 장기간 휴식이 필요하다.
- 지속되는 통증과 손관절기능장애를 초래할 경우에는 수술로 해결해야 될 수도 있다.

② 손관절의 상해 예방

- 넘어질 때 충격을 손관절로 흡수하거나 팔을 뻗은 채 넘어지지 말고 손을 뒤로 하고 회전하는 형태의 바르게 구르는 낙법을 익힌다.
- 손관절의 과사용상해는 트레이닝 프로그램을 천천히 단계적으로 진행하는 트레이닝 방법을 실시하면 최소한으로 줄일 수 있다.
- 올바른 트레이닝 기술을 익히는 것도 손관절의 과사용상해 방지에 도움이 된다.
- 아래팔과 손관절의 근력강화와 유연성향상훈련은 급성상해와 과사용상해를 모두 예방하는데 도움이 된다.

### (12) 손과 손가락의 상해와 예방

손과 손가락의 과사용상해의 발생빈도는 매우 낮은 편이다. 손과 손가락에 가해지는 반복된 스트레스는 위쪽(몸쪽)으로 전달되기 때문에 손이나 손가락이 아닌 손관적이나 아래팔에 과사용상해를 일으킨다.

손과 손가락상해 시에는 기능을 충분히 회복시키는 것이 중요하며 이를 위해서는 전문의사에게 진단, 치료, 재활훈련을 받아야 한다.

① 손가락의 상해

- 손과 손가락의 급성상해는 골절, 탈구, 염좌 등이 있다.
- 손이나 손가락에 직접적으로 충격이 가해지는 넘어짐, 비틀림, 굴곡 등으로 주로 나타난다.
- 손과 손가락의 과사용상해는 굽힘근힘줄염이 있다.

② 손가락의 상해 예방

- 트레이닝 시 적절한 보호구를 착용하거나 패드가 부착된 장갑을 사용한다.
- 이미 손가락상해를 입은 사람을 그 손가락을 옆 손가락과 같이 테이프로 고정시켜 안정성을 확보하여 악화되지 않도록 한다.

## 5) 트레이닝 상해 발생 시 응급처치와 방법

### (1) 응급처치의 정의

응급처치는 위급한 상황으로부터 자기 자신을 지키고, 뜻하지 않은 부상자나 환자가 발생했을 때 그가 전문적인 의료서비스를 받기 전까지 적절한 처치와 보호를 해 주어 고통을 덜어주고 생명을 구할 수 있게 하는 지식과 기능이다.

또한 적절하게 실시된 응급처치와 적당한 구조(운반)방법은 부상자나 환자가 입은 손상의 악화를 방지하며, 그의 회복에 도움이 된다.

### (2) 응급처치 실시의 범위

응급처치는 어디까지나 전문적인 치료를 받기 전까지의 즉각적이고 임시적인 적절한 처치와 보호이며, 전문적인 의료서비스 요원에게 인계한 후에는 모든 것을 그의 지시에 따라 행동한다.

○ 응급처치원이 지켜야할 사항 ○

- 처치원 자신의 안전을 확보한다.
- 환자나 부상자에 대한 생사의 판정은 하지 않는다.
- 원칙적으로 의약품을 사용하지 않는다.
- 어디까지나 응급처치로 그치고, 그 다음은 전문 의료요원의 처치에 맡긴다.

### (3) 위급상황에서의 행동요령 (응급구조 활동의 원칙)

위급 상황에서의 응급처치 및 구조 활동은 부상자나 환자에게 필요한 일을 신속하고 적절하게 실시한다. 위급 상황의 현장에서의 행동요령은 다음과 같다(이상철, 2004).

① 현장조사

- **현장은 안전한가?**

  처치원이 부상자 · 환자에게 접근하기에 안전한지, 부상자·환자에게 더 이상의 위험한 요소는 없는지를 판단한다.

- **무슨 일이 일어났는가?**

  주위의 상황 또는 주위 사람들로부터 현장에서 일어난 일을 파악한다.

- **몇 명이나 다쳤는가?**

  첫 눈에 보게 된 부상자·환자 외에도 다른 부상자·환자가 있을 수 있다. 현장의 상황에 따라 그들을 찾아보도록 한다.

- **도움을 받을 수 있는 사람이 있는가?**

  현장의 상황 파악과 부상자/환자에 대한 정보 및 응급의료서비스 기관에 도움요청전화 등을 부탁할 수 있는 사람이 있는지를 알아보고 주위에 사람이 없으면 큰 소리로 도와 달라고 외친다.

② 환자상태에 대한 1차 기본조사

이는 부상자·환자의 생명에 대한 위급한 상태를 알아보기 위한 일련의 조사단계로써 생명유지를 위한 중요한 2가지 신체계의 기능 즉, 호흡계와 순환계의 상태를 확인한다.

확인하는 사항은 기도, 호흡, 순환(A, B, C)이다.

첫째, 기도(Airway): 기도가 열려 있는지 조사한다.

둘째, 호흡(Breathing): 숨을 쉬고 있는지 보고, 듣고, 느낀다.

셋째, 순환(Circulation): 심장이 박동하고 있는지, 심한 출혈이 있는지 조사한다.

1차 기본조사에서 기도, 호흡, 순환에 이상이 발견되면 즉각적인 처치를 실시해야 한다.

### ③ 응급의료서비스 기관에 도움요청

1차 기본조사에서 알게 된 부상자/환자의 상태에 대한 충분한 정보를 응급의료서비스 기관(EMS : Emergency Medical Services System)에 알려 전문적 구조를 요청하는 단계이다. 주위에 아무도 없으면 처치원 자신이 해야 하겠지만 가능하면 누군가에게 부탁하고 처치원은 현장의 부상자/환자를 계속 지켜보며 돌보도록 한다.

### ④ 환자상태에 대한 2차 조사

이는 부상자·환자의 생명을 당장 위협하진 않지만 응급처치를 하지 않으면 문제를 일으킬 수 있는 증상이나 손상을 조사하는 단계이다. 2차 조사는 다음 순서에 따라 한다.

- 부상자·환자에게 물어본다. 말을 못하는 경우에는 주위 사람들에게서 필요한 정보를 얻는다.
- 생체징후를 확인한다. 호흡, 맥박, 체옥 등의 생체징후를 면밀히 살펴본다.
- 머리에서 발끝까지 다른 부상 여부를 조사한다. 피부색, 동공반사, 의식유지 정도, 운동 능력, 지각 능력 등을 검사한다.

## (4) 응급처치 활동 시의 일반적 유의사항

위급상황에서의 행동요령은 위에 설명한 응급구조 활동의 원칙을 각 단계별로 잘 지키는 것이나 이 밖에도 몇 가지 응급처치 활동 시에 지켜야 할 일반적인 유의사항은 다음과 같다(이상철, 2004).

① 긴급한 환자를 우선 처치

신속히 처치하지 않으면 생명이 위급한 환자 즉, 호흡정지, 심장정지, 대출혈, 중독 등의 환자를 우선적으로 처치한다.

② 응급처치 원인을 밝힌다.

부상자 · 환자 및 주위 사람들에게 자신이 응급처치 훈련을 받았으며 부상자 · 환자를 도울 수 있음을 밝혀 부상자 · 환자와 주위 사람들이 안심하고 처치원에게 협력할 수 있게 한다.

가능하면 부상자 · 환자 또는 그의 보호자에게 응급처치에 대한 동의를 구한다.

③ 부상자 · 환자의 상태조사와 자세 교정

**○ 조사**

부상자 · 환자의 상태변화에 따라 적절한 응급처치를 실시한다.

■ 의식이 있으면 직접 물어본다.

■ 의식이 없는 경우에는 외모에 나타난 증상으로 관찰(조사)한다.

- 호흡을 계속 하고 있는가?
- 맥박은 계속 뛰고 있는가?
- 출혈은 없는가?
- 골절이 되었는가?
- 손발이 움직이는가?
- 얼굴색, 피부색의 변화는 없는가?
- 체온은 어떤가를 살펴본다.
- 부상 또는 급병의 원인 등을 자세하게 조사한다.

※ 격렬한 사고로 부상자가 의식을 잃었으면 그 원인은 대부분 머리의 손상이다.

**○ 조사하는 요령**

호흡정지, 대출혈, 의식장애, 중독 환자 등은 다음과 같은 요령으로 상태(증상)를 조사한다.

■ 호흡을 계속하고 있는지 확인한다.

- 가슴 부위가 상하로 움직이는가?
- 숨소리를 듣는다. 숨이 깊은가, 얕은가, 가쁘게 쉬는가를 듣는다.
- 환자가 내쉬는 입김을 처치원이 뺨으로 느껴본다.
- 호흡이 정지되어 있으면 다시 기도를 열어주고 확인한다.

■ 맥을 짚어본다.

- 맥은 목에서 가장 잘 느낄 수 있다.
- 맥박이 아주 느리거나(성인 50회 이하), 아주 빠르면(성인 100회 이상) 위험한 상태이다.
- 맥박이 뛰지 않는다고 생각되면 동공을 살펴본다. 동공의 상태는 의식의 상태를 나타내는데, 의식이 없고 동공이 크게 벌어져 있으면 위험하다.
  또한 의식이 없고 좌우의 동공의 크기가 다르면 뇌에 이상이 있다고 보아야 한다.

■ 의식이 없는 부상자/환자의 손상 원인

- 의식을 잃은 환자는 대체로 뇌에 손상이 있다고 보아야 한다.
- 머리의 손상, 뇌 내의 출혈, 약물 중독 이외에도 증상이나 위중한 급병 환자는 의식을 잃을 경우가 많다.

■ 손발이 움직이나 본다.

- 의식은 있는데 손발이 움직이지 않는 것은 신경계통(뇌, 척수, 말초신경)에 손상을 입었다고 보아야 한다.
- 골절인 경우에는 골절 부위의 말단 부위를 움직이지 못할 때가 많다.
- 살을 꼬집어도 아픔을 느끼지 못하면 척추의 심한 손상을, 양손과 양다리를 움직이지 못하면 목에, 양다리만 움직이지 못하면 허리에 손상이 있다고 모아 운반할 때는 이에 대한 주의를 해야 한다. (가능하면 움직임을 최소화한다.)

■ 얼굴색, 피부색, 체온을 살펴본다.

- 청홍색 : 안색, 피부색 특히 입술과 손톱 색이 청홍색으로 변해 있으면
  - 호흡을 할 수 없는 상태
  - 심장이 정지되기 직전
  - 약물 중독 등으로 모두가 위험한 상태이다.
- 창백 : 안색, 피부색이 창백하고 피부가 차갑고 건조하면
  - 대출혈, 심장발작 등으로 혈압이 낮아진다.
  - 심장의 펌프 작용이 저하하여 혈액 순환이 악화된 상태이다.
- 붉은색 : 안색, 피부색이 붉으면 혈압이 높아진 것으로
  - 일산화탄소 중독
  - 일사병, 열사병 등에 걸린 것이다.
- 혈색이 좋을 때: 맥박이 정상이고 안색이 좋으며 피부가 따뜻한 느낌을 주면 혈액순환이 좋다는 것을 뜻하는 것으로 위험은 적다.

### ○ 부상자 · 환자의 자세

부상자·환자에게 물어보아 그가 가장 편안하다고 하는 자세를 취하게 해준다.

가슴에 부상을 당하여 호흡이 힘든 환자의 경우에는 호흡을 좀 더 쉽게 하도록 부상자의 머리와 어깨를 높게 하여 눕힌다.

### ○ 보온

환자의 체온을 유지하도록 노력하여야 한다. 이것은 충격 방지에 절대 필요하다.

### ○ 음료

환자가 마실 수 있을 정도로 따뜻한 것이면 좋다. 잃은 체온을 회복하는데 도움이 된다.

### ○ 응급의료서비스 기관(EMS) 및 가족에게 연락

- 응급의료서비스 기관에 전문구조 요청을 한다.
  - 언제, 어디서, 누가, 어떻게 (부상, 급병) 되었는가를 요령 있게 통보한다.
  - 의사에게 연락이 되었을 때는 환자의 상태, 실시한 응급처치 등을 알리고, 다음 처치에 대한 지시를 받는다.
- 가족에게 연락해줄 경우에는 상대를 확인한 후 자신의 성명을 밝히고 환자의 상태를 간단히 알려준다.

  가족에게는 되도록 불안감을 주지 않도록 하며 운반한 병원의 이름과 장소, 전화번호 등을 알려주고 환자의 전언 등을 알린다. 가족들을 안심시키는 것이 중요하다.

### ○ 협조자를 구한다.

- 현장의 활동을 혼자서 전부 하기는 힘들다. 협력자를 구해 연락, 운반준비 및 운반, 군중 정리, 교통정리, 처치보조 등의 도움을 받는다.
- 부상자·환자를 진정시키고, 염려하지 않게 한다.

### ○ 안정

- 어떠한 때라도 환자는 안정을 요한다.
- 구경하는 사람이 응급처치 하는데 방해가 되지 않도록 하며 환자를 운반할 때는 서두르지 말고, 되도록 환자의 상처를 건드리지 않도록 주의하여 조용히 운반한다.

### ○ 증거물 및 소지품 보존

의사의 진단 또는 사건해결에 참고가 될 물건, 배설물, 토한 것, 남은 음식물이나 약품 등과 환자의 소지품을 보존한다.

### ○ 처치기록표 부착

부상자·환자의 성명, 연령, 주소, 손상 부위, 응급처치 상황 등의 기록표를 환자에게 붙여둔다. 특히 한 번에 많은 환자가 발생하여 의료 기관에 운반할 경우에는 꼭 처치기록을 해두어야 한다.

### (5) 구급 방법(이상철, 2004)

최초의 몇 분이 가장 중요하다. 구조요원이 몇 분 안에 실행하는 구급조치가 가장 중요한 것이다. 이것은 일시적인 장애나 영구적인 장애나 죽음과 삶을 결정하는 요소이다.

➣ 다음은 현장에서 실시되어야할 4단계 절차이다.

- 상황 판단(Assess the Situation)
- 우선순위 판단 (Set Priorities)
- ABC 적용 (Check the ABC)
- 위급 상황에 대한 응급조치
  (Administer First Aid for Specific Emergencies)

① 상황 판단

- 구조 활동을 하기 전에 우선 긴급 상황에서 주위를 둘러보고 지금의 상황이 안전한지를 확인한다.
- 남을 도울 때 너무 의욕만이 앞서게 된다면 부상을 당하기 쉽다.
- 안전이 확실하지 않은 경우엔 도움을 요청하고 개인 보호 장비를 착용하는 것이 안전하게 도울 수 있는 길이다.
- 자신의 안전도 고려되어져야 하는 사항이다.
- 부상자를 돌보는 사람도 위험에 빠질 수 있다.

② 우선순위 판단

- 사고지역으로 진입하기 위해 그 지역이 안전하다고 판단이 되면 부상자에게 접근을 한다.
- 구조 활동을 실시할 때는 주위의 움직임에 시선을 떼지 안 는다.
- 부상자가 호흡을 한다면 살아있음을 나타내는 상태이니 호흡을 하는

지 확인 한다.

- 척추나 목의 부상이 의심이 되면 생명에 영향 줄 위험이 있지 않은 경우를 빼고 부상자를 이동시키지 않도록 한다.
- 부상자의 어깨를 두드려 상태를 물어보고 부상자의 의식 상태 여부를 확인한다.
- 부상자에게 반응이 있다면 어떻게 도와 줄 것인가에 대해서 판단해야 한다.
- 어느 부위에 부상을 입었는지 확인하고 부상자를 도와주기 위한 절차를 실시한다.

③ ABC 절차

- 의식 상태를 확인한다.
- 툭툭 치거나 흔들어서 의식 여부를 확인한다.
- 의식상태가 어떤지 "괜찮습니까?"라고 물어본다.

**➽ 의식은 없지만 호흡을 한다면 회복 자세를 취하도록 한다.**

- 왼팔을 몸의 직각으로 놓는다.
- 오른 손을 가슴위에 올린다.
- 오른손으로 어깨 뒤쪽을 잡는다. 왼손으로 오른 무릎 뒤쪽 잡는다.
- 무릎을 들어 레버와 같이 활용하여 몸을 앞으로 움직인다.
- 몸을 옆으로 눕게 한다.
- 오른쪽 무릎을 구부려 놓는다.
- 자연스러운 기도 확보를 위해 머리를 뒤쪽으로 살짝 젖힌다.

**➽ 의식이 없고 호흡을 하지 않는다면 다음의 절차를 실행한다.(ABC 절차)**

■ A - 기도 확보 (Open the Airway)

- 부상자를 가로로 바로 눕힌다. 척추나 목에 부상이 의심스러우면 부가적인 부상을 피하기 위해 목과 허리를 바로 눕힌다.
- 기도 폐쇄의 가장 일반적인 원인은 혀 때문이다. 기도가 열린 상태

를 유지하기 위해선 한 손을 부상자의 이마에 대고 다른 한손으로는 손가락을 이용하여 부상자의 턱 끝 부분에 댄다. 이마를 누르고 턱을 들어 올리면 기도는 천천히 열린다. 척추부상이 의심되면 머리를 뒤로 젖히지 않도록 한다. 턱 만을 올리도록 한다.

■ B - 호흡 확인 (Check for Breathing)

- 귀를 부상자의 입과 코에 갖다 댄다. 호흡을 하는지를 느껴본다. 3초에서 5초 동안 부상자의 가슴이 움직이는지를 주시한다.
- 부상자가 호흡을 하지 않는다면 인공호흡을 실시한다.
- 인공호흡

- 부상자의 코를 잡아 막는다.
- 턱을 들어올려 기도를 유지한다. 숨을 깊게 들이쉬고 입으로 부상자의 입을 막아 밀폐를 한다.
- 두 번 깊게 불어 넣는다. 각각의 호흡사이에 숨을 들이쉬기 위해 부상자의 입에서 뗀다.
- 불어 넣는 호흡에 부상자의 가슴이 위 아래로 움직이는지 확인한다. 호흡을 불어 넣는 동안 가슴이 위로 상승한다면 인공호흡이 효과가 있다는 것이다.

■ C - 순환 확인 (Check for Circulation)

- 손가락을 부상자의 목에 있는 경동맥에 대어 5초 이상, 10초 이하의 시간동안 맥박을 잰다.
- 경동맥을 찾기 위해 목젖에서 손가락 두개 정도의 위치에 있다.
- 손가락을 기도와 목 근육사이의 움푹 팬 곳에서 안쪽으로 조용히 밀어 넣는다.
- 이곳에 경동맥이 위치하며 조용히 맥박을 느끼도록 한다.

### ▶▶ 맥박은 뛰고 있으나 호흡이 없을 때

호흡을 스스로 하거나 구조반이 도착할 때까지 5초마다 한 번씩 불어넣는 정도로 인공호흡을 계속 실시한다.

- 출혈을 제어한다.
- 맥박이 뛰지 않으면 C. P. R을 실시하도록 한다.

④ 심폐소생(C. P. R)의 원칙

- 구급법은 반드시 교육을 이수한 요원이 실시하도록 한다.
- C. P. R의 실행을 위해 부상자의 머리 위치를 심장 높이 바닥에 눕힌다.
- CPR은 ABC가 나타나지 않을 때 실시한다.
- C. P. R이나 기도 폐쇄에 대한 기술의 향상은 계속적으로 연습을 해야 한다.

**○ ABC수행에 대한 주의 사항**

- 부상자의 반응 상태를 확인한다.
- 구조를 요청한다.
- 부상자를 적당한 위치에 놓는다.
- 기도를 확보한다.
- 맥박이 뛰지 않는 상태라면 가슴 압박을 실시한다.

**○ CPR 방법**

➻ 의식 상태를 확인한다.

- 두들기거나 흔들어서 "괜찮습니까?"라고 소리쳐 본다.
- 만약 의식불명상태라면 EMS를 요청한다.

➻ 부상자를 바로 눕힌다.

- 부상자를 이동시킨다.
- 머리와 목을 바쳐 준다.
- 평평한 곳에 놓는다.

➻ 기도를 열고 호흡을 확인한다.

- 목을 뒤로 젖히고 턱을 치켜 올린다.

- 눈과 귀를 통해 5초 동안 호흡을 하는지 확인한다.

➳ 만약 호흡을 하지 않는다면.

- 호흡을 2회 불어 넣는다.
- 코를 잡아 막는다.
- 입을 대고 밀폐를 한다.

➳ 맥박을 체크한다.

- 5초에서 10초 동안 목에서 맥박을 확인한다.

➳ 만약 맥박이 뛰지 않는다면 EMS에 구조를 요청하거나 사람을 보낸다. 두 손의 위치

- 한손으로 머리를 젖힌다.
- 중지로 흉골 아래의 V자 홈 즉, 명치를 찾는다.
- 손바닥을 명치에서 손가락 두개 정도의 넓이 위에 위치한 흉골에 댄다.
- 손가락을 가슴에서 뗀다.

➳ 15회 압박을 실시한다.

- 몸무게를 실어 팔로 지탱한다.
- 팔을 곧 바로 편다.
- 1.5인치나 2인치 정도 압박한다.
- 4초에 5번 정도 압박하는 속도록 15회를 실시한다.

➳ 2회에 걸쳐 호흡을 불어 넣는다.

- 머리를 뒤로 젖히고 턱을 올린다.
- 손으로 집어 코를 막는다.
- 각각 1.5초나 2초에 걸쳐 2번 호흡을 불어 넣는다.

➳ 2회 인공호흡, 15회 압박을 4회에 걸쳐 실시한다.

- 만약 맥박이 잡히지 않는다면 2회 인공호흡, 15회 압박을 구조요원이 도착하기 전까지 계속하여 실시한다.

⑤ 응급조치(ADMINISRER FIRST AID)

- 응급 의료지원에 대해 결정해야 하는 것은 현장에서 첫 번째로 취해야 할 행동이다.
- 부상 정도가 심각하지 않은 정도의 부상은 의료지원 요청이 필요하지 않을 수도 있다.
- 합병증이 없다면 관리만으로도 효과적으로 치료가 가능하고 더 이상의 의료지원이 필요하지 않을 수도 있다.
- 모든 부상이나 상처에 구급차량의 요청이 필요한 것은 아니다.
- 처치원이 무엇을 해야 할지를 모를 때나 의료지원이 필요한 경우에 주저 없이 구조를 요청해야 한다.
- 심각한 부상이나 반응을 하지 않는다면 가능한 한 빨리 현장에서 도움을 요청한다.
- 부상자의 기도가 막혔다면 인공호흡을 중단한다.
- 맥박이 뛰지 않는다면 CPR을 실시하기 전에 의료지원 요청을 한다.
- 각기 다른 구급상황에서 어떻게 관리를 할 것인지에 대해 익혀 둬야 한다.
- ABC상태를 지속적으로 관찰하는 것이 가장 중요한 것이다.
- 만약 처치원의 구급조치가 다른 부상의 원인이 된다면 즉시 중단한다.
- 더 이상의 부상을 막는 것도 중요하다.

⑥ PRICES의 원칙

PRICES처치는 상해발생 또는 증상발견 시 즉시 행하는 것이 중요하다. 상해발생 후 15~20분 이내에 PRICES를 시작하면 활동복귀 기간이 며칠 내지 몇 주일 빨라질 수도 있으며 상해발생 직후 24시간 내에 PRICES를 하면 트레이닝현장의 복귀를 50~70% 단축시켜준다.

PRICES의 중요한 목적은 염증과 종창을 경감시키는데 있다. 염증 자체는 움직임의 제한에 의해 신체를 지키는 기전이지만 회복을 늦추는 염증이나 종창을 초기에 억제하면 트레이닝이나 회복이 보다 빨라진다.

○ **P(protection, 보호)**

- 상해가 발생하면 그 부위를 안전하게 보호하여 더 이상의 악화되는 것을 방지한다.

○ **R(rest, 안정)**

- 급성상해와 과사용으로 인한 통증이 나타났을 때는 활동을 즉시 중단해야 한다.
- 그대로 방치하면 상해를 악화시킬 뿐만 아니라 회복기간이 더 오래 걸리게 만든다.
- 초기 24~72시간은 손상부위를 완전히 고정시키는 것이 필요한데 이때 냉각, 압박, 들어 올림을 실시한다.
- 상해부위는 될 수 있으면 움직이지 않도록 하고 휴식을 취하도록 한다.

○ **I(icing, 냉각)**

- 상해부위를 차게 함으로써 종창, 출혈, 통증, 염증 등을 줄일 수 있다.
- 피부온도가 저하되고 신경전달 속도도 저하하여 통각전도가 차단되기 때문에 진통효과가 있다.
- 가장 효과적인 방법은 상해부위를 얼음마사지하는 것이며 최대 효과를 내려면 상해 발생 후 10~15분 이내에 냉각시키는 것이 가장 좋다. 이후 30~45분 간격을 두고 상해부위를 10~30분간 식힌다.
- 냉각을 시키면 처음에는 차갑고 타는 듯한 감각을 느끼며 더욱 아픔을 느끼다가 나중에는 무감각 해진다.
- 자주 이용되는 냉각방법으로는 상해부위를 젖은 수건으로 감싸고 그 위에 얼음을 넣은 비닐 봉투를 놓는 방법이다. 이때 마른 수건은 피부와 얼음 사이의 절연체가 되므로 젖은 수건을 사용해야 한다.
- 냉각 시간은 상해유형 및 정도에 따라 달라져야 한다.
- 발관절과 무릎인대상해처럼 피부로부터 얕은 부위의 상해인 경우에는 넙다리와 위팔두갈래근보다 짧게 실시해야 한다.

○ C(compression, 압박)

- 붓기를 낮추려면 잡아당기면서 압박하는 것이 필요하다.
- 붕대나 그 밖의 다른 재료를 사용하여 상해부위를 압박함으로써 부기를 제한시킬 수 있다.
- 혈관을 압박함으로써 지혈효과가 있고, 종창·동통등도 경감 시킨다.
- 압박을 위해서는 탄성붕대를 사용하며 상해부위의 몇 cm밑에서 시작하며 위쪽으로 감아 올린다.
- 나선모양으로 처음에는 균등하게 그 다음에는 조금씩 끼게 감다가 상해부위에서는 서서히 느슨하게 감는다.
- 피부색, 온도, 감각 등을 체크하고 붕대가 신경이나 동맥을 압박하지 않게 주의해서 감는다.

○ E(elevation, 거상)

- 상해부위를 높이 들어 올리는 것은 혈액이나 체액을 중력방향으로 끌어내리기 위해 필요하다. 그렇지 않으면 염증이나 붓기가 발생한다.
- 심장보다 손상부위를 높게 들어 압력차를 인공적으로 만듦으로서 정맥 환류량이 증가하고, 손상부위로 흐르는 혈액량을 감소시켜 지혈효과가 있다.

○ S(support, 고정)

- 뼈의 골절이나 탈구 시에는 즉시 관절을 조정하여 원위치화 시킨 다음에 부목 등을 대어 붕대 등으로 감아 정상위치에 고정 시킨다.

### 6) 트레이닝 상해의 예방

아주 강한 트레이닝을 갑자기 실시하게 되면 심장과 신체에 치명적인 부담을 주게 되므로 반드시 적당한 준비운동을 실시한 후에 트레이닝이나 경호무도를 시작하는 것이 상해를 줄일 수 있는 좋은 방법이다.

그리고 적절한 정리운동 또한 트레이닝으로 인한 몸의 피로를 신속히 회복시키고 부작용을 해소시키는데 유용하다.

### (1) 준비운동

준비운동은 주 운동 전에 체온을 높여 호흡 및 순환계, 근육계 등을 안정 상태로부터 트레이닝하기에 적당한 상태로 서서히 유도하기 위한 운동이다.

안정 상태에서 갑자기 강한 트레이닝을 시작하면 체내의 모든 기능이 급격한 변화를 일으켜 상해의 원인이 되므로 특히 심·혈관계에 문제가 있을 경우에는 트레이닝 시 반드시 고려해야 할 사항이다.

트레이닝 시에는 근육이 강하게 수축하여 뼈, 관절 등에 강력한 힘이 작용하므로 격렬한 트레이닝은 인체의 각 기관에 장애를 일으키는 경우가 많다. 그러므로 충분한 준비운동을 통해 적응 상태가 되면 트레이닝에 의한 상해를 미연에 방지하고 트레이닝 능력을 충분히 발휘할 수 있다.

준비운동은 어느 트레이닝에서나 공통된 일반 준비운동과 운동 종목의 특성에 따른 고유의 특수 준비운동으로 나누어 볼 수 있다.

준비운동 시간은 개인에 따라 다르지만 몸에서 땀이 나기 시작할 때가 주 운동을 하기 위한 준비가 된 상태이며 땀이 난다는 것은 근육의 온도가 상승했다는 증거이다.

추운 날씨에는 날씨로 인해 몸의 근육들이 많이 경직되어 있으므로 평상시보다 준비운동 시간을 더 많이 늘여야 한다.

#### ① 준비운동의 효과

- 트레이닝 시 각 기관의 생리적 기능을 증가시킨다.
- 근육의 온도 상승과 근 모세 혈관의 확장 및 심폐 기능의 증가로 인해 트레이닝 기능의 향상을 가져온다.
- 전문 기술 발휘에 필요한 신경 소통 작용을 원활하게 하는 역할도 한다.

#### ② 체온의 상승

- 체온의 상승은 준비운동에 의하여 생체 내에 나타나는 중요한 현상의 하나로 주동적인 역할을 한다.

- 트레이닝은 근육의 에너지 연소와 발열 반응을 촉진시킨다.
- 근육에서의 온도가 현저히 상승하여 근육을 통과하는 혈류량은 증가하고 체내 신진 대사도 항진하여 체온이 상승한다.

③ 신체의 유연성 증가

- 준비운동은 신체를 유연하게 하고 격렬한 트레이닝 시에 발생하기 쉬운 근육 및 관절의 상해를 예방하는데 큰 효과가 있다.
- 준비운동 시 유연체조나 스트레칭의 내용은 트레이닝 종목의 특징에 따라 다르다.
- 보통 6~8가지 종목의 체조를 8~12회 반복하는 요령으로 시행한다.
- 운동 동작을 서서히 크게 해 주는 것이 효과적이다.

④ 호흡 순환 기능의 향상

- 환기량 및 산소 소비량은 안정 상태에서 트레이닝을 시작하면 3~5분이 경과하여야 최고값에 도달하지만 준비운동에 의하여 체온이 상승하고 혈류량이 증가한 다음에 트레이닝을 시작하면 산소 소비량은 곧바로 최고 값에 도달하게 된다.
- 준비운동은 심박수를 증가시키는데, 준비운동을 중지한 후에도 일정 기간 심박수가 유지되므로 다음의 주 운동에 대비하여 심장 기능이 준비상태에 있게 된다.
- 준비운동은 신체의 호흡 및 순환 기능을 향상시켜 트레이닝 중 산소 소비량을 증가시켜 트레이닝의 효율을 높여 준다.

⑤ 신경 기능의 향상

- 준비운동은 신경계 특히, 척추와 대뇌의 흥분성을 증가시킴으로서 반사적인 동작에 영향을 미쳐 정확하고 예민한 동작을 실행하게 된다.
- 준비운동은 반응 시간을 단축시키는데, 이는 대뇌의 흥분이 증가된 결과로 해석된다.

### ⑥ 준비운동의 종류와 방법

- 격렬한 트레이닝이나 경호무도 수련 전에 경호원들은 반드시 준비운동을 해야 한다.
- 준비운동은 대체로 유연체조나 스트레칭을 중심으로 시작하여 점차 각 트레이닝이나 무도종류의 특성에 맞는 특수한 운동동작을 첨가한다.
- 준비운동은 우선 신체를 유연하게 하기 위하여 신체 각 부위의 근육 및 관절을 서서히 그리고 점차적으로 움직이게 하고 심호흡이나 런닝에 의하여 호흡 및 순환계의 기능을 조정하고 체온을 상승시키는 제 1단계의 운동이 있다.
- 이어서 전문 종목에 대한 기술을 주로 하여 근육과 신경계의 조정을 목적으로 하는 제 2단계의 운동을 행하게 된다.
- 준비운동은 여러 가지가 있으나 가장 많이 사용되는 방법으로 스트레칭, 맨손체조, 조깅 및 주 운동과 유사한 동작을 가볍게 수행하는 방법이 있다.
- 스트레칭은 신체 각 관절의 신전 및 굴곡, 근육의 적절한 수축 이완 동작을 전체적으로 8~10회 반복하며 주 운동에서 주로 사용되는 관절 부위에 초점을 맞춘다.
- 스트레칭은 근육을 부드럽게 하여 격렬한 운동에 대해 적응할 수 있는 준비를 갖추게 하며 근육의 신전 범위를 높이는데 도움이 된다.
- 맨손체조는 스트레칭에 비해 약간 높은 강도의 근 수축 동작으로서 신체와 근육의 온도를 좀 더 높여주므로 정확한 동작으로 반복 실시하는 것이 중요하다.
- 조깅은 스트레칭 후 혹은 스트레칭 중간에 실시하는 것이 일반적이며 체온의 상승과 산소공급을 위한 사전 준비의 목적으로 수행된다.
- 일반적으로 준비운동의 강도와 시간은 스트레칭의 경우 10~20분, 맨손 체조는 5~10분, 조깅은 심박수가 130~140회/분을 유지하는 수준에서 5~10분을 유지한다.

### ○ 준비운동의 생리적 효과가 경기력에 미치는 영향 ○

| 생 리 적 효과 | 경 기 력 |
|---|---|
| • 근육온도 1℃ 상승<br>• 직장운동 상승<br>• 근육수축시간 단축<br>• 중추신경계, 체온, 순환기능 향상<br>• 근육온도 상승<br>(체온향상을 위한 전신운동)<br>• 심폐기능 향상<br>(5분간의 조깅 및 유연체조)<br>• 운동단위동원 향상<br>(마사지, 달리기, 스트레칭)<br>• 관절가동범위 증가 | • 최대파워 10% 상승<br>• 달리기, 사이클링의 기록향상<br>• 근력향상, 높이뛰기, 수영기록의 향상<br>• 근지구력 향상<br>(사이클링 지속능력 향상)<br>• 1.6Km 달리기 시 10%의 기록 향상<br>• 수영의 접영 및 평영의 기록 2.0% 향상<br>• 높이뛰기 기록의 2.6%~20%향상 |

#### (2) 정리 운동

강도 높은 트레이닝을 갑자기 정지하고 안정 상태를 취하면 현기증과 같은 여러 가지 증상들이 일어난다. 이것은 트레이닝에 의해 항진되어 있던 생리기능이 갑작스런 트레이닝 정지로 인하여 상호간의 기능 조화를 잃어버리기 때문이다.

그러므로 트레이닝 후 1~2분간이라도 가벼운 조깅이나 보행 또는 체조로 정리 운동을 하는 것이 좋다.

① 정리운동의 효과

- 격렬한 트레이닝 후에 일어나는 가장 현저한 현상으로는 현기증, 피로감과 같은 증상들이 있다.
- 이러한 증상들은 근의 펌프 작용이 갑자기 정지하기 때문에 혈액의 정맥 환류가 감소하고 이것이 심박출량과 혈압의 저하를 일으키기 때문이다.

- 트레이닝의 종류나 강도에 따라서 다르겠지만 보통 트레이닝 후, 1~2분간의 가벼운 조깅이나 보행, 하지 유연체조, 하지 근육의 마사지 등을 통하여 트레이닝 후에 나타나는 여러 가지 이상 현상들을 예방할 수 있다.
- 정리운동은 트레이닝 중에 혹사당한 신체의 여러 기관에 대하여 점차적으로 부하를 감소시켜 안정 상태로 유도하는데 중요한 목적이 있다.
- 트레이닝 직후, 동적 휴식을 한 경우와 완전 휴식을 취하였을 경우, 피로 물질인 혈중 젖산의 양을 측정한 결과, 동적 휴식을 한 경우에 피로 물질의 제거가 빠르게 진행되었다.
- 정리운동을 통하여 동적 휴식을 함으로서 피로회복을 더욱 빠르게 할 수 있다.

② 정리운동의 방법과 종류

- 정리운동은 트레이닝의 종류나 강도, 시간에 따라 다르게 행하고 있으나 원칙적으로는 동일하다.
- 정리운동의 강도는 강한 것부터 시작하여 점차 가볍고 약하게 하며 율동적으로 하여 근육의 긴장을 풀어주도록 한다.
- 가벼운 정리운동은 국소 혈액 순환을 촉진시켜 노폐물을 완전히 제거하도록 하는 효과도 있다.
- 정리운동의 종류로는 신체에 부담을 주지 않는 스트레칭 운동이 바람직하다.
- 신체 전체를 이완시켜 트레이닝 다음날 근육 통증이 오지 않도록 충분히 실시하도록 한다.

### (3) 기타 트레이닝 상해의 예방

트레이닝 상해를 적절히 예방하기 위해서는 일어나기 쉬운 상해의 종류와 발생 원인을 사전에 충분히 알아 둘 필요가 있다.

다음과 같은 주의 사항을 잘 지켜 트레이닝 상해를 예방할 수 있도록 해야 한다(정성태, 1998).

① 무리한 트레이닝을 하지 않을 것

- 트레이닝 상해는 주로 무리한 트레이닝으로 인해 많이 발생한다.

② 질병에 걸리거나 피로할 때는 트레이닝을 하지 않는다.

- 감기와 같은 질병에 걸렸을 때 또는 컨디션이 나쁘거나 피로할 때에는 트레이닝 대신 휴식을 취하도록 한다.
- 트레이닝을 하더라도 평소에 하지 않았던 운동은 피하거나 각별히 주의한다.

③ 복장이나 기구를 잘 관리할 것

- 트레이닝 종목에 맞는 복장이나 신발(운동화)을 갖추어야 하며 기구의 정확하고 바른 사용방법을 숙지하고 안전하게 사용 하여야 한다.
- 사용 후에도 관리에 계속적인 신경을 쓰며 항상 기구로 인한 안전사고에 대해 주의를 해야 한다. 그렇지 않고서는 충분한 트레이닝의 효과를 얻을 수 없을 뿐만 아니라 상해의 위험이 높다.
- 불량한 복장이나 기구로 인해 주의가 산만해져 정신 집중을 하지 못해서 상해를 당할 수도 있다.

④ 올바른 자세

- 바르지 못한 운동 자세는 신체의 어느 부분에 무리를 가하게 되며 이는 트레이닝 상해의 원인이 된다.

⑤ 트레이닝 환경의 점검

- 기후나 장소, 환경상태 등 트레이닝 환경을 미리 점검하는 것도 트레이닝 상해 예방에 중요한 요소이다.
- 겨울철이나 여름철에 트레이닝을 할 때에는 날씨, 특히 온도에 대한 세심한 주의가 요구된다.

### 7) 스포츠 리헤빌리테이션(서영환외 1인, 2006)

트레이닝이나 경호무도 활동 중 일어나는 상해에 대한 리헤빌리테이션(Rehabilitation) 치료의 필요성이 점점 높아지고 있다. 예전에는 일부 운동선수나 프로 스포츠선수만을 대상으로 했던 치료가 현재는 일반인들에게도 널리 실시되고 있는 실정이다.

이것은 최근 건강을 위해 스포츠를 하는 인구가 증가하여 일반인들 사이에서도 스포츠 상해가 늘어났고 경호원들도 경호무도나 트레이닝 등으로 인한 상해로부터 회복하여 원래의 경호업무에 복귀할 수 있을 때까지의 치료가 요구되었으며 그 수단으로서, 리헤빌리테이션 치료가 필요하게 되었다.

여기에서 말하는 리헤빌리테이션 치료는 어떠한 스포츠에서 장애가 발생했을 때부터 원래의 스포츠를 할 수 있는 상태로 복귀할 때까지 이루어지는 수술요법을 제외한 모든 보존적 치료가 포함된다. 스포츠 리헤빌리테이션의 치료수단으로는 운동요법이 중심이 되고, 여기에 물리요법과 보장요법이 보조수단으로 이용된다.

스포츠 리헤빌리테이션 치료에 이용되는 운동요법의 일반적인 방법과 그 원칙, 물리요법에 관한 설명은 다음과 같다.

#### (1) 트레이닝 저해요인

경호원들이나 스포츠 활동 참여자가 상해 후에 다시 원래의 업무나 스포츠 활동으로 복귀하려고 할 때 문제가 되는 요인인 ①동통, ②관절 가동역 제한 및 유연성 저하, ③근력저하, ④지구력 저하, ⑤민첩성 및 협조성 저하, ⑥관절 불안정성 등이다.

스포츠 리헤빌리테이션은 이러한 트레이닝 저해요인들을 단계적으로 제거하고 조속한 스포츠 활동으로의 복귀를 돕는다. 이 때 운동요법을 주 치료수단으로 이용하고, 여기에 한랭요법과 온열요법 등의 물리요법, 보장구요법등의 보조치료수단을 효과적으로 조합함으로서 보다 더 큰 치료효과를 기대할 수 있다.

그리고 이러한 많은 치료수단을 적절하게 조합한 운동프로그램을 각각의 케이스에 맞춰 처방하고 그 실행을 촉구해 나가는 것이 스포츠 리헤빌리테이션 치료이다.

### (2) 치료순서

스포츠 리헤빌리테이션에서 요구하는 것은 가능한 한 건강하고 바람직한 상태로 조속히 회복시켜 원래의 경호업무나 스포츠 활동으로 복귀시키는 것이다. 즉, 바람직한 최고 수준의 기능획득을 가능한 한 짧은 시간 안에 달성하는 것을 요구한다.

그러기 위해서는 리헤빌리테이션 치료를 효율적으로 실시할 필요가 있고, 따라서 치료를 몇 개의 단계로 적절히 나누어 실시하는 것이 좋은데, 일반적으로 다음과 같은 순서로 치료를 진행하는 것이 좋다.

첫째, 염증이나 동통의 경감제거가 최우선되어야 한다. 이를 위해서는 안정을 취할 수도 있고 경우에 따라서는 주위의 근 긴장을 완화시키는 근 이완훈련을 실시할 수 도 있다.

또한 보조치료수단으로서 한랭요법, 온열요법, 수치요법, 전기요법, 보장구요법 등을 병용함으로서 동통은 보다 효과적으로 경감된다.

둘째, 근의 개별기능을 높이는 것을 목표로 삼는다. 관절가동역의 확대와 유연성의 향상이 목적이라면 온열요법을 보조수단으로 이용하여 관절의 타동적 신장운동을 실시하고 근력의 유지와 증강이 목적이라면 자동운동이나 저항운동을 실시한다.

또한 지구력 저하의 개선이 목적이라면 반복저항운동을 실시하며 협조성의 유지와 향상이 목적이라면 밸런스 훈련이나 고유수용기 신경근촉통법 등을 실시한다.

그리고 이러한 모든 개별 기능이 어느 일정한 수준 이상이 되면 셋째로 모든 근 기능의 종합강화를 목적으로 하는 기능종합(복합기능동작)훈련 또는 실제의 각종 스포츠훈련으로 프로그램 내용을 변경한다.

### (3) 부분강화의 원리

트레이닝 종목에 따라서 인체의 특정 부위에 현저한 부하가 걸릴 수 있는데 이 경우에는 그 신체 부분에 대하여 특수한 운동프로그램을 짜서 부하에 견딜 수 있는 몸을 만들어야 한다.

예를 들면 경호무도 수련 중 어깨의 건판염이 생긴 경호원은 근상근에 근력 저하를 보이는데 이 때 먼저 견갑대 주위 근의 각각의 근력을 평가하고, 리헤빌리테이션 프로그램 중에서 반드시 개별 근력강화훈련을 도입하여야 한다.

실제로, 외상 후 또는 수술 후의 리헤빌리테이션 프로그램은 손상을 입은 부분의 주위 근 군에 대한 근력강화에 많은 시간을 투자한다. 이것은 손상을 받은 부분에 지지성과 안전성을 부여하는 근 군을 강화하거나 안정에 의해 생긴 폐용성 근력저하를 개선시키기 위해서이다.

### (4) 리헤빌리테이션을 시작하는 시기

스포츠 리헤빌리테이션은 부상 직후부터 시작하여 부상자가 원래의 업무나 스포츠 활동으로 복귀할 때까지 지속되는데 치료 개시와 함께 미리 리헤빌리테이션의 목표 및 기간을 부상자에게 알려 주어야 환자가 느끼는 스트레스와 좌절감을 줄일 수 있다. 또한 치료를 시작할 때에는 정확한 진단이 필수적이고 정확히 진단을 내리지 못한다면 치료 도중에 어려움에 부딪쳐 실패할 위험성이 있다.

그리고 리헤빌리테이션 치료를 가능한 조기에 시작하여야 염증의 진행을 억제하고 관절가동역이 정상범위로 회복하는 시간이 단축될 뿐만 아니라 인대와 건의 강화가 촉진되어 이에 따라 근력강화도 함께 이루어진다.

○ 리헤빌리테이션의 치료순서 ○

| 제1단계 : 염증 및 동통의 경감과 제거 |
| --- |
| • 염증의 치료 - 한랭요법, 안정 · 거상 · 압박, 소염 진통제, 초음파 요법, 교대 욕<br>• 통증의 조절 - 온열요법, 수치요법, 경피적 전기자극(TENS), 침요법, 보장구요법, 테이핑 |
| **제2단계 : 근의 개별기능 개선** |
| • 관절가동역 확대 및 유연성의 개선 - 온열요법을 병용하여 스트레칭 고유수용기 신경 근촉통법(PNF)<br>• 근력유지 증강 - 맨손 저항운동, 등척성 운동, 등장성 운동, 등속도 운동<br>• 근지구력 개선 - 반복 저항운동<br>• 민첩성 및 협조성 개선 - 밸런스 훈련, 기능종합(복합기본동작)훈련 |
| **제3단계 : 근 개별기능의 종합 및 전신성 요인의 개선** |
| • 심폐기능의 회복 - 유산소 운동, 각종 스포츠 참가 |

* Allman.F.L(1984)

## 8) 트레이닝 상해 시의 치료방법

다음은 가장 일반적인 트레이닝 상해 시의 치료방법이다.

### (1) 항염증제 처방(비스테로이드성 소염제)

- 병원에서 항염증성제가 잘 듣지 않으면 강력한 소염제를 처방한다.
- 비스테로이드성 소염제는 염증을 동반한 괴사용 상해에 매우 효과적인 약이며 이들 약은 의사의 처방이 필요하다.
- 소염제를 사용하면 통증이 완화되는데 이로 인하여 다시 격렬한 트레이

닝을 할 경우 상해를 악화시킬 수 있으므로 주의하여야 한다.

### (2) 스테로이드 주사

- 스테로이드 주사는 힘줄(건)염이나 윤활주머니(활액낭)염 등과 같은 과사용 상해의 치료에 매우 효과적이지만 급성 상해에 사용하여서는 안 된다.
- 인체는 상해에 의한 염증을 억제하기 위해 천연스테로이드를 생성한다. 그러나 체내의 스테로이드가 염증억제에 부족하다고 생각되면 합성스테로이드 주사를 이용하여야 한다.
- 스테로이드는 염증증상이 있는 힘줄에 직접 주사하여서는 안 되며 동일 부위에 2회 이상 주사 하여서도 안 된다. 이는 조직을 약화시켜 결과적으로 단열을 일으키기 때문이다.
- 힘줄이나 힘줄집(건초) 주위조직에 또는 염증을 진정시키기 위해 윤활주머니에 직접 주사를 놓아도 좋다.
- 스테로이드 주사 후에는 높은 강도의 트레이닝은 2주정도 쉬어야 한다.

### (3) 고정 및 부목고정

- 급성 상해나 과사용에 의한 중증상해 시에는 치유를 촉진하기 위해 고정이 필요한 경우도 있다.
- 과사용 상해 시에는 고정방법은 거의 사용하지 않는다.
- 손목 등에 건염이 발생하였을 때는 3~5일의 단기간 고정을 실시하면 빨리 치유될 수 있다.
- 상해부위를 고정하는 부목은 아픈 환부를 보호하면서 물리요법도 받을 수 있는 탈착이 가능한 것이 좋다.

### (4) 수술

- 수술은 위험인자가 있고 통증을 수반하기 때문에 마지막 수단으로 사용된다.

- 수술방법의 발달은 트레이닝 상해 치료에 크나큰 효과를 나타내고 있다.
- 트레이닝 상해로 인해 수술은 무릎반달 절개 및 수복, 무릎·어깨·팔꿈치·발관절의 인대수복, 관절주머니 구축에 의한 어깨·무릎뼈의 탈구예방, 팔꿈치의 유리체 적출 등이 많다.

### (5) 재활마사지

- 상해발생 후 관절과 관절을 감싸고 있는 조직의 혈액순환을 좋게 하고 윤활주머니의 기능과 흐름을 높이며 근육과 인대의 유연성을 향상시키기 위하여 실시한다.
- 오래 동안 트레이닝을 해 온 사람도 상해에 의해 관절가동범위가 제한받거나 근육 및 관절의 유연성이 떨어져 이상을 호소하는 경우가 많다.
- 재활마사지는 이러한 상해의 예방과 회복에 중요한 수단으로 사용된다.

### (6) 온열요법

- 온열요법은 상해발생 72시간이 지난 후에 실시하여야 한다.
- 상해가 발생하면 열이 상해부위의 혈류를 증가시켜 종창을 악화시키기 때문에 마사지, 뜨거운 샤워, 사우나 등도 하여서는 안 된다.
- 초기의 출혈이 치료된 후 온열요법을 실시하면 혈류를 증대시켜 조직회복에 도움이 되는 영양과 산소를 세로로 보내주며 열은 연골조직을 보다 탄성적으로 만들어 근육경련을 줄이고 관절을 부드럽게 만들어 준다.
- 온열요법은 근육경련이나 힘줄단열 후 통증과 종창이나 염증이 치료된 후에 특히 효과적이다.

### (7) 테이핑

테이핑은 상해예방과 재발방지 등을 위하여 신체 각 부위의 관절, 근육, 인대 등을 비탄성 테이프, 탄성 테이프, 붕대 등을 감고 붙여 관절을 고정해서 골격구조를 유지하고 관절운동을 의도적으로 제한해서 그 범위 내에서 운동하게 하려는데 목적이 있으며 올바른 테이핑은 다음과 같은 효과를 기대할 수 있다.

- 근육 및 관절의 가동범위를 제한하며 근육에 압박감을 준다.
- 국소적 부종을 예방하고 장력을 발생시킨다.
- 상처부위의 감염을 예방하고 장력을 발생시킨다.
- 환부조직을 교정, 보호하고 조직의 결합에 도움을 준다.
- 인대 및 힘줄의 기능을 보조한다.
- 통증을 감소시키며 가벼운 상해에는 깁스 대용으로도 사용할 수 있다.
- 상해발생을 예방하고 재발 시에는 손상정도를 최소화한다.
- 심리적인 안정감을 준다.

① 상해 예방과 테이핑

**○ 일차 상해발생 예방으로써의 테이핑**

- 신체건강한 사람에게 실시하는 테이핑

  상해를 입지 않은 신체 건강한 사람이 트레이닝을 실시할 때 그 트레이닝에서 발생하기 쉬운 상해신체부위에 실시한다.

- 근골이 약한 사람에게 실시하는 테이핑

  체격이 작은 사람은 근육과 골격이 약하다. 이 때문에 트레이닝 시 물리적인 충격·염좌 등에 대응하는 저항력이 약하다. 이것은 각 관절부에서 두드러지게 나타나고 이는 골절이나 염좌 등의 상해로 연결되기 쉽다.

  또한 관절 가동범위에도 비 정상적인 이상이 있을 수 있다. 이를 예방하기 위해 미리 테이프로 관절부를 단단히 감싸 관절부의 저항을 보강하거나 테이프로 관절부의 가동역을 제한함으로써 균형을 유지하게 해서 트레이닝에 의한 상해 발생을 예방할 수 있다.

**○ 상해 재발 예방조치로써의 테이핑**

전에 상해를 입어 지금은 치료되었지만 트레이닝 시 부주의로 그 상해가 재발되지 않도록 미리 예방해야 할 신체 부위에 실행한다.

**○ 2차 상해 발생의 예방처치와 테이핑**

어떤 신체부위에 골절, 염좌, 인대단열 등에 의한 기능적 후유증이 있으면 트레이닝 중에 전신균형을 잃고 이로 인해 새로운 상해(2차)를 일으키는 수가 흔히 있다. 이러한 2차 상해를 예방하기 위해 그 후유증이 있는 신체부위에 실시한다.

### ② 응급처치와 테이핑

- 응급처치로써 실시되는 테이핑은 염좌, 근육이 갑자기 수축하여 끊어질 때, 탈구, 골절 같은 경우에 실시한다.
- 염좌와 근육이 갑자기 수축하여 끊어질 때는 테이핑에 의한 환부의 압박과 고정을 하고 탈구, 골절 시에는 테이핑에 의한 환부의 고정을 중점적으로 실시한다.
- 부기가 있을 경우 일반적인 응급처치 순서는 냉각, 압박고정, 거상, 안정의 순서로 실시되지만 테이핑을 실시할 경우에는 먼저 테이핑에 의한 압박과 고정, 냉각, 거상, 안정의 순서로 실시하면 효과적이다.

### ③ 근육회복과 테이핑

근육회복에 있어서 테이핑을 활용하면 다음과 같은 효과를 얻을 수 있다.

- 테이핑은 환부의 가동역을 제한할 수 있기 때문에 테이핑을 함으로써 환부의 악화나 상해의 재발을 방지 할 수 있다.
- 테이핑은 트레이닝 할 때 신체의 가동역을 환부에 통증을 느끼는 직전에 제한 할 수 있기 때문에 불안감 없이 안심하고 트레이닝에 임할 수 있으며 또한 이를 통하여 회복 효과를 높일 수 있다.

### ④ 상해를 입어도 계속 트레이닝을 해야 할 경우

- 상해를 입으면 트레이닝을 중지하고 오로지 치료에만 전념하는 것이 좋지만 때에 따라 트레이닝을 지속적으로 해야 할 경우도 있다.
- 전문가의 진단을 받은 후 필요한 테이핑을 하고 트레이닝을 실시한다. 주로 이러한 경우의 테이핑은 손목관절이나 무릎관절, 발관절에 흔히 실시한다.

⑤ 트레이닝 자세 교정과 테이핑

- 테이핑이 특히 효과적인 것은 트레이닝 시 자세교정을 할 경우이다.
- 자세교정에 테이핑을 활용하면 해당부위의 관절운동이 제환되기 때문에 자세가 잘못되지 않은 범위 내에서 치고 던지는 등의 동작을 반복할 수 있다.
- 관절의 운동제한을 어느 정도 계속하면 그 동작이 몸에 익숙해져 자세 교정의 효과를 볼 수 있다.
- 올바른 트레이닝 자세는 곧 상해예방과 연결된다.

⑥ 테이핑 전의 점검(남상남외 3명, 2011)

테이핑을 하기 전에 그 부위의 상태, 상해의 정도, 목적 등을 파악하여 테이핑이 가능한지 아닌지를 파악한 다음 목적에 맞는 테이핑 방법을 선택한다.

- 상해의 종류나 정도, 경과 등에 따라 테이핑을 해서는 안 되는 경우가 있으므로 주의하여 실시한다.
- 상해 직후 열이 있고 통증이 오는 부위에 테이핑을 하면 테이프를 감은 부위가 무리하게 조여져 혈액순환장애나 신경장애를 일으켜 손상을 악화시킬 수도 있다.
- 염증의 초기증상이 보이는 경우에는 응급처치 이외의 목적으로 테이핑을 해서는 안 된다.
- 테이핑을 할 때에는 정확한 판단이 중요하다. 가벼운 염좌처럼 보이더라도 골절 또는 인대가 끊어진 경우도 있기 때문에 중증·경증에 관계없이 의사의 진단을 받는 것이 필요하다.
- 상해재발 방지를 위하여 테이핑을 하는 경우에도 상해의 정도, 가동범위, 통증유무, 경과일수 등을 점검하여 테이핑의 방향, 지지력, 테이핑방법 등을 결정한다.
- 테이핑을 해야 할 부위에 상처나 감염이 있을 경우 이곳에 테이프를 감으면 상처나 감염을 악화시킬 우려가 있다.

- 상처의 크기나 정도가 테이핑에 지장이 없으면 상처에 직접 테이프가 걸리지 않도록 거즈 등으로 덮거나 적당한 처치를 하고 나서 테이핑을 실시한다.
- 테이핑 할 부위에 감염이 있으면 의사와 상담 후에 테이핑 여부를 결정하는 것이 좋다.

⑦ 테이핑 전의 처치(남상남외 3명, 2011)

- 테이핑 할 부위에 체모가 있으면 테이프가 들떠서 도중에 뜯어져 버리거나 털이 당겨서 고통을 느껴 테이핑효과가 없어져 버린다.
- 테이프를 뗄 때의 고통을 완화시키기 위해서도 테이핑 할 부위의 체모는 면도하여 깨끗하게 해두는 것이 바람직하다.
- 테이핑 할 부위에 땀이나 먼지, 지방질, 얼룩 등이 있으면 테이프가 피부에 잘 고정되지 않아 테이핑효과가 없어져 버리므로 깨끗하게 청결을 유지하도록 한다.
- 세정 또는 샤워를 한 후 피부가 이완된 곳에 테이프를 감으면 찰과상이나 열상 등의 원인이 되기도 하므로 피부를 잘 건조시켜야 한다.
- 피부가 연약한 부분, 트레이닝 중 국부적으로 강한 압력이 걸리는 부분(아킬레스힘줄, 발등, 다리오금, 팔오금 등)에 직접 테이프를 감으면 피부가 테이프로 진무러져서 물집이나 상처가 나기 쉽다. 이러한 부위에는 바세린 등을 바른 거즈, 스펀지, 커트면 등을 대서 보호한다.
- 테이핑의 목적, 상해의 정도, 체형 등을 고려해서 테이프의 종류, 크기를 결정하여 가장 적절한 테이핑테크닉을 선택하도록 한다.

⑧ 테이핑 후의 점검

테이핑을 하고 난 후에는 다음과 같은 사항을 점검하여 본다.

- 너무 꽉 조이지는 않았는지 확인한다.
- 테이핑부위의 특성이나 체형에 맞게 잘 되었는지 확인한다.
- 정확히 목적에 맞게 지지, 제한이 이루어 졌는지 확인한다.
- 테이핑 부위에 통증이 있는지 확인한다.

제6장

# 트레이닝과 건강관리

1. 운동처방
2. 건강상태와 트레이닝

# 제6장
# 트레이닝과 건강관리

## 1. 운동처방

운동처방(Exercise Prescription)이란 개인의 건강상태와 체력수준에 알맞은 운동을 과학적인 검사를 통해서 선택하여 규칙적으로 실시하는 방법을 제시해 주는 것을 말한다.

즉, 건강인과 비건강인을 대상으로 건강검사, 체력검사, 운동부하 검사 등을 통하여 약 처방에 비유되는 운동형태, 운동강도, 운동시간 운동빈도 및 운동기간이 포함된 운동처방 프로그램을 작성하여 준다.

운동처방을 받게 되면 자신의 체력 향상과 건강증진 및 질병치료를 위해서 어떠한 운동을 언제, 어디서, 어떻게, 얼마만큼 해야 되는지를 판단할 수 있는 근거를 갖게 될 뿐만 아니라 트레이닝 효과와 안전을 보장하는 과학적인 지침을 제공받을 수 있다(나재철, 2003).

### 1) 운동처방의 목적

건강한 사람은 더 건강하게, 건강하지 않은 사람은 건강을 회복시켜주고 운동부족에 의한 생활습관병의 예방과 체력의 향상, 건강의 유지 및 증진에 운동처방의 목적이 있다.

## 2) 운동처방의 원리

### (1) 개별성의 원리

- 각 개인의 개인적 특수성(성, 연령, 발육단계, 체형, 체력수준, 건강상태 등)을 고려한다.
- 각자의 체력과 가능성에 알맞은 부하로 운동해야 보다 효과적인 운동효과를 얻을 수 있다.

### (2) 과부하의 원리

- 생리적 자극의 수준을 약간 초과하는 부하를 과부하라고 한다.
- 인체는 주어진 과부하에 적응하면 다시 새로운 과부하로 자극을 주어야 운동효과를 얻을 수 있다.

### (3) 점증부하의 원리

- 트레이닝 실시 중 운동의 질(운동형태, 운동강도)과 양(운동시간, 운동빈도, 운동기간)을 점진적으로 증가시켜야 한다.
- 운동부하의 점진적 증가는 주기를 가지고 계단식으로 이루어져야 한다.

### (4) 특이성의 원리

- 트레이닝의 효과는 운동부하를 적용한 신체의 계통 또는 일부기관이나 조직에 한정되어 나타난다.
- 조깅과 같은 유산소성 운동은 호흡순환계의 기능개선을 가져온다.
- 웨이트트레이닝과 같은 중량운동은 근육계 혹은 일부근육과 근신경계에 그 주요 효과를 나타내게 된다.

## 3) 운동처방의 기본조건(나재철, 2003 재구성)

- 운동이 건강상태를 개선하는 효과가 높아야 된다.
- 운동으로 일어날 수 있는 사고와 건강상의 장애를 예방할 수 있는 안전

대책이 마련되어야 한다.

- 운동처방의 적정범위는 운동효과를 높이는 유효성 측면과 동시에 운동의 안전성을 충분히 고려한 운동으로 처방을 해야 한다.
- 운동의 유효한계와 안전한계는 운동하는 사람의 신체적 조건, 건상상태, 체력수준, 연령, 운동경험, 신체적 장애 여부 등에 따라서 각각 다르다.
- 개인별 운동 정밀검사를 폭넓게 실시하여 건강상태와 체력수준의 정확한 파악과 함께 잠재적 위험요인을 평가하는 것이 중요하다.
- 안전한계와 유효한계 사이는 운동처방의 대상이 되고, 이들의 폭은 운동처방의 범위가 된다.

➻ 운동안전한계: 체력수준과 운동강도의 관계에서 그 이상의 강도에서는 위험을 수반할 수 있는 운동강도

➻ 운동유효한계: 체력수준과 운동강도의 관계에서 그 이하의 강도에서는 효과를 기대하기 어려운 운동강도

### 4) 운동처방의 구성요소(나재철, 2003 재구성)

운동처방은 어떤 운동을, 어느 정도로, 얼마만큼의 시간 동안, 얼마나 자주 하여야 하는 가를 제시할 수 있어야 한다. 운동처방의 구성요소는 질적 요소와 양적 요소로 나눌 수 있다.

**○ 운동처방의 구성요소 ○**

| 질 적 요 소 | 양 적 요 소 |
|---|---|
| • 운동형태<br>• 운동강도 | • 운동지속시간<br>• 운동빈도<br>• 운동기간 |

### (1) 운동처방의 질적요소

① 운동형태

- 운동형태는 운동의 목적에 따라 선정되어야 한다.
- 운동효과는 실시한 운동형태에 따라 다르게 나타난다.
- 각 개인이 행할 운동의 형태를 결정하는 것은 운동처방 시 고려되어야 할 중요한 요소 중의 하나이다.

② 운동강도

- 운동강도는 일정시간 내에 수행된 운동량을 의미한다.
- 운동형태와 개인의 체력수준을 고려하여 설정되어야 한다.
- 운동강도는 심폐기능에 충분한 자극을 주면서도 과도한 부압이 되지 않도록 해야 한다.
- 운동의 안전한계와 유효한계를 결정하여 그 범위 내에서 운동을 하도록 한다.
- 체력조건이 좋을수록 운동강도 처방의 범위는 넓어지고, 체력조건이 떨어질수록 그 범위는 좁아지게 된다.
- 질병이 없거나 규칙적으로 운동을 하면 그만큼 운동강도의 자유도가 크다.
- 고령자, 건강상의 문제가 있는 사람, 체력이 약한 사람 등에게 허용되는 운동강도는 매우 한정되어 있다.
- 운동강도의 범위는 신체조건에 따라 변화하므로 자신에게 알맞은 운동이 될 수 있어야 한다.

### (2) 운동처방의 양적요소

① 운동지속시간

- 운동지속시간은 운동강도와 관련하여 결정한다.
- 운동강도가 높으면 운동시간이 짧아지고 운동강도가 낮으면 운동시

간이 길어진다.

- 적당한 운동강도와 운동시간의 설정기준은 운동이 끝난 후 1시간 이내에 안정상태로 회복되고, 피로를 느끼지 않을 정도가 가장 이상적이다.

### ② 운동빈도

- 운동빈도란 처방된 운동형태 · 운동강도 · 운동지속시간으로 구성된 운동프로그램을 1주일 중 실시할 날짜수를 의미한다.
- 일반적으로 주당 3~5회로 하고 운동프로그램의 진전단계와 기능적 유산소능력의 수준에 따라 조정한다.
- 일주일에 3회 운동할 경우에는 격일식(월, 수, 금)과 3일 연속식(월, 화, 수)으로 할 수 있다.
- 운동초기에는 관절 등의 상해를 예방하기 위해서 격일식이 바람직하다.

### ③ 운동기간

- 계획된 운동프로그램을 얼마의 기간에 걸쳐 실시하여야만 운동효과가 나타나는가?
- 운동효과를 향상시키기 위해서 운동프로그램의 조정 시기는 언제인가?
- 계획된 운동프로그램을 수행하는 기간
- 운동기간은 일반적으로 초기 훈련기, 향상 훈련기, 유지 훈련기로 나뉘어진다.

## 5) 운동처방의 과정

- 운동처방은 건강상태와 신체적 조건 및 체력수준 등을 진단 평가한 자료를 토대로 건강과 체력을 유지 및 증진시키기 위해 가장 안전한 운동효과를 기대할 수 있다.
- 각자에 알맞은 운동의 유형, 강도, 지속시간, 빈도 등의 구체적인 구성

요소들을 포함시켜 개별화된 운동 프로그램을 작성해내는 과정이다.

- 의학검사는 건강상태뿐만 아니라 운동이나 운동부하 검사의 가부판정, 사고방지 및 안전한 운동처방작성을 위한 정보를 얻는 데 역할이 크다.
- 건강상태, 음주, 흡연, 식습관 및 영양상태, 질병 및 가족력, 환경적 고려사항, 약물복용, 비만, 운동경력 및 현재의 운동습관, 성격 및 행동특성 등은 운동처방을 작성할 때 고려해야 할 사항들이다.

### (1) 의학검사

- 의학검사의 목적은 현재 건강상태의파악, 운동이나 운동부하의 가부 판정, 사고방지, 안전한 운동처방서 작성을 위한 정보획득에 있다.
- 운동처방을 받으려는 사람은 모두 이 검사를 받는 것이 바람직하다.
- 의학검사는 정밀하고 광범위하게 실시하는 것이 가장 좋다.
- 사고방지를 목적으로 하면 순환기계의 검사를 중심으로 한다.
- 운동이 건강면에 미치는 영향을 추적해나갈 목적이라면 광범위한 검사항목을 포함시켜야 한다.
- 검사는 문진과 임상검사로 이루어진다.

① 문진

- 주요 병력과 가족력(특히, 심장질환, 고혈압, 뇌졸중, 당뇨병, 흡연 등)
- 현재의 건강상태(특히, 작업 시 호흡곤란, 현기증, 원인불명의 두통, 장시간 보행 시 관절통 및 현재 복용하고 있는 약의 유무 등은 반드시 포함한다)
- 과거 운동력과 현재 운동실시상황(운동의 강도와 양을 가능한 한 수량적으로 파악한다)
- 스트레스(강한 욕구불만, 불안, 고통 등의 유무 및 그 정도)

② 신체형태(키, 체중, 피지후, 체지방률)

③ 심박수

④ 혈압

⑤ 심전도 안정 시 표준 12유도(부하심전도는 운동부하검사로 실시한다)

⑥ 혈액검사(적혈구수, 헤모글로빈농도, 혈당, 콜레스테롤 등)

⑦ 소변검사(단백, 당)

⑧ 그 외에 가능한 한 추가하면 좋은 검사에는 다음과 같은 것이 있다.

- 폐환기능력 검사(폐활량 등)
- 동맥경화도
- 흉부 X선 검사(심장용적)

### (2) 운동부하 검사

- 최대운동(운동내성능력) 및 최대산소섭취량을 평가한다.
- 검사 도중에 운동을 중지해야 하는 증상이 나타났을 때는, 그 강도를 견딜 수 있는 운동 강도의 한계로 하는데, 이것을 증상한정성 최대운동이라고 부른다.
- 안정 시 검사에서는 검출할 수 없는 이상이나 질병을 운동이라는 스트레스에 의해 현재화하여 평가한다.
- 순환기능, 운동내성능력, 최대산소섭취량 등을 지표로 하여 운동효과를 평가한다.
- 실제로 운동을 부하하여 보고 순환기계 등에 특별한 이상이 발생하지 않는가를 검사한다.
- 체력 또는 운동능력의 한계를 평가한다.
- 운동부하 검사는 역동적인 의학검사인 동시에 체력검사로서의 역할도 하고 있다.

### (3) 체력검사

- 운동부하 검사는 트레드밀이나 자전거에르고미터를 이용하여 실시하므

로, 운동의 양식으로서는 일상적으로 실시하는 것과는 반드시 일치하지 않는다.

- 운동부하 검사에서 측정할 수 있는 체력요소에는 한계가 있다.
- 다른 체력요소 검사를 별도로 실시하여, 그 사람의 체력 전반의 특징을 파악할 필요가 있다.
- 체력적으로 문제점이 있으면 그것을 강화하도록 운동처방에 반영시킬 수 있다.
- 운동처방이 그 사람의 체력면에 어떠한 효과를 미쳤는지를 평가하는데 도움이 된다.

### (4) 운동처방서의 작성 및 교부

검사결과로부터 건강상태, 체력상태, 운동능력의 한계 등을 파악할 수 있으며, 결과에 기초하여 운동의 가부, 운동의 강도에 관한 안전한계 및 유효한계를 결정하여 그에 따른 적절한 운동처방 요소를 선택한다. 이러한 과정에서 다음과 같은 내용들을 고려하여야 한다.

① 트레이닝 프로그램의 목적을 분명히 한다.

- 트레이닝 실시 자는 일반적인 체력 증진을 목적으로 하는지, 아니면 성인병과 같은 질환이나 취약한 부분을 치유 또는 보강할 것인지 등 운동의 목적을 분명히 함으로써 트레이닝 프로그램의 구성 방향을 결정할 수 있다.

② 개인의 선호도, 건강상태, 체력수준 등을 고려한다.

- 운동의 형태를 결정하는 데는 개인의 선호도를 참고하는 것이 중요하다.
- 건강진단, 운동검사, 체력검사 등을 거쳐 얻은 자료를 가지고 운동강도, 운동량, 운동빈도 등을 결정한다.

③ 단기 및 장기 몰표를 세운다.

- 현실적이고 실현 가능한 목표를 세우되 주간계획, 월간계획 등으로 구분하여 소규모의 목표 달성을 통해 궁극적인 목표에 이르도록 한다.
- 운동처방서는 원칙적으로 본인과 직접 대면하여 작성 · 교부한다.
- 우선 겸사결과의 개요를 해설하고, 특히 주의사항이 있으면 그에 대해 설명한다.

### (5) 효과의 판정 및 재 처방

① 효과의 판정

- 운동처방은 그 사람의 생리적 한계를 강화시킬 수 있는 트레이닝 프로그램이 되어야 한다.
- 트레이닝 효과의 판정이란 과학적 연구 방법에서 제외할 수 없는 통계적 방법을 적용하여 처리하는 절차이다.
- 운동부하의 처방이 일차적으로 주어지면 그 처방에 의한 트레이닝 프로그램을 작성한다.
- 일정한 기간에 걸쳐 트레이닝을 실시하면서 트레이닝 효과가 어떻게 나타나는지에 대한 판단의 자료를 수집 한다.
- 트레이닝 효과의 판정 근거는 트레이닝 성과 측면과 신체 자원 측면에서 수량으로 측정하여야 한다.
- 트레이닝 효과의 유무는 단지 사전과 사후의 측정치를 비교한 결과로 트레이닝 효과가 있었다든지, 혹은 없었다든지 단순하게 속단하여서는 안 된다.
- 반드시 통계적인 검증방법을 적용시켜 그 유의성을 검정하는 절차를 따라야 한다.

### ② 운동처방의 조정

- 운동처방은 개인의 모든 조건에 맞도록 개별적으로 이루어져야 한다.
- 개인의 신체 조건은 매일 변화하는 것이 보통이기 때문에 엄밀하게 말하면 오늘의 처방은 내일이 되면 적합하지 않을 수도 있다.
- 트레이닝에 대한 개인의 기호가 일정하지 않기 때문에 검사 결과로부터 과학적으로 산출한 처방이 모든 면에 있어서 그 사람에게 가장 적합한 처방이라고 말할 수는 없다.
- 운동처방이라고 하는 것은 수많은 측정으로부터 얻어진 결과를 일반화한 것이므로 그것을 많은 사람에게 적용했을 경우에 잘 맞는 사람이 있는가 하면 잘 맞지 않는 사람도 있을 수 있다.
- 운동처방을 받은 사람은 우선 그 처방을 받아들여 실행하여 보고 실행하는 가운데 자신의 조건에 맞지 않는 점이 나타나면 그 점을 자신에게 맞도록 각자가 조정할 필요가 있다.
- 조정으로는 반드시 성공할 수 없기 때문에 가능한 한 최소의 시행착오를 반복하면서 가장 잘 맞는 운동처방이 되도록 하여야 한다.
- 운동처방은 외부로부터 받아들여지는 것이 아니고, 운동을 하는 사람 자신이 만들어야 한다는 것을 염두에 두어야 한다.
- 운동처방은 각자 자신에게 가장 잘 맞는 운동지침이라고 생각하는 것이 좋다.

### ③ 재검사 및 재처방

- 일정 기간의 간격을 두고 정기적으로 운동실행 상황을 점검하고 부작용의 유무, 피로의 정도 등을 판단하여 트레이닝 프로그램의 내용을 재조정하여야 한다.
- 이 과정은 많은 사람들이 도중에 트레이닝을 중지하는 경향이 있으므로 트레이닝을 지속시킬 수 있는 중요한 절차이다.
- 트레이닝의 효과를 알아보기 위해서는 운동 실시 후 3~6개월 사이에 재검사를 하는 것이 바람직하다.

- 여러 가지 여건상 재검사가 어려운 경우에는 적어도 1년에 한 번은 검사를 실시하여야 한다.
- 재검사를 통하여 운동의 효과를 평가하고, 필요하다면 재검사 결과에 따라 트레이닝 프로그램의 내용을 수정하는 재처방의 과정이 반드시 필요하다.

## 2. 건강상태와 트레이닝

트레이닝 효과는 단지 주어지는 운동자극의 질과 양적인 측면에 의해서만 결정되어지는 것이 아니라, 트레이닝 전 과정을 통한 개인의 건강상태 및 체력수준 등에 의해서도 영향을 받는다. 또한 만족할만한 트레이닝을 하였다 하더라도 충분한 휴식을 취하지 않아 피로를 느끼거나, 불균형한 영양섭취로 인해 영양상태가 나쁘면 정상적인 트레이닝의 효과는 기대할 수 없다.

아무리 운동이 좋다고는 하나 맹목적으로 하면 오히려 건강을 해치거나, 심지어는 신체에 치명적인 위험을 초래할 수도 있으므로 각 개인의 특수성을 고려하여 각자의 체력과 능력에 알맞은 부하로 운동해야 보다 나은 운동효과를 얻을 수 있다.

그러므로 트레이닝 전 과정동안 각자의 건강상태, 체력수준, 영양상태 등의 종합적인 건강관리에 세심한 주의를 기울이는 것이 필요하다.

경호원들은 과다한 경호업무와 잦은 교대근무 등으로 인해 불규칙한 생활을 하게 되고 그 결과 식사 시간 또한 규칙적이지 못하며, 더불어 체력육성 트레이닝 참여에 조차도 곤란을 겪고 있는 실정이다. 이로 인한 폭식, 소화불량, 복부비만, 과음, 흡연, 불균형적인 영양섭취 등으로 경호원들은 고혈압, 비만, 당뇨와 같은 각종 성인병에 무방비 상태로 노출되어 있는 실정이며, 아울러 경호업무수행 시 경호대상자가 고혈압, 비만, 당뇨와 같은 성인병에 걸려 있을 수도 있다.

경호원들은 이와 같은 각종 성인병에 대한 지식과 운동처방에 관한 지식을 사전에 학습하여 경호원 자신뿐만 아니라 경호대상자의 신변보호와 더불어 더 나아가 건강보호에도 힘써야 할 것이다.

### 1) 운동부족 질환 위험 요인

#### (1) 변화시킬 수 없는 요인들

① 나이

- 나이가 들수록 운동부족질환에 걸릴 위험이 커진다.
- 60세 이후 심장 질환에 걸릴 가능성이 3배 높으며 40세 이후에는 요통이 발생할 위험이 매우 커진다.

② 유전

- 가족 중에 심장 질환, 고혈압, 요통, 비만, 고지혈증과 그 외의 질환에 걸렸던 적이 있는 사람은 운동부족질환이 발병하는 경향이 있다.
- 흑인들은 백인보다 45% 더 고혈압일 가능성이 높다. 따라서 그들은 젊은 나이에 뇌졸중을 일으키고 심각한 결과를 가져오게 된다.

③ 성

- 남자는 여자보다 운동부족질환의 발병률이 높다. 그러나 남자와 여자의 이러한 차이점은 최근에 많이 줄어들었다.
- 남자와 여자 모두에게 손꼽히는 사망원인인 심장 질환에 대해서는 더욱 그렇다.
- 폐경이후의 여자는 폐경전의 여자보다 심장 질환에 걸릴 위험이 3배 높다.

#### (2) 변화시킬 수 있는 요인들

① 규칙적인 신체활동

- 규칙적인 운동은 운동부족질환의 위험을 줄이는 것을 도와준다.

② 식이섭취

- 운동부족질환과 특정한 식이섭취는 관련이 있다.
- 과다한 동물성 지방과 같은 포화지방의 섭취는 동맥경화증과 같은 심장질환과 연결되어 있다.
- 과도한 소금의 섭취는 고혈압과 관련 있다.

③ 스트레스

- 과도한 스트레스를 받은 사람은 심장질환이나 요통과 같은 운동부족 질환에 걸리기 쉽다.

④ 흡연

- 흡연자는 비 흡연자보다 심장질환의 발병과 심장질환으로 사망할 위험이 훨씬 더 높다.
- 흡연자는 비 흡연자보다 심장마비의 위험이 다섯 배나 높다.
- 흡연은 고혈압, 암 그리고 여러 다른 의학적 증상과 연관되어 있다.

## 2) 운동부족 극복을 위한 신체활동 계획

### (1) 신체활동을 위한 계획 수립

① 이유를 분명히 밝힌다.

- 신체활동 참여의 이유를 분명하게 밝히는 것은 계획을 수립하는 중요한 단계이다.
- 비 활동성의 주된 이유를 아는 것이 좌식생활을 피할 수 있게 해준다.
- 사람들이 활동적이라고 말하는 이유를 아는 것은 긍정적인 태도를 갖게 해준다.

② 필요성을 확인 한다.

- 자기평가는 신체활동의 필요성을 확인하고, 프로그램을 계획하며, 진행과정을 평가하는데 유용하다.
- 주기적인 자기평가는 건강과 체력이 기준에 도달했는지 그리고 개인

목표를 향해 진보할 것인지를 결정하는데 도움을 준다.

- 총괄적인 체력 프로파일은 프로그램 목표를 정하는데 도움을 준다.

③ 개인의 목표를 설정 한다.

- 신체활동을 계획하는데 현실적인 목표를 정한다.
- 초보자는 단기간의 목표에 관심을 갖도록 한다.
- 단기간의 목표는 구체적이어야 한다.
- 단기간의 목표는 결과적인 목표보다는 행동적인 목표이어야 한다.

④ 자신에게 알맞은 활동을 선택한다.

- 재미있는 활동을 선택하고 활동을 재미있게 하는 방법을 찾는다.
- 능력에 맞는 활동을 선택한다.
- 운동수행 기술을 향상시키기 위해 연습하고 많은 기술이 필요 없는 활동을 찾는다.
- 모든 체력 요인을 증진시킬 수 있는 활동을 선택한다.

⑤ 계획을 기록한다.

- 기록을 지속적으로 했을 때 활동적이 되겠다는 의지가 더 강해진다.

⑥ 진행과정을 평가한다.

- 자신이 한 활동을 매일 일지에 기록하면 신체활동 목표를 관찰할 수 있다.
- 주기적인 자기 평가는 체력과 그 밖의 결과적 목표를 향한 진행과정을 관찰할 수 있게 해준다.
- 너무 자주 하면 향상된 정도가 많지 않아 용기를 주지 않을 수 있다.

### (2) 활동적인 생활양식의 채택

일상생활의 신체활동은 낮은 강도의 스포츠와 레크리에이션 활동뿐만 아니라 일상생활에서 필요한 신체활동을 포함하고 있다

- 신체는 휴식 중에 요구되는 모든 에너지를 충족시킬 수 있다

- 이러한 현상은 유산소 시스템에 의해서 이루어지며 이러한 시스템은 산소를 이용하여 음식물을 분해함으로써 에너지 생성을 가능하게 한다.
- 앉아있기, 악기연주, 심지어 텔레비전 보기 등의 앉아서 하는 활동들이 사실상 유산소성으로 간주된다.
- 건강과 체력을 증진시키기 위해서는 규칙적으로 신체활동을 해야만 한다.
- 이러한 목적을 달성하기 위한 최선의 방법은 일상생활의 일부분으로 신체활동을 하는 것이다.
- 일상생활을 위한 신체활동으로도 불리는 유산소성 신체활동으로 직장에 출근하기, 걸어서 장보러 가기, 정원 가꾸기, 계단 오르기 등이 있다.
- 저, 중강도의 스포츠는 일상생활 신체활동으로 골프, 원반밀어치기, 탁구, 볼링, 낚시, 카누, 승마, 원예가 있다.

### (3) 신체활동 분류는 개개인의 체력수준에 따라 차이가 있다.

적절한 일상생활 신체활동의 선택에 유용하게 적용될 수 있다. 예를 들어, 젊고 건강한 사람에게 매우 가벼운/가벼운 신체활동 수준이 80세 이상의 고령자에게는 보통 수준의 신체활동과 같을 수 있다.

○ 250Kcal를 소모하기 위한 운동량 ○

## ○ 가벼운 운동 시 칼로리 소비량 ○

(단위 kcal, 10분 동안 했을 때의 소비 칼로리)

| 운동의 종류/ 몸무게 | 50kg 몸무게 | 60kg 몸무게 | 70kg 몸무게 |
|---|---|---|---|
| 산 책 | 22 | 26 | 30 |
| 자전거 타기 | 31 | 37 | 43 |
| 골 프 | 34 | 41 | 48 |
| 골프 연습장 | 31 | 37 | 44 |
| 요 가 | 21 | 25 | 29 |
| 볼 링 | 25 | 30 | 35 |
| 춤추기 | 34 | 41 | 48 |
| 스트레칭 체조 | 21 | 25 | 29 |
| 등 산 | 35 | 42 | 50 |

## ○ 중간정도의 운동 시 칼로리 소비량○

(단위 kcal, 10분 동안 했을 때의 소비 칼로리)

| 운동의 종류/ 몸무게 | 50kg 몸무게 | 60kg 몸무게 | 70kg 몸무게 |
|---|---|---|---|
| 탁 구 | 50 | 60 | 70 |
| 테니스 | 59 | 70 | 82 |
| 배드민턴 | 59 | 70 | 82 |
| 배 구 | 59 | 70 | 82 |
| 에어로빅 | 42 | 50 | 59 |
| 팔굽혀펴기 | 35 | 42 | 49 |
| 계단오르내리기 | 48 | 58 | 68 |
| 자전거타기 | 37 | 44 | 52 |
| 스 키 | 59 | 70 | 82 |

### ○ 높은 강도의 운동 시 칼로리 소비량 ○

(단위 kcal, 10분 동안 했을 때의 소비 칼로리)

| 운동의 종류/ 몸무게 | 50kg 몸무게 | 60kg 몸무게 | 70kg 몸무게 |
|---|---|---|---|
| 수영(자유형) | 145 | 175 | 204 |
| 수영(접형) | 184 | 220 | 258 |
| 느린조깅 | 79 | 94 | 110 |
| 농구 | 67 | 80 | 93 |
| 윗몸일으키기 | 72 | 86 | 101 |
| 줄넘기 | 75 | 89 | 104 |

### ○ 일상생활, 가사 시 칼로리 소비량 ○

(단위 kcal, 10분 동안 했을 때의 소비 칼로리소비 칼로리는 체중 10kg 중간형태 마다 약 20%가량 증가한다)

| 생활운동 칼로리 | 소요량 | 가사노동 칼로리 | 소요량 |
|---|---|---|---|
| 잠자기 | 8 | 야채썰기 | 20 |
| 세수, 화장, 옷입기 | 13 | 튀기기 | 14 |
| 식 사 | 13 | 주먹밥, 김밥 만들기 | 21 |
| 체 조 | 13 | 요리담기 | 23 |
| 쇼 핑 | 22 | 설겆이 | 23 |
| 목 욕 | 28 | 쌀씻기 | 24 |
| 걷기/천천히 | 22 | 야채씻기 | 19 |
| 보 통 | 26 | 다림질 | 21 |
| 빠르게 | 38 | 손세탁 | 30 |

(단위 kcal, 10분 동안 했을 때의 소비 칼로리소비 칼로리는 체중 10kg 중간형태 마다 약 20%가량 증가한다)

| 생활운동 칼로리 | 소요량 | 가사노동 칼로리 | 소요량 |
|---|---|---|---|
| 운 전 | 13 | 재봉질 | 16 |
| 휴식(앉아서) | 11 | 빨래널기 | 30 |
| 휴식(서서) | 12 | 뜨개질 | 11 |
| 계단오르기 | 48 | 바느질 | 13 |
| 사무보기 | 12 | 꽃꽂이 | 13 |
| 책읽기 | 15 | 유리창닦기 | 24 |
| 구두신고 걷기/낮은굽 | 30 | 마당쓸기 | 24 |
| 중간굽 | 32 | 이불개기 | 52 |
| 높은굽 | 32 | 방쓸기 | 27 |
| 청소(청소기사용) | 23 | 아기업고걷기 | 30 |
| 쇼핑하기 | 22 | 빨래(세탁기 사용) | 25 |
| 욕조, 변기청소 | 40 | | |

### 3) 비만증과 트레이닝

비만이란 골격과 근육에 비해 지방이 병에 걸릴 위험성을 일으킬 정도로 다량으로 체내에 축적된 상태를 말하며 단순성 비만과 증후성 비만 두 가지로 분류한다.

단순성 비만은 과식이나 운동 부족의 결과로 일어나는 것으로 특별히 원인이 되는 질병은 없다. 이에 비해 증후성 비만은 원인이 되는 질병이 있으며 그 증상으로 나타나는 것이다. 지방은 에너지원으로서, 또한 신체의 구성요소로서 어느 정도의 양은 필요하나, 너무 적으면 추위에 약해지고, 여성은 생리불순이 되는 등 건강과 생활에 지장을 초래한다.

그러나 지방이 너무 많으면 여러 가지 병의 위험인자가 되어 인간의 건강을 위협하는데 이것이 바로 비만이다.

비만의 원인으로는 식습관, 기호, 사회적·환경적·심리적 요인, 운동부족 등에 추가하여 유전적인 요인으로써 지방세포의 수 또는 요소의 선천적인 이상, 인슐린의 과잉분비, 체질 등으로 인한 섭취에너지와 소비에너지의 불균형에 의해 초래된 것으로서, 고혈압, 당뇨병, 관상동맥질환과 대사계 및 소화계 질환에 대한 위험성을 증가시킨다.

남자의 체지방량 정상치는 몸무게의 15% 내외이고 여자는 25%내외인데 남자에서 25% 이상인 경우와 여자에서 30% 이상일 때 비만증으로 진단한다.

체중이 증가되고 배가 나오면 순발력이 떨어지고 동작이 느려지며 조금만 움직여도 숨이 차고 가슴이 뛰며 지속적인 운동이나 계단 오르기가 힘들게 된다. 또 배가 나오면 허기가 주주 오기 때문에 더 많이 먹게 되고 활동량은 저하되어 체중은 더 증가하는 악순환이 반복되는 것이 특징이다.

비만 중에서도 복부 비만의 위험도가 가장 높은데 이 복부 지방이 다른 피하지방보다 분해가 쉽게 되어 혈중지방농도를 높여 동맥경화를 빨리 유발하게 되고 그 결과 고혈압, 심장질환 등의 원인이 되는 것이다.

우리 몸은 지방질과 비지방질로 구분되는데 체중을 줄이는 것은 바로 지방질을 줄이는 것이지 우리 몸에 필요한 성분인 비지방질을 줄이는 것이 아니다. 장기간의 단식과 영양섭취의 제한은 지방질이 감소됨과 동시에 우리 신체에서 감소해서는 안 될 칼슘, 칼륨, 마그네슘, 인 등의 비지방질 성분이 감소되어 저혈당증과 간 기능 약화, 부종, 빈혈, 심장마비 등이 초래될 수 있다.

비만 치료 시에는 체지방과 근육의 상대적 비율 중 근육의 비율을 높이는 것이 중요하다. 단지 식이요법만으로 체중을 감소시키면 지방 감소뿐만 아니라 근육량도 감소시키는 결과를 초래 할 수 있다. 따라서 식이요법과 운동요법을 병행하여 실시하면 근육량을 유지하면서도 지방량만을 감소시키기 때문에 운동능력의 향상은 물론 식욕조절, 열량 소모 및 산소 운반능력의 증가, 심리적 스트레스 해소, 근육조직 증가에 따른 기초 대사량 상승, 중성지방과 LDL-C의 감소로 동맥경화증의 예방에도 좋은 영향을 준다.

비만증의 식이요법으로써는 열량의 제한이 가장 중요하다. 섭취한 열량이 제한되면 체내에 저장된 글리코겐이나 지방이 소모되며 나중에는 체단백질의 일부도 소실되어 체중이 빠지게 된다. 그러나 이 때 유의해야 할 사항은 인체에 필요한 각종 영양소를 균형 있게 섭취하는 식사 요법을 하여 영양 장애가 일어나지 않도록 하여야 하며 적절한 운동요법을 병행하여 근육조직의 손실이 일어나지 않도록 해야 한다. 특히 끼니를 거르거나 폭식과 불규칙한 식습관은 오히려 비만으로 가는 지름길이이며 이는 우리 몸이 언제 들어올지 모를 열량에 대비해 인체 세포의 자기보호 메커니즘에 의해 항상 지방을 보다 많이 저장하려 하기 때문이다.

운동을 통한 비만 해결이 무엇보다 중요한데 비만의 정도에 따라서 점진적이고 규칙적인 운동을 통해 체지방을 감소시켜야 하며 이를 위해서는 적어도 1주일에 5회 이상 최소한 주 1000Kcal이상의 에너지를 소비할 수 있는 유산소 운동을 실시하여야 한다. 비만의 경우에는 하지와 허리의 관절에 큰 부담이 되어 하지의 정형 외과적 손상을 입기 쉬우므로 자전거 타기, 수영 그리고 걷기 등이 가장 이상적인 운동 종목이다. 단 시간에 격렬한 운동을 하는 것 보다 서서히 운동을 하는 것이 비만증의 치료에 효과적이다. 즉, 같은 운동량이라고 하더라도 장시간에 걸쳐 서서히 하는 것이 단 시간에 격렬하게 하는 것보다 체중을 줄이는 데 유리하다.

비만인이 운동 시 주의해야 할 사항으로는 처음 수 주간은 충분한 준비운동과 스트레칭을 하고 운동강도, 빈도, 지속시간을 서서히 증가시켜 나가고 적절한 복장과 환경을 선택하는 것도 중요하다. 비만자의 운동에 따른 잠재적인 위험 요소로는 협심증 또는 심근경색의 발작, 혈압의 과도한 상승과 변형성 관절증 및 기타의 관절장해의 악화 및 인대손상, 전도에 의한 외상, 과도의 발한, 탈수 및 순환혈액량의 감소 등이 있으므로 주의하여 운동 하도록 한다(최청락외 1인, 2005).

일단 정상체중에 도달한 후에도 이를 유지 및 관리하기 위하여 계속적인 식사조절과 적절한 운동을 해야 하는데, 1주일에 1~2회 체중을 측정하여 체중의 변동에 따라서 식사량과 운동량을 조절하는 습관을 갖게 하는 것이 필요하다(나재철, 2003).

### ○ 규칙적인 운동이 비만인 에게 미치는 영향 ○

| | |
|---|---|
| 생리적 효과 | • 일상의 에너지 소비를 증가시킨다.<br>• 식욕을 감소시킨다.<br>• 근육량을 증가시킨다.<br>• 체지방을 감소시킨다.<br>• 기능적 능력을 향상시킨다.<br>• 혈장 인슐린 치를 떨어지게 한다.<br>• 인슐린에 대한 조직의 감수성을 높인다.<br>• 혈청 중성 지방치를 감소시킨다.<br>• 수축기 혈압을 떨어뜨린다.<br>• 1회 박출량을 증가시킨다.<br>• 말초혈관의 저항성을 감소시킨다.<br>• 심장활동을 감소시킨다.<br>• 유연성을 향상 시킨다.<br>• 운동 협응성을 좋게 한다. |

| 심리적 효과 | • 활동 중 피로를 감소시킨다.<br>• 자기만족과 자기수용을 증진시킨다.<br>• 자기인식을 향상시킨다.<br>• 사회적 상호작용을 향상시킨다.<br>• 자아존중과 자신감을 향상시킨다.<br>• 균형 잡힌 감각과 의식을 갖게 한다. |
|---|---|

### 4) 당뇨병과 트레이닝

우리 인체에 흡수된 포도당은 혈액을 통하여 인체의 각 부분에 골고루 공급되어 에너지화 되어야 하는데 이 포도당이 췌장의 β세포에서 만들어지는 인슐린이란 호르몬의 부족으로 각 세포로 들어가지 못하고 혈액 중에 남아돌다가 소변으로 배설되는 만성병을 당뇨병이라 한다. 이렇게 피 속의 포도당이 사용되지 못하고 소변으로 배설되는 불합리한 상태가 계속 되면 피로가 쉽게 느껴지며 몸이 무겁고 손발 끝이 자주 저리고 체중이 급격히 저하되는 증상들과 다뇨(多尿), 다음(多飮), 다식(多食)의 삼다(三多)현상이 나타나게 된다.

당뇨병이 오래 지속되면 만성 합병증이 생겨나는데 가장 심하게 나타나는 곳은 혈관이다. 우리 몸에서 혈관이 가장 많은 곳은 콩팥이며 콩팥이 제일 심하게 상한다. 그 다음으로는 망막증과 신경증을 수반하며 이를 당뇨병의 3대 합병증이라 한다.

당뇨는 우리 몸 안에서 혈당을 조절하는 기관인 췌장에서 분비되는 인슐린이 부족하거나 혹은 기능을 제대로 발휘하지 못해 혈당의 농도가 높아져서 소변으로 포도당이 배출 되는 질환이며 혈당은 우리가 섭취하는 음식물에서 공급된다.

정상인이 공복일 때나 식사 후 섭취한 음식물에 의해 혈당치가 높아지면 그 정도에 따라 췌장에서 인슐린이 분비되며 이때 분비된 인슐린이 혈액내의 당분 즉 포도당을 인체의 세포 속으로 운반해 줌으로써 에너지로 이용되게 하여 혈당치를 정상으로 유지시켜 준다. 그러나 당뇨병 환자의 경우에는 이와 같은 인슐린의 분비가 부족하거나 그 기능을 제대로 발휘하지 못해 혈당치가 상승하며 그에 따라 소변으로 당이 배설되는 것이다. 결국 소변으로 많은 포도당이 나오면서 물을 끌고 나오기 때문에 소변량이 많아지고 이렇게 수분이 빠져나가면 갈증을 느껴 수분을 더 많이 섭취하게 되며 또한 포도당과 같은 중요한 에너지가 소변으로 빠져나가므로 기운이 없어지고 쉽게 피로해지며 많이 먹는데도 불구하고 체중이 줄어드는 등 여러 가지 이상이 생기게 된다(최청락 외 1인, 2005).

이와 같이 당뇨병은 임상적으로 크게 두 가지 형태로 나타나는데 제1형(인슐린 의존형, 연소형)과 제2형(인슐린 비의존형, 성인형)당뇨병이다.

제1형 당뇨병의 증상은 아주 빠른 속도로 그것도 아주 심하게 나타나는데 보통 인슐린 분비가 거의 없는 수가 많으므로 치료는 인슐린 주사로써 꼭 인슐린을 보충하여야 한다.

제2형 당뇨병은 증세가 잘 알아챌 수 없이 천천히 나타나는 수가 많으며 혈당치는 높더라도 증상은 별로 심하지 않은 경우가 대부분이다. 이 경우에는 절반가량의 환자가 비만증을 가지고 있으며 치료는 인슐린의 모자라기는 하지만 췌장의 인슐린 분비 능력이 비교적 남아 있어 식사법 등에 의해 혈당 조절이 안 되는 경우에 약(경구혈당강하제)을 사용하여 인슐린 분비를 증가시키거나 인슐린 주사를 맞아 혈당을 조절하게 된다.

당뇨병을 일으키는 요인들로써는 유전적 요인과 바이러스 감염, 환경을 들 수 있는데 환경적 요소에는 성별과 연령, 호르몬 상태, 감염, 스트레스, 임신, 비만, 식사, 약물 등의 요소가 있다.

## ○ 당뇨병의 증상 ○

| 구 분 | 내 용 |
|---|---|
| 3대 주요증상 | 1. 다뇨(polyuria): 고혈당→신장의 세뇨관으로 포도당 배출→삼투압 증가→수분의 재 흡수증가→소변량 |
| | 2. 다갈(polydopsia) : 다뇨로 인한 탈수 및 고혈당→혈액 삼투압 증가→뇌 시상하부에 전달→갈증→수분다량섭취(하루에 3~4 리터 이상) |
| | 3. 다식(polyhagia) : 인슐린 작용저하→포도당 이용의 저하→소변으로 당 배출→기아상태→음식다량섭취 |
| 일반적 증 상 | 1. 피로를 쉽게 느낀다.<br>2. 발이나 손끝이 자주 저린다.<br>3. 습진이 생기는 증상을 보인다.<br>4. 소변에 거품이 많이 나고 소변 냄새가 심하다.<br>5. 외음부에 염증이 생겨 빨갛게 짓무르거나 피부가 가려워 몸을 자주 긁는다.<br>6. 감염에 대한 저항력이 약해져서 종기가 잘 생기고 쉽게 화농된다.<br>7. 잇몸에 염증이 자주 생겨 치주염, 농양이 되어 입 냄새가 나고 이가 흔들려 빠진다.<br>8. 피부에 무좀이나 백선(白癬)과 같은 곰팡이가 번식하기 쉬워진다.<br>9. 남자의 경우 성욕이 감퇴하거나 여성의 경우에는 생리불순이 나타나기도 한다. |

당뇨병의 관리를 위해서는 표준체중을 항상 유지하며, 건강한 생활습관을 회복하여야 하며, 당뇨병의 증상들을 개선시켜야 한다. 또한 원활한 신진대사를 시켜주며 만성합병증의 예방에 주의하여야 한다.

당뇨병의 원인이 되는 비만, 식사, 약물, 운동부족 및 스트레스를 제거하기 위해서는 식사요법과 운동요법을 병행하는 것이 필요한데, 특히 당뇨병환자가 자신에게 알맞은 운동을 장기간에 걸쳐서 규칙적으로 하게 되면 혈당조절이 불량한 환자의 경우에도 혈당이 안정적으로 잘 조절되도록 도와주고, 인슐린에 대한 말초조직의 감수성을 높여 당 이용율을 증가시킨다. 그리고 당뇨병의 종류와 증상, 합병증, 체력 등은 운동시작 전에 반드시 고려해야 할 요소들이다(나재철, 2003).

당뇨병의 식이요법은 실제 환자에게 시행함에 있어 어려움이 많지만 당뇨병 치료의 기본이다. 운동은 당질을 소비할 뿐만 아니라 인슐린 감수성의 개선을 통해서 당뇨병 상태 치료를 촉구하고 동시에 고지혈증, 고혈압, 비만, 정신적 스트레스 등에도 효과가 있다. 운동 실시 시에는 연령, 심폐기능, 당뇨병의 컨트롤 상황, 골관절계의 이상 등을 의료 검진 등을 통하여 확실히 알아두어야 하며 운동 중과 운동 후의 저혈압에 특히 주의하여야 한다.

당뇨병의 병태에 따라 운동을 갑자기 했을 때 혈중 대사산물의 동태가 달라진다. 즉 혈당조절이 비교적 잘 되고 있을 때는 운동에 의해 혈당은 떨어져 좋은 효과를 얻을 수 있으나 혈당조절이 잘 되지 않을 때는 운동 후 혈당이 오히려 높아지게 된다. 따라서 운동은 당뇨병 상태에 따라 결정하여야 한다.

규칙적인 운동이 당뇨병에 미치는 효과로는 혈당을 내려주며 인슐린 작용을 증가시킨다. 혈액순환 촉진과 심장기능을 강화시켜 혈압을 조절해 주며 비만을 예방하고 표준체중을 유지해준다. 또한 평소의 비활동성 근육에까지 글리코겐 저장을 향상시키고 호르몬 기능을 활성화 시키며 합병증으로 나타나는 고혈압, 동맥경화, 고지혈증 등의 발생을 감소시킨다.

당뇨병 환자가 운동을 실시하기 전 주의해야 할 사항으로는 우선 당뇨병의 병형, 조절 상태, 합병증의 재평가를 실시하여 안전성을 확인한 후 운동계획을 마련해야 한다. 또한 운동은 식수 1~3시간이 지난 후에 실시하며 인슐린은 적어도 운동 1시간 전에 투여하여야 한다. 비만한 당뇨병 환자는 식사량을 줄이면서 운동을 실시하고 장시간 운동을 할 때에는 저혈당에 빠지기 쉬우므로 30분마다 약간의 당분을 섭취하며 단시간 강한 운동은 혈당이 급증하고 케톤이 생길 우려가 있으므로 삼가며 운동 중에 관절이나 근육에 상처가나 손상이 나지 않도록 주의해야 한다.

운동 시 복장은 여유 있고 수분을 잘 흡수하는 것이 좋으며 신발의 선택에도 주의한다. 날씨가 아주 추울 때는 장갑 등 보온에 신경을 쓰고 여름 볕이 따가울 때는 꼭 모자를 쓰도록 한다.

당뇨병환자에게 필요한 운동은 심폐지구력을 향상시키고 당대사기능을 개선하는 유산소운동과 근육량을 유지 · 증가시키고, 근력 및 근지구력을 높여주는 저항성운동을 본 운동으로 선택해서 실시하는 것이 효과적이다.

전체 운동량의 구성은 유산소운동 80%, 저항성운동 15%, 유연성운동 5%비율로 구성하는 것이 바람직하다. 운동 중에 얼굴색이 창백해지고 가슴에 흉통이 나타날 때, 호흡이 곤란할 때, 현기증과 복통이 일어날 때에는 즉시 운동을 중단하다록 한다.

당뇨병환자의 운동프로그램에서 운동의 강도는 가장 중요한 요소인데, 최대산소섭취량의 40~60%에 해당하는 중등정도의 강도로서, 1회에 15~20분 정도에서 시작하여 점차적으로 운동시간을 늘리면서 하되 60분을 넘기지 않도록 하는 것이 좋다.

특히, 당뇨병 환자가 새벽이나 한 밤중에 혼자서 운동하는 것은 저혈당과 그 밖의 사고 때 발견이 늦어지기 때문에 좋지 않다. 또한 다음과 같은 증상이 있을 경우에는 운동을 중지 하도록 한다. 발열, 설사와 같은 증상을 보일 때, 흉통이나 어지러움이 나타날 때와 발의 위생관리에도 관심을 두어야 한다.

### 5) 고혈압과 트레이닝

혈압(blood pressure)은 심장에서 뿜어낸 혈액이 혈관을 따라 동맥 안으로 흐를 때 혈관내벽에 가해지는 압력을 말하며 통상 상박부의 동맥 혈압을 말한다. 혈압은 항상 일정한 수준을 유지하는 것만은 아니며 혈압을 재는 부위, 팔의 위치, 계측 시간에 따라서도 큰 차이가 있으므로 단 한번 측정하고 단정을 내리지 말고 3번 이상 시간차를 두고 측정하는 것이 바람직하다.

측정수치는 / 를 사이에 두고 두개의 숫자로 나타내는데, 앞쪽 숫자는 수축기혈압(systolic pressure: 최고혈압)으로 심장이 박동했을 때 동맥내벽에 걸리는 압력을 나타내고, 뒤쪽 숫자는 확장기혈압(diastolic pressure: 최저혈압)으로 심장이 박동과 박동 사이에서 쉴 때 동맥내벽에 걸리는 압력을 나타낸다. 그리고 수축기 혈압과 확장기혈압 사이의 폭을 맥압(pulse pressure)이라고 한다.

혈압을 안정 시에 측정하였을 때 수축기혈압이 130mmHg 미만, 확장기혈압이 85mmHg 미만을 유지해야 정상혈압이라고 하며, 수축기혈압이 140mmHg 이상 올라가거나 확장기혈압이 90mmHg 이상일 때는 고혈압(hypertension)이라고 한다.

고혈압은 본태성 고혈압(1차성 고혈압)과 속발성 고혈압(2차성 고혈압)으로 나눌 수 있는데 본태성 고혈압은 원인이 불명한 고혈압으로 전체 고혈압자의 85~90%를 차지하고 있으며 속발성 고혈압은 다른 질병이 원인이 되어 일어나는 고혈압이며 그 질병이 치유되면 혈압도 자연히 정상으로 돌아온다. 고혈압의 일반적인 증상은 머리가 무겁고 목덜미가 뻣뻣하고, 두통, 현기증을 느끼며 고혈압이 장기간 계속되면 심장기능 장애와 심장비대, 시력장애 등이 나타나며 종국에는 사망하게 된다.

혈압을 높이는 인자로는 유전적 요인도 있지만 과도한 염분섭취나 지방질이 많은 육류의 섭취 등 식습관으로 인한 인자가 있으며 스트레스나 과로, 비만, 흡연 등의 요인도 있다.

고혈압은 모든 성인병, 특히 순환기 계통의 근원적인 원인이 되는 만성·퇴행성 질환이며 가장 흔하고도 관리가 잘 안 되는 원인적인 성인병으로 인간의 생활이 도시화, 공업화, 복잡화되고 평균수명이 연장되어 인구가 노령화되어

갈수록 고혈압의 빈도와 분포가 높아지고 있다.

고혈압은 혈압 자체도 중요하지만 합병증으로 인해 발생되는 뇌혈관질환, 관상동맥질환, 신부전, 박리성 대동맥류 및 부정맥 등 모두가 사망률이 높고 일단 발병한 후에는 완치가 어려워 일상생활에 지장을 초래하는 질병이기에 예방, 조기발견 및 초기의 적절한 치료가 절대적으로 필요한 질환이다.

고혈압 중 90% 이상이 근원적인 원인을 갖고 있지 않은 생활습관에서 오는 병이므로 생활 습관을 올바르게 가지면 표준치까지 회복될 수 있다.

이상적인 혈압(정상혈압)의 접근방법은 다음과 같다(나재철, 2003).

➡ 균형 잡힌 영양분 섭취와 함께 포화지방이 적은 식생활을 한다.

➡ 비만인(정상인보다 고혈압이 될 위험이 5~6배 높다)은 정상체중 유지를 위해 다이어트를 하며, 짠 음식은 가급적 삼가 한다.

➡ 담배와 술은 피하는 것이 안전하며, 과로를 반드시 피하고 8시간 숙면을 취하도록 한다.

➡ 스트레스는 물론 지나친 흥분과 정신신경요인을 피하고 항시 마음의 평화를 유지하도록 하며 칼륨, 칼슘, 마그네슘의 섭취량을 늘인다.

➡ 혈액순환을 촉진하는 빠르게 걷기나 에어로빅 체조 등의 가벼운 유산소 운동을 규칙적으로 장기간 실시한다.

➡ 의사가 처방해주는 고혈압 치료제를 규칙적으로 복용한다.

고혈압의 식이요법의 요점은 첫째, 식염제한, 둘째, 칼로리 제한, 셋째, 콜레스테롤 및 포화지방산의 섭취 제한이다. 그 밖에 양질의 단백질, 풍부한 야채의 섭취와 향신료의 제한, 술, 담배를 절제 하여야 한다.

고혈압의 운동요법으로는 웨이트트레이닝이나 밀고 당기는 등척성 운동은 고혈압 환자에게는 해롭다. 등척성수축기간의 혈압은 반사기전에 의하여 때로는 위험 수준까지도 상승한다. 운동 중 고혈압에 의한 급성 심혈관장애의 가능성을 생각할 때 이와 같은 운동은 주의해야 한다. 규칙적인 운동은 합병증이 없는 경도의 고혈압 환자의 혈압을 낮춰 주는 효과가 있고 고혈압 환자에게 잘 생기는 동맥경화를 예방해 주는 효과가 있으므로 고혈압의 관리에 도움을 준다. 그러나 고혈압 환자는 비교적 적은 운동부하시에도 혈압이 지나치게 상승하는 경우가 많고 특히 역기들기와 같은 중량운동이나 단거리 달리기 등과 같이 일시에 많은 힘을 쓰는 운동은 심한 혈압 상승을 유발하므로 이러한 운동들은 금하는 것이 좋다. 반면 걷기, 달리기, 수영, 싸이클 등의 유산소성 운동을 규칙적으로 하면 혈압을 낮추는 효과가 있으므로 고혈압 환자에게 도움을 준다. 그러므로 고혈압 환자는 비교적 낮은 강도의 운동(최대 심박수의 60% 이하)을 하루에 30~60분씩 1주에 4~5일 정도 하는 것이 좋다. 그리고 근육 운동을 할 때에도 부하를 가볍게 하고 회수를 많이 하는 것이 좋다.

한편 고혈압의 치료를 위하여 사용하는 약물이 운동에 영향을 주기도 하므로 혈압 약을 쓰는 경우에는 주의 하여야 한다(최청락외 1인, 2005).

### 6) 동맥경화와 트레이닝

현대에 와서 식생활의 변화로 인해 동맥경화증으로 인한 심장마비로 사망하는 환자가 두드러지게 늘고 있다. 동맥경화증은 동맥의 내벽에 지방질의 막이 쌓여지고 더욱 심해져 점차적으로 그 내면이 좁아지는 질병이다. 이 병은 성인병으로 중년 이후에 잘 나타나며 뚜렷한 자각 증상을 나타내지 않으면서 서서히 진행된다. 이로 인해 치명적인 변화가 나타나는 기관으로는 뇌혈관, 심장에 영양과 산소를 공급하는 관상동맥, 신장동맥에 특히 그 변화가 심하게 생긴다.

관상동맥에 이상이 생겨 심장에 혈액을 공급하지 못하면 심장마비 증세를 일으키고 뇌혈관이 막히거나 터지면 뇌출혈의 원인이 된다. 심장 혈관인 관상동맥에 동맥경화증이 생기면 심장의 운동에 혈액공급이 따라가지 못하게 되어 협심증의 증세를 일으키고 완전히 혈관이 막히게 되면 심근경색증이란 심장마비 증세를 일으키게 된다.

의학적으로 심근경색증이라고 부르는 병은 심장에 혈액을 공급하는 관상동맥이 좁아져 있거나 막혀서 심장에 혈액과 산소를 충분히 공급받지 못하게 되어 심장의 근육이 죽어 가는 상태에 있을 때를 말하는 병이다. 심장이 우리 신체에 필요한 산소와 영양분을 공급하려면 운동 즉, 심장 박동을 계속해야 되고 박동이 정상이 되려면 심장 근육도 피를 충분히 받아야 된다. 심장에 피를 공급하는 혈관이 관상동맥이다. 동맥경화증 때는 관상동맥을 잘 침범한다. 관상동맥에 경화증이 생기면 증상이 나타나는데 가슴이 뻐근함을 느끼면 협심증을 의심해 볼 수 있으며 혈관이 막혀서 극심한 통증을 호소하며 사망에 이르는 병이 심근경색증이다. 이와같은 심장마비의 방지책에 대하여는 동맥경화증의 방지가 그 전제조건이 된다.

고혈압, 고지방식 음식, 특히 콜레스테롤이 많은 지방식, 담배는 심장마비의 중요한 위험인자 들이며 또한 일상생활의 스트레스, 비만증, 규칙적인 운동을 하지 않은 생활 등도 역시 위험 인자의 역할을 한다.

동맥경화증을 유발하는 인자 중 바꿀 수 없는 인자로는 고령화, 남성, 유전소인이 있으며 바꿀 수 있거나 치료 가능한 인자로는 흡연, 고혈압, 비만증이며 부분적으로 치료가 가능한 인자로는 고혈증(콜레스테롤, 중성지방), 고혈당증 및 당뇨병, 고밀도 지단백이 낮은 경우 이며 기타 가능성이 있는 인자로는 운동을 하지 않는 생활, 감정적인 스트레스 등이 있다.

관상동맥에 이상이 생겨 심장의 근육에 산소 공급이 되지 않으면 심장은 허혈 상태에 빠진다. 심장의 관상동맥이 막히는 주요 원인은 동맥경하증이다. 이는 관상동맥의 내벽에 콜레스테롤이 끼어 혈관이 두꺼워지고 딱딱해져 탄력성이 없어진 상태를 말하며 이로 인하여 혈액이 지나가는데 장애를 가져와 심장마비나 뇌졸중을 일으키는 병이다.

동맥경화증에 의한 허혈성 심장질환의 증상에는 노작성 흉통(협심증), 급성 심근근색, 부정맥에 의한 급사, 좌심실 부전이나 울혈성 심부전 등이 있다.

협심증의 증상은 통증이 없이 숨 막힐 정도로 가슴이 답답하고 무거운 것이 꽉 누르거나 쥐어짜거나 죄는 것처럼 느껴지는 것이 보통이다. 발작은 심장의 근육에 산소의 공급이 원활하지 못하거나 운동 등으로 더 많은 산소 공급이 필요한 경우에 발생한다. 발작의 기간은 보통 짧게는 1~2분 길게는 15분 이내이며 이 이상 지속될 경우에는 큰 관상동맥이 막혀 심근경색이 왔다고 봐야

할 것이다.

심근경색의 통증은 전형적으로 앞가슴 밑 부분이나 중앙부에서 시작한다. 처음에는 약하다가 점점 심해지며 안정을 취해도 금방 가라앉지 않고 오래 지속된다. 또한 자율신경이상으로 미주신경이 반사적으로 자극되어 구역질을 하거나 토하고 현기증을 일으키며 드물게는 실신이 생길 수도 있다. 동맥경화에서의 식이요법은 예방 목적으로 사용될 수 있으나 관상동맥질환이 생긴 후 병의 진행을 완화시킬 수 있는 이차적 목표로도 사용된다. 식이요법은 크게 3가지로 나눌 수 있는데 첫째, 상승된 콜레스테롤에 대한 식이요법 둘째, 고혈압에 대한 식이요법 셋째, 비만에 대한 식이요법 등을 들 수 있다.

동맥경화증의 운동요법으로는 혈압이 증가되지 않으면서 심장에 의한 혈류량만 증가시키는 수영, 등산, 조깅 등이 좋다. 운동을 하면 근육에 필요한 산소량이 증가되면서 이에 맞추어 심장이 내보내는 혈액의 양이 증가된다. 운동량이 점점 증가하여 어느 정도 이상이 되면 근육에서의 산소 흡수 능력이 최대에 이르게 되며 더 이상 운동이 격렬해지면 근육은 산소가 부족한 상태에 이른다. 이러한 점에 이를 때까지 심박수는 계속 증가하여 최대심박수에 도달한다. 운동에 의해 훈련이 되면 최대심박수가 증가하지는 않으나 심장이 뿜어내는 피의 양이 크게 증가되기 때문에 같은 심박수에서도 수행할 수 있는 운동량은 매우 크게 증가될 수 있다. 운동시간은 30분 정도가 좋지만 시작 전 10분간 준비운동을 하고 마친 후 10분간 정리운동을 하는 것이 필요하다. 운동 수는 적어도 1주일에 3번이상은 실시하는 것이 좋다. 운동요법은 체중의 감소, 심장의 적응에 의한 혈액 공급의 증가로 관상동맥질환을 개선할 수 있고 혈압의 감소, 콜레스테롤의 감소, 금연 등의 이차적 효과는 관상동맥질환을 예방할 수도 있다. 그러나 운동 중 호흡곤란이 있거나 가슴이 죄는 듯 아프거나 어지럽거나 가슴이 불규칙하게 두근거리는 경우에는 즉시 중단하고 의사와 상의해야 한다(최청락외 1인, 2005).

### 7) 골다공증과 트레이닝

골다공증은 같은 연령과 성별의 정상사람에 비해 골의 화학적 성분에는 변화가 없고 본래 골기질의 감소로 인하여 골질량(단위 부피당 골질량)의 현저한 감소를 일으킨 질환으로 골대사성질환 중 가장 흔한 것이다. 본래 골조직은 골기질과 골염으로 이루어져 있는데 그 비율은 일정하여 변화하지 않고 골기질과 골염을 합하여 골량이라고 한다.

골다공증은 골량 전체가 감소하는 상태이고 이에 대하여 골의 석회화장애로 골염만이 감소하여 골의 연화가 일어나는 것을 골연화증이라고 한다. 골다공증이 있는 경우에도 무기질이 지속적으로 감소하여 피질골은 얇아지고 골수주의 수량과 크기가 감소하여 뼈는 약해진다. 골다공증의 종류에는 원발성 골다공증과 속발성 골다공증으로 나눌 수 있다. 원발성 골다공증에는 연소기 골다공증, 특발성 골다공증, 폐경기후 골다공증, 노년기 골다공증이 속한다.

속발성 골다공증은 호르몬 계통의 항진에 의한 부갑상선기능 항진증, 부신피질기능 항진증, 갑상선기능 항진증 등이 있고 말단 비대증, 성기능 저하증, 당뇨병, 소화기관 장애 등의 합병증으로 나타나는 경우이다.

골다공증의 원인으로는 뼈의 생리적 노화에 여러 가지 인자가 작용하여 발병되는 것으로 칼슘, 인 및 단백질의 결핍, 비타민D 결핍, 호르몬 장애로는 성호르몬, 부갑상선호르몬, 부신피질호르몬, 성장호르몬 등이고 불소화합무르이 결핍, 운동부족, 반사성골위축 등이 있고 유전적 요소로는 백인에게 흔하고 흑인에게는 적다.

골다공증의 초기 증상은 요통이 동반되며 대체로 연령이 증가함에 따라 뼈가 약해지기 때문에 병적 골절이 일어나기 쉽다. 척추골절이 생기면 허리가 굽어지게 되고 따라서 키가 적어진다. 골다공증은 남자에서 보다 여자에서 약 4배나 많다. 골절이 생기면 그 부위에 심한 통증이 생기며 피로감을 느끼고 아랫배와 엉덩이 부근의 전이통을 호소하는 경우도 있다.

골다공증 치료의 목표는 첫째, 심한 통증을 없애주는 것이고 둘째, 골량이 감소되는 것을 방지 또는 개선시켜 주고 셋째, 골량 감소로 인한 병적 골절을 예방하는 것이다.

골다공증의 식이요법으로는  균형적인 식사를 하고 특히 칼슘섭취와 관계가 많으므로 칼슘, 인, 단백질, 비타민D 등이 많은 음식을 섭취하도록 한다. 칼슘은 뼈를 만들 뿐 아니라 정상 신체기능 유지에 꼭 필요한 물질이다. 뼈는 칼슘을 저장하는 곳이지만 칼슘섭취가 부족하거나 장에서 칼슘흡수가 잘 안되면 뼈에 저장되었던 칼슘이 동원되고 저장된 양이 줄어들어 뼈가 약해진다. 장에서 칼슘이 흡수되기 위해서는 비타민 D가 필요하므로 음식물 중의 비타민D가 모자라면 역시 뼈가 약해진다.

운동은 관절의 연골과 관절 주변의 인대나 근육을 강하게 해주고 뼈의 칼슘 침착을 증가시켜 주기 때문에 연령 증가에 따른 각종 관절통, 근육통, 퇴행성 관절염이나 골다공증 등의 예방에 도움을 주며 적합한 운동으로는 고정식 자전거 등과 같이 관절 부위에 충격이 적은 안전하고 효과적이며 반복적인 근수축운동으로 근력을 강화하는 것이 좋다. 이과 함께 근육 늘려주기 운동인 스트레칭을 통하여 관절의 유연성을 향상시켜야 한다.

또한 체중부하운동은 골격 건강에 필수적인데 기계적인 체중부하자극은 골의 발달 및 재형성에 가장 중요한 외부 인자이다. 지속적인 트레이닝은 젊은 사람에 있어서는 골미네랄 함량은 증가하고 노인층에 있어서는 골미네랄함량의 소실을 방지한다. 즉 신체의 적극적인 활동과 기계적인 부하는 골강도, 골구조, 골량을 결정하는 중요한 인자인 것이다(최청락외 1인, 2005).

### 8) 요통과 트레이닝

요통이란 어느 한 질환의 특정적인 요인이 아니라 요부에 나타날 수 있는 통증증후군을 광범위하게 표현하는 말로써 주로 하부요추 즉, 척추신경이 끝나는 제2요추 이하부터 천장골관절까지의 범위에서 기인하는 통증을 총칭하는 것이다.

척추는 인체에 있어서 지지대의 역할로서 체중을 지탱해야 하며 충격을 흡수하고 방향성에 따른 운동을 하는 기능을 갖고 있으며 해부학적으로는 느린

S자형의 만곡도를 보이고 있다. 특히 요천부는 체중의 부하로 압박과 긴장도가 크고 손상과 변형이 일어나기 쉬운 경우가 많으며 타부위보다 퇴행성 변화의 정도가 일찍 일어난다. 척추골은 23개의 추간판과 23쌍의 액돌기관절을 가진 길고 큰 관절로서 운동 범위가 넓고, 또한 일상 자세가 직립 위주로서 체중의 부하를 받아 기계적인 압박이 심하고 안정에도 근육의 장력에 의해 끊임없이 추간판 및 액돌기 관절에 압박을 받는다고 할 수 있다.

허리통증의 발생 원인으로는 대부분 역학적인 요인을 들 수 있는데 척수에 가해지는 과도한 힘에 의해 불안정한 추체분절 운동으로 추간판의 변화가 오고, 불안정한 힘의 균형을 이루려고 추체를 지지하는 인대와 근육이 늘어나거나 파열되어 생기는 경우를 급성염좌라하며 심한 경우 추간판이 뒤로 튀어나와 신경을 압박하는 경우 소위 디스크 즉 추간판 탈출증이라 한다. 그리고 직업에 따른 과도한 업무, 정신적 긴장과 과도한 스트레스는 허리나 목 등의 근육을 긴장시켜 요통이 유발 될 수 있는 요인이 되고 지나친 흡연은 흡연 시 동반되는 기침이나 척추의 순환장애 및 신진대사의 저하가 요통을 일으킬 수 있는 원인이다.

또한 운동부족에 의한 요통도 있는데 이것은 척추 주위의 근육과 인대가 약해짐으로써 발생하는 것이다.

요통을 방지하려면 먼저 허리의 유연성을 유지하고 복부의 근육을 강화시키는 것이 무엇보다 중요하다. 모든 성인병의 근원이 비만에서부터 시작된다는 것을 인식하고 그 중에서 복부의 비만은 허리를 아치형으로 만들고 척추에 과다한 스트레스를 준다. 그러므로 정상체중을 유지하고 평소에 복근 운동을 통해 복부나 요부를 튼튼하게 해 둘 것과 몸의 회전이나 전후굴운동 등도 정기적으로 실시하여 신체를 유연하게 해줌으로써 척추의 안정감을 유지할 수 있다. 일상 생활에서 일어날 수 있는 바른 들기 방법도 허리의 부상을 최소화 할 수 있으며 허리의 스트레스 요인을 감소 시켜야 한다. 요통의 치료 방법은 크게 세 가지로 운동요법, 보존적 요법, 수술적 요법으로 나눌 수 있는데 운동요법이 우선 되어야 한다(최청락외 1인, 2005).

### 9) 호흡기 질환과 트레이닝

만성 호흡기 질환이 있을 경우 운동 부하가 주어지면 그 증상이 악화되어 호흡 곤란, 호흡 불안 등이 나타나고 천식까지 나타나는 수가 있다. 이러한 이유로 트레이닝을 회피하게 되는데, 트레이닝의 회피는 폐 기능 장애뿐만 아니라 심장, 호흡근 및 하지근육의 기능과 운동능력의 저하까지 야기 시키게 된다.

더욱이 이러한 증상이 나타난다고 하여 운동을 피하게 되면 호흡근이 폐용성 위축에 걸려 병세는 더욱 악화될 것이다.

만성 호흡기 질환에 대한 운동방법은 호흡 기능을 향상시키기 위해 호흡근을 단련할 수 있는 복식 호흡법이 권장되며, 입을 다물면서 호흡하는 등의 훈련이 필요하다. 동시에 걷기, 체조 등의 전신 운동으로 심폐 기능을 향상시키면 더욱 효과적이다.

# 제7장

# 트레이닝과 영양

1. 3대 영양소와 트레이닝
2. 무기질과 트레이닝
3. 비타민과 트레이닝
4. 수분과 트레이닝
5. 트레이닝 특성에 따른 영양섭취

# 제7장

# 트레이닝과 영양

건강의 유지와 증진을 목적으로 한 운동이든, 체력육성을 위한 강도 높은 트레이닝이든 간에 트레이닝의 효과를 얻기 위해서는 적절한 영양보급이 반드시 필요하다. 적절한 영양 섭취는 신체의 생리적 기능을 정상으로 유지하고, 트레이닝 목적에 따른 필요한 효과를 얻을 수 있게 한다.

만약, 영양 섭취가 제대로 이루어지지 않으면 트레이닝 효과는 바랄 수 없을 뿐더러 오히려 피로를 불러일으키거나 체력저하를 야기 시킬 수 있다. 그 때문에 트레이닝 실시 중의 합리적인 영양섭취에 대한 정확한 지식을 알고 있어야 한다.

하루에 필요한 에너지소비량은 성, 연령, 체격, 신체활동의 수준 등에 의해 크게 다르다. 특히 트레이닝 기간 중에는 1일 에너지소비량이 큰 폭으로 증가하기 때문에 일상생활에서 필요한 에너지공급량보다 많은 에너지공급원을 섭취하여야 한다. 균형 있는 식사는 전체식사에서 탄수화물 65%, 지방 20%, 단백질 15%로 하고 그 외 무기질이나 비타민을 충분히 섭취할 수 있어야 한다.

트레이닝 시의 에너지소비량은 운동종목, 체격, 근력, 계절, 기술 숙련도, 트레이닝의 조건에 의해 크게 좌우되므로 에너지소비량을 계산할 때에는 각자 어떤 트레이닝을 얼마동안 실시할 것인지 정확히 파악하여 적절한 에너지 섭취량을 구해야 한다.

보통 성인이 일상생활에서 소비하는 에너지소비량은 2,000~2,500kcal정도이고, 트레이닝 시 트레이닝의 종류와 강도 등에 따라 다소 차이가 있지만 일반적으로 3,000~3,5000kcal 정도의 에너지를 소비한다.

칼로리(kcal)는 음식에 들어있는 에너지 또는 인체에 의해 사용되는 에너지의 양을 정량화하는데 사용되는 측정단위이다. 원칙적으로 1kcal란 물 1g의 온도를 $1^{0}$C 상승시키는데 필요한 에너지의 양이다. 1인분의 식사에 들어있는 에너지의 양 또는 운동 동안에 소비되는 에너지의 양은 통상적으로 수십만 칼로리이다. 이러한 고단위 숫자를 단순화하기 위해 음식에 들어있는 또한 운동 동안에 소비되는 칼로리를 킬로칼로리(kcal)로 측정한다.

트레이닝 기간 중에는 각각의 트레이닝 에너지소비량에 맞는 영양소를 섭취하는 것이 중요하다.

### ❍ 필수 영양소의 종류 ❍

<table>
<tr><td rowspan="3">영양소<br>에너지</td><td>탄수화물</td><td colspan="2">글루코스, 글리코겐</td></tr>
<tr><td>지방(지질)</td><td colspan="2">지방산, 글리세롤</td></tr>
<tr><td>단백질<br>(아미노산)</td><td colspan="2">히스티딘, 이소루신, 루신, 발린, 메티오닌, 리신 알라닌, 글루타민, 트립토판</td></tr>
<tr><td rowspan="5">조절<br>영양소</td><td rowspan="2">비타민</td><td>수용성<br>비타민</td><td>티아민, 리보플라빈, 피리독신, 비타민 B2, 니아신, 판토텐산, 엽산, 비아오틴, 비타민 C</td></tr>
<tr><td>지용성<br>비타민</td><td>A, D, E, K</td></tr>
<tr><td rowspan="2">무기질</td><td>다량<br>무기질</td><td>칼슘, 마그네슘, 칼륨, 나트륨, 염소, 황</td></tr>
<tr><td>미량<br>무기질</td><td>구리, 크롬, 셀레늄, 요오드, 불소, 망간, 몰리브덴, 아연, 철</td></tr>
<tr><td>물</td><td colspan="2">남자 61%, 여자 51%</td></tr>
</table>

## 1. 3대 영양소와 트레이닝

좋은 건강을 위해 필요한 음식 속의 물질을 영양소라고 부른다. 영양소는 두 가지로 구분할 수 있다. 하나는 탄수화물, 지방, 단백질로 구성된 다량영양소는 신체조직을 합성하고 유지하는데 필요하며 일상적인 신체활동을 위한 에너지를 제공한다. 또 다른 하나인 미량영양소는 비타민과 무기질처럼 음식에 들어 있으면서 세포의 기능을 조절하는 다른 모든 물질들을 포함한다.

신체에 필요한 에너지는 3대 영양소라 불리는 탄수화물, 지방, 단백질의 체내 연소에 의해 공급되며, 에너지원으로서의 성질은 각각 다르다.

**○ 3대 영양소의 종류와 특징 ○**

| 영양소 | 탄수화물 | 단백질 | 지방 |
|---|---|---|---|
| 기본 단위 | 포도당 | 아미노산 | 글리세롤 |
| 구성 원소 | 탄소(C), 수소(H), 산소(O) | 탄소(C), 수소(H), 산소(O), 질소(N) 등 | 탄소(C), 수소(H), 산소(O) |
| 기 능 | • 주로 에너지원으로 사용(1g당 4kcal)<br>• 몸의 구성 성분 | • 에너지원으로 사용 (1g당 4kcal)<br>• 몸의 주요 구성 성분<br>• 생리작용 조절에 관여 | • 에너지원으로 사용 (1g당 9kcal)<br>• 몸의 구성 성분 |

| | | | |
|---|---|---|---|
| 특 징 | • 사용하고 남은 것은 지방으로 전환되어 저장되거나 간이나 근육에 글리코겐으로 저장<br>• 종류: 단당류(포도당), 이당류(설탕, 엿당, 젖당), 다당류(녹말, 글리코겐) | • 세포, 피부, 머리카락, 근육, 손톱 등을 구성하는 주요 성분<br>• 성장기 때 충분히 섭취해야 함 | • 피부 밑에 저장되어(피하지방)체온 유지 기능을 함<br>• 많이 섭취하면 비만의 원인이 됨<br>• 물에 잘 녹지 않고 벤젠과 같은 유기 용매에 잘 녹음 |
| 함유 식품 | • 쌀밥, 곡류, 고구마 등 | • 달걀, 두부, 살코기 등 | • 식용유, 버터, 땅콩, 참기름 등 |

## 1) 탄수화물과 트레이닝과의 관계

### (1) 탄수화물과 신체

탄수화물은 탄소, 수소, 산소 원자로 이루어진 화합물로써 단당류, 이당류, 다당류로 나누어지고 크게 단순 탄수화물과 복합 탄수화물로 구분된다.

단순 탄수화물은 체내에 신속한 에너지 공급을 하는 열량공급원이며 복합 탄수화물은 미량의 영양소와 섬유소를 많이 함유하고 있는 지속적인 에너지 공급원으로 운동선수들에게 유용하다.

탄수화물은 인체의 가장 중요한 에너지원으로 1g당 4Kcal의 열량을 내며 단당류로 흡수된다. 흡수된 당은 대부분 간에서 글리코겐으로 합성되어 저장되고 일부는 순환혈액에 들어가 근육조직에 운반되어 에너지로 연소된다. 인체의 대사 작용에서 탄수화물의 주요 기능은 에너지원으로의 역할을 담당하는 것이며 섭취한 탄수화물의 많은 양은 지방으로 전환되어 저장되거나 지장대사에 참여하게 된다. 간의 글리코겐은 글루코스로 전환되어 혈중 글루코스 각

조직에 에너지로 참여하게 되고 글리코겐은 유무산소적 해당과정에 의해 에너지를 얻게 되고 무산소성 해당과정에서 생성된 젖산은 조직에서 혈중으로 방출되어 일부는 간에서 다시 글리코겐으로 합성된다.

탄수화물은 에너지원으로서 가장 이용하기 쉬운 영양소이고, ATP를 신속히 만들어낼 수 있으며, 체내에서 완전 연소하기 때문에 찌꺼기가 남지 않는다.

트레이닝을 지속할 수 있는 시간은 근육의 글리코겐 함량에 의해 좌우 되는데, 글리코겐은 강도가 낮은 트레이닝에서는 이용이 적으며, 트레이닝 초기 또는 산소결핍 단계 시에 이용되며, 트레이닝이 지속될수록 글리코겐 이용률도 빨라진다.

섭취한 탄수화물은 소화효소에 의해 글루코스 등으로 분해되어 흡수되며, 흡수된 글루코스의 반 정도는 혈당이 되어 체내의 각 세포로 흘러들어가 에너지원으로 이용된다. 나머지 반 정도는 지방의 형태로 저장되며, 글리코겐으로서 간과 근육에 축적되는 양은 미미하다.

글루코스는 근육의 에너지원일 뿐만 아니라, 뇌와 신경의 주요 에너지원이기 때문에 혈당을 일정 농도 이상으로 유지하는 것이 지구력 유지뿐만 아니라 집중력 유지에도 중요하다.

### (2) 탄수화물과 트레이닝

최적의 경기력을 위해서는 충분한 탄수화물의 저장이 이루어져야하며 트레이닝 시 요구되는 에너지량을 충족하기 위해서도 고탄수화물의 섭취가 필요하다. 또한 지구성 운동을 실시하기 이전에 섭취되는 충분한 탄수화물은 트레이닝 중에 발생하는 초기 피로를 감소시킨다. 지구성 운동을 수행하는 동안에 섭취하는 탄수화물은 혈중의 글루코스 수준을 유지 시키고 탄수화물의 산화를 일으켜 수행의 향상을 가져오며 트레이닝 후의 고탄수화물의 섭취는 근육과 간 글리코겐의 저장을 보충하기 위해서도 필요하다.

트레이닝 중 근육 내 글리코겐은 인체 내 주 탄수화물을 나타내며 간의 글리코겐으로도 저장이 되며 최종적으로는 혈중 글루코스로 이동하게 된다.

또한 최대산소섭취량의 65%이상의 강도에 해당하는 운동에 대하여 우선적으로 사용되는 연로로써 이 수준은 대부분의 운동선수를 위한 훈련과 시합 수준이다.

탄수화물은 지구력을 강화시키는데, 최대산소섭취량 75%이상의 강도로 1시간 이상 지속되는 트레이닝을 할 때, 지방은 약 10%, 단백질은 7~10%, 나머지 에너지로 탄수화물이 사용된다. 또한, 당질은 흡수된 뒤 에너지원으로 사용되던지 글리코겐 또는 지방으로 바뀌어서 축적되었다가 다시 에너지원으로 사용된다. 당질의 섭취가 적으면 근육 중의 글리코겐이 부족하게 되어 스테미너가 떨어져 트레이닝을 계속할 수 없게 된다.

근육 내의 글리코겐은 세포 내에서 ATP를 형성하며 근육운동이 필요할 때에는 빠른 속도로 분해된다.

그리고 트레이닝을 지속해 나가면, 근육 내에 저장된 에너지인 글리코겐이 소비되어 감소하는데, 감소 속도는 운동의 강도에 따라 많은 차이가 있다. 아주 강한 강도(예를 들면, 최대산소섭취량의 80% 이상)로 지속적인 트레이닝을 실시하면 급속히 에너지를 만들어내야 하는데 이때 근육은 에너지로 변환이 잘 되는 물질인 글리코겐을 주로 사용하게 되고, 체내의 글리코겐은 급속한 소모로 인해 단시간에 고갈되어 근은 피로해져 움직일 수 없게 된다.

한편, 비교적 약한 강도의 운동(예를 들면, 최대산소섭취량의 50%이하)에서는 에너지의 공급 속도는 느려지고 지질을 연소시켜 에너지를 만들어내는 시간이 생기기 때문에 근육 내 글리코겐의 소비는 적어진다.

즉, 체내에 다량으로 축적되어 있는 지질을 충분히 에너지원으로서 이용할 수 있게 된다. 그러나 지질을 분해하여 에너지를 만들어내는 반응에는 글리코겐 등의 물질도 필수적이기 때문에 글리코겐이 완전히 고갈된 상태에서는 에너지를 만들어낼 수 없게 되고, 근은 피로하여 움직일 수 없게 된다.

## 2) 지방과 트레이닝과의 관계

### (1) 지방과 신체

지방은 에너지를 제공하고 필수지방산, 비타민 A, D, E와 같은 영양소를 제공하는 필수 요소이다. 트레이닝에 의해 형성된 호르몬은 지방조직과 근육 내에 저장되어 있는 중성지방으로부터 지방산의 동원을 활성화시키고 지방분해를 촉진시킨다. 또한 혈중 내 유리지방산은 증가하며 운동시간이 증가됨에 따라 지방대사는 증가한다. 지방대사는 저•중강도 운동 시 최대로 증가하는 반면 고강도 운동 동안에는 주로 탄수화물이 연소한다.

우리가 섭취하는 지방은 중성지방형태로 체내에 축적되는데 이 중성지방은 글리세롤 한 분자와 3분자의 지방산으로 구성되어 있다. 체내 축적된 지방은 1g당 9Kcal의 열량을 내며 에너지원으로는 가벼운 강도의 운동 또는 장시간 운동 중에 주로 사용된다. 피하조직에 저장된 지방은 체온유지를 위한 절연체 역할을 하며 신체 내 장기를 보호하는 막으로서의 기능을 한다. 또한 저장지방은 에너지 섭취가 부족할 때 에너지원으로 쓰이며 지용성 비타민인 A, D, E, K의 운반작용을 한다.

체내의 지질은 생체막의 성분으로서 뿐만 아니라 비타민이나 호르몬 등 많은 생리물질의 성분으로도 중요하다. 또한 주요 에너지 저장물질로서 이용되며, 피하지방 등의 형태로 체내에 다량으로 저장되어 있다. 저장지방은 중성지방으로서 존재하고, 우리들이 먹는 음식물에 함유된 지질 외에도 탄수화물과 단백질에서도 합성된다.

필요 이상으로 섭취된 음식 에너지는 저장지방으로서 저장되기 때문에 영양섭취량이 과도한 사람일수록 체내의 중성지방이 증가하여 비만이 되기 쉽다.

일반적으로 인간의 체지방률(%Fat)은 남자가 10~20%, 여자가 20~30%이므로 체내에 저장된 지방중량(kg Fat)은 대략 5~15kg이 된다. 지질의 에너지로서의 이용률은 매우 높아 지방1g에서 약 9.0Kcal의 에너지를 갖는다. 그러나 실제 지방조직은 수분도 함유하고 있으므로 체내의 지방 1g안의 에너지는 7~8Kcal 정도가 된다.

### (2) 지방과 트레이닝

지방의 분해는 트레이닝 강도에 비례하지 않는다. 체내 에너지원으로 이용되는 탄수화물, 지방, 단백질의 공급비율은 ATP소비 속도에 따라 결정되는데,

트레이닝이 시작되면 우선적으로 근육과 간에 저장되었던 글리코겐이 우선적으로 산화되어 ATP를 보충하고, 글리코겐이 고갈되면 다음으로 지방이 에너지원으로서 사용된다.

트레이닝 시 에너지의 공급원은 트레이닝의 강도 및 지속시간에 따라 결정되며, 최대산소섭취량의 약 75% 이상의 트레이닝 강도에서는 지질을 거의 사용하지 않는다.

트레이닝의 강도가 높은 경우에는 혈액 중의 젖산이나 혈당의 상승에 따른 인슐린의 분비로 지방조직의 분해가 억제되고, 어떠한 종류의 트레이닝이든 상관없이 트레이닝 시작 후 수분동안은 유리지방산의 활용이 낮다.

따라서 트레이닝 강도가 낮고, 장시간에 걸친 트레이닝일 경우에는 지질대사가 중심이 되어 에너지를 공급한다. 지방은 당질이나 단백질의 2배 이상의 에너지를 갖고 있으며(1g당 9kcal), 필수 지방산의 공급이 되는 중요한 영양소이다. 또한 지방을 많이 섭취하면 지용성 비타민의 흡수를 좋게 하며 소화와 흡수속도가 느리므로 포만감을 주는 효과도 있다.

하지만 그 섭취가 많아지면 비만으로 유도되는데, 섭취한 지방은 에너지원으로 심장이나 근육에서 분해되거나 아니면 지방조직에 유입되어 저장지방이 되기 때문이다.

따라서 섭취한 지방이 비만으로 이환되는 것을 최대한 막고, 에너지원으로 사용할 수 있도록 운동과 섭취에 신중을 기해야 한다.

특히 저녁식사 때 지방을 많이 섭취하면 지방의 흡수가 활발한 시간에 수면을 하게 되고, 그 지방은 오로지 지방 세포로만 흡수되어 비만이 되기 쉽다. 그러므로 저녁식사는 근육조성과 골 조성을 위해 단백질, 칼슘 및 글리코겐 보충을 위한 탄수화물을 중심으로 한 저지방식을 섭취하는 것이 바람직하고, 지방은 아침과 점심에 섭취해서 트레이닝을 통해 에너지원으로 활용하는 것이 바람직하다.

## 3) 단백질과 트레이닝과의 관계

### (1) 단백질과 신체

우리의 신체를 구성하고 있는 고분자화합물은 단백질, 다당류, 핵산, 3종류이다. 그 중에서도 단백질은 가장 기초적이며 중요한 구성성분으로서 수분을 뺀 신체 중량의 약 43%를 차지하고 있으며 1g당 4Kcal의 열량을 낸다.

근육을 구성하는 액틴과 미오신, 뼈와 건에 함유되어 있는 콜라겐, 모발이나 피부에 함유되어 있는 케라틴, 생체 내에서 화학반응을 촉매 시키는 효소, 그 효소의 활성을 조절하여 세포의 기능에 영향을 주는 호르몬, 면역 시스템에서 중요한 역할을 하는 항체등 이들 모두가 단백질이다.

단백질은 에너지원도 되지만, 골격근 등과 같은 인체조직을 만드는 것이 1차적 목적이며, 트레이닝을 통해 근육을 비대 시키는데 단백질의 보급이 반드시 필요하다

성장기는 물론이고, 성인이 되어서도 단백질은 항상 파괴 되고 만들어지는 것을 반복하므로 매일 일정량은 반드시 섭취할 필요가 있다.

근육은 근섬유라고 불리는 거대한 다핵세포가 모여 형성되며, 근 섬유 안에는 근원섬유가 가득 차 있는데, 이것은 특수한 단백질인 미오신과 액틴으로 구성되어 있다. 미오신 분자가 집합된 것을 미오신 필라멘트, 액틴 분자가 집합된 것을 액틴 필라멘트라 하는데 이 두 종류의 필라멘트의 작용에 의해 근수축이 일어난다.

골격근에는 수축 속도가 빠른 근육(속근)과 느린 근육(지근)이 있는데 속근에는 미오글라빈이 적고, 지근에는 미오글로빈이 많이 존재한다. 미오글로빈은 적색을 띠고 근육 중에 산소를 저장하는 단백질인데, 강한 운동이 지속되어 산소가 적어지면 산소를 분리시켜 에너지 생산에 이용한다.

속근에서는 해당 계에서 바로 에너지가 생산되어 빠르게 수축이 일어나며, 지근에서는 미오글로빈 속의 저장산소를 이용하여 근육의 지속적인 수축이 가능해진다. 따라서 순발력이 필요한 운동에는 속근의 힘이 필요하고 지구력이 필요한 운동에는 지근의 힘이 중요하다.

보통은 에너지원으로서 단백질이 이용되는 경우는 적지만 감량 중 공복 시에는 체내의 단백질을 분해하여 에너지를 얻는 반응이 촉진되기 때문에, 특히 식사량을 줄일 때에는 단백질 공급에 주의해야 한다(서영환외 1인, 2006).

### (2) 단백질과 트레이닝

근육을 구성하는 영양소로서 근력을 향상시키기 위해 빠뜨릴 수 없는 영양소가 바로 단백질이다. 단백질은 그 외에도 골격을 만들거나 혈액성분이나 호르몬, 심장이나 간장, 근육, 피부뿐만 아니라 모발도 단백질이 주성분이다.

단백질은 20종류 이상의 아미노산으로 구성되어 있으며 그 중 체내에서 만들어지지 않는 아미노산을 필수 아미노산이라고 하며 8종류가 있다.

강력한 체력을 바탕으로 완벽한 경호업무를 수행하기위해 격렬한 트레이닝을 주기적으로 소화해내야 하는 경호원들이 보통사람보다 더 많은 단백질을 섭취해야하는 이유는 첫째, 근육의 질량이 더 많고, 둘째, 트레이닝 초기 단계에서는 골격근의 단백질 합성이 많아지고, 셋째, 트레이닝 중 필요한 에너지를 충당하는데 단백질의 필요성이 높기 때문이다.

또한 강도 높은 트레이닝을 하는 경우, 단백질 섭취가 충분하지 않으면 적혈구의 생성이 저하되어 빈혈을 일으키게 되는데 이를 운동성 빈혈이라고 한다.

특히 운동성 빈혈은 트레이닝 초기 또는 근육이 충분하게 발달되어 있지 않는 미숙련자에게 잘 나타나는데 이를 예방하기 위해서는 단백질 섭취를 충분히 해야 한다.

트레이닝에 이용되는 총 에너지 중 단백질이 에너지로서 이용되는 비율은 10%(3~18%)정도이며, 이 비율은 트레이닝 시간이 증가하는 것에 따라 비례하여 증가하지만, 1시간 이하의 트레이닝에서는 단백질이 에너지 생산에 기여하는 비율은 매우 낮다. 이것은 트레이닝 중에 글루코스와 지방이 중요한 에너지원으로 쓰이기 때문이며, 탄수화물 섭취량에 따라 단백질 분해가 이루어지므로 충분한 글리코겐 축적이 이루어져야 한다.

트레이닝 후 당질을 섭취하는 것이 소비된 글리코겐을 회복하는 것과 마찬

가지로 트레이닝 후 단백질 섭취는 근육을 증가시킨다. 하지만, 필요 이상의 단백질 섭취는 에너지원으로 연소되지 못할 경우 지방으로 변하여 체내에 축적된다. 또한 아미노산의 아미노기는 체내에서 완전하게 연소할 수 없기 때문에 이것을 체외로 배설하게 되는데 이때, 신장에 부담을 주게되고, 수분부족(탈수) 현상이 일어나며, 동시에 Ca의 배설량 또한 많아져 근육대사에 이상을 가져오게 된다.

### ○ 필수영양소의 정의 및 주요기능 ○

| 구 분 | 정 의 | 기 능 |
|---|---|---|
| 탄수화물 (carbdydares) | 탄수화물은 자연계에 가장 많이 있는 유기물질이며 가장 값이 싼 에너지원이다. 탄수화물은 식물의 엽록소에서 광합성으로 포도당을 합성 한 후에는 뿌리, 열매, 줄기, 잎 등에 녹말과 섬유소의 형태로 존재하고 동물에는 당과 글리코겐의 형태로 들어있다. 탄소:수소:산소가 1:2:1의 비율로 조성된 물질로서 지방, 단백질과 함께 3대 영양소를 구성 단당류, 이당류 다당류로 분류된다. | 에너지원, 지방합성과 지방대사조절, 항케톤체 생성효과, 조섬유로서의 기능, 단백질 절약작용, 식품에 단맛과 향미제공, 아미노산 합성, 결체조직 합성, 해독작용, 핵산합성, 헤파린합성, 항원-항체반응 |

| | | |
|---|---|---|
| 지 질<br>(lipids) | 지질(지방과 지방 유사물질)은 총 체중의 약 20%를 차지하는 생체의 주요 성분으로 탄소, 수소, 산소로 이루어진 유기 화합물로서, 상온에서는 고체형태인 지방(지방산과 글리세롤이 에스테르로 결합한 것)과 액체형태인 기름으로 존재하며, 물에 녹지 않고 유기 용매에 녹는다. 지질은 단순지질(중성지방, 지방산, 왁스),복합지질(인지질, 당지질, 지단백), 유도지질(스테로이드)로 분류된다. | 에너지 공급원, 효율적인 에너지 저장고, 신체구성, 필수지방산, 세포막의 주요 구성성분, 체온조절 및 장기보호기능, 호르몬과 담즙 산의 전구체, 지용성 비타민 흡수촉진, 향미제공 및 포만감 |
| 단백질<br>(protein) | 단백질은 체내기관과 조직을 구성하는 생명유지에 필수적인 영양소이다. 단백질은 기본구조인 아미노산이 여러 개 결합되어 연결된 구조이며, 탄소, 수소, 산소, 질소로 되어있다. 효소, 호르몬, 항체 등의 주요 생체기능을 수행하고 근육 등의 체 조직을 구성한다. | 체구성 성분형성, 수분평형유지, 산염기 평형유지, 면역기능, 호르몬·효소·신경전달물질 및 글루타치온 형성, 포도당 생성 및 에너지원으로 사용 |

| | | |
|---|---|---|
| 비타민<br>(vitamin) | 비타민은 식품에 들어있는 유기화합물로서 인체의 정상적인 성장, 발달 및 건강유지에 필수적인 물질이다.<br>비타민은 물에 녹는 수용성비타민(warer-soluble vitamin)과 기름에 녹는 지용성 비타민(fat-soluble vitamin)으로 분류된다. | • 수용성 비타민의 기능 : 에너지 생성, 조직세포의 호흡, 정상적 세포성장, 세포간질의 형성, 정상적인 뼈, 치아, 피부보호<br>• 지용성 비타민의 기능 : 정상적인 성장, 시력, 피부, 에나멜질의 생성, 뼈와 치아 생성, 건강한 적혈구, 혈액의 응고 |
| 무기질<br>(mineral) | 무기질은 결정체인 화학원소로서 합성 또는 분해되지 못한다. 하루에 필요량이 100mg(0.1g) 이상인 다량 무기질과 하루 필요량이 100mg 이하인 미량 무기질로 분류된다. | 골·치아의 구성성분, 체액의 삼투압유지·산염기평형·수분평형의 유지에 대한 작용, 근육신경 등의 기능에 관여, 효소의 생화학적 기능에 필수, 혈액응고에 관여, 아미노산·호르몬의 구성성분, 항산화제 |
| 수분<br>(water) | 물은 영양소의 하나로서 체중의 50~60%를 차지하여 인체에서 가장 중요한 물질이다.<br>사람은 체내의 지방과 단백질의 절반을 잃고도 생명을 유지 할 수 있지만, 수분의 10%만 잃어도 생명을 유지할 수 없다. 체내 수분(체액)은 세포내액(40%)과 세포외액(20%)으로 구분된다. | • 세포 내액의 기능 : 세포의 형태유지, 용매로서 화학반응의 장을 제공<br>• 세포 외액의 기능 : 삼투압유지, 체온조절, pH유지, $O_2$와 $CO_2$운반, 영양소와 노폐물 수송 |

## 2. 무기질과 트레이닝

과로에 시달리는 경호원들에게 특정 비타민과 무기질의 보충은 트레이닝의 기량 향상과 원활한 경호업무에 견인차 역할을 한다. 하지만 어느 한 영양소에만 치우쳐 섭취해서는 안 되며, 아울러 무기질과 비타민에 대한 정확한 주요기능을 알고 적당량을 섭취해야 한다.

체력육성 트레이닝을 실시하는 경호원들은 땀으로 소실되는 영양소를 보충할 필요가 있는데, 수용성 비타민의 경우 사용하고 남은 양은 그대로 몸 밖으로 배출되지만, 철이나 비타민A, D와 같은 지용성 비타민은 과도하게 섭취할 경우 체내에 축적되어 독성을 나타낼 수도 있다.

미량의 영양소는 파워나 에너지원으로는 되지 않지만 적은 양으로도 신체의 컨디션 조절작용을 하며, 부족하면 영양 결핍증을 일으킨다. 어떠한 영양소라도 트레이닝을 할 때 빠져서는 안 될 중요한 역할을 각각 담당하고 있다.

또한 아무리 열심히 트레이닝을 하더라도 생각만큼의 능률이 오르지 않거나, 감기, 빈혈, 상해, 골절, 좋지 않은 컨디션 등이 계속될 경우에는 영양소 결핍이 아닌 가하는 의심을 해볼 필요가 있다.

무기질은 체내에서 유기물질이 완전히 산화된 후에도 남아있는 생물체의 구성 성분이며, 신체 내에서의 구성 비율은 유기물질이 96%를 무기질이 4%를 차지한다.

이와 같이 무기질의 필요량은 미량이지만 신체의 생리작용에 중요한 역할을 하는데, 대개는 체 조직의 구성, 산·염기 및 수분의 평형조절, 효소와 호르몬의 구성성분이 되어 신경과 근육작용에 관계하고 있다(이상욱외 2인, 2002).

무기질 중 다량원소인 칼슘, 인, 마그네슘은 뼈와 치아를 구성하고, 칼륨과 나트륨은 산·알칼리의 평형과 삼투압조절을 염소는 위액의 구성 성분으로 작용하며, 황은 단백질을 구성하고 있다. 미량원소에는 철, 요오드, 아연, 셀레늄, 구리, 망간, 코발트 등이 있다.

## ○ 무기질의 종류와 주요기능 ○

| | 미네랄 | 함 유 식 품 | 주 요 기 능 |
|---|---|---|---|
| 다량무기질 | 나트륨 | 소금, 된장, 간장, 육류 | 신경자극전달, 근 수축, 체액평형, 삼투압유지 |
| | 칼륨 | 야채, 곡류, 과실, 감자류 | 신경자극전달, 근육이완, 체액평형, 삼투압 유지 |
| | 칼슘 | 우유, 유제품, 멸치, 대두, 해조류 | 뼈와 치아합성, 근 수축, 신경전달, 혈액응고 |
| | 마그네슘 | 녹황색야채, 곡류, 두류 | 신경기능유지, 근 수축, 효소성분 |
| | 인 | 곡류, 육류, 우유, 계란, 대두 | 뼈와 치아합성, 에너지대사 |
| | 염소 | 소금, 된장, 간장 | 체액평형, 삼투압 유지 |
| | 유황 | 단백질 식품 | 항산화, 멸균, 완화작용 |
| 미량무기질 | 철 | 간 등의 내장 육, 작은 생선, 대두 | 헤모글로빈과 미오글로빈의 합성 |
| | 아연 | 간, 육류, 어패류 | 효소성분 |
| | 구리 | 간, 조개류, 콩 | 효소성분 |
| | 요오드 | 어패류, 해조류 | 갑상선 호르몬 성분 |
| | 망간 | 미역, 콩, 녹황색 채소 | 효소성분 |
| | 코발트 | 간, 어패류 | 조혈에 관여 |
| | 불소 | 어패류, 생수 | 뼈와 치아의 합성 |
| | 크롬 | 육류, 곡물 | 인슐린 작용 |
| | 셀레늄 | 육류, 어패류, 곡류 | 항산화 작용 |

### 1) 칼슘(Ca)과 트레이닝과의 관계

인체에서 가장 많은 무기질인 칼슘은 뼈와 치아를 형성할 뿐만 아니라 정상적인 신경과 근육의 기능을 위해서도 필수적이다.

칼슘은 뼈를 강하게 하며 신경의 흥분을 근육으로 이동시키므로 칼슘이 없이는 근육의 수축이 일어나지 않으며, 트레이닝을 하는 동안 컨디션을 조정하는 등 움직임에 큰 영향을 준다. 그래서 칼슘이 결핍되면 걷기가 힘들어지며, 근육이 약화된다.

트레이닝을 실시하는 경호원들은 하루 600~1,100mg정도의 칼슘을 매일 섭취해야 하며, 일정량의 칼슘은 트레이닝 활동 시 발한과 뇨 등으로 배설된다.

한편, 칼슘의 과잉섭취는 트레이닝이 동반되지 않는 경우 고 칼슘 혈증과 고 칼슘 뇨증, 신장결석을 일으키고 철분이나 아연 등의 미량영양소의 흡수를 저해 할 수 있다. 또한, 칼슘은 골격을 만드는데도 필요한 영양소로서 칼슘의 99%가 거의 뼈와 치아를 만드는데 사용되며 나머지는 혈액, 근육, 신경 등의 조직에 포함되어 있다.

그 외에도 심근의 수축작용과 근육의 흥분을 억제시키는 작용도 하는데 이런 기능을 제대로 수행하지 못하면 트레이닝 중이나 경호업무수행 중에 경련이 일어나거나 초조하고 불안해지는 현상을 보인다.

### 2) 철분(Fe)과 트레이닝과의 관계

철은 에너지 생산을 위해 인체의 모든 조직으로 산소를 운반하는 적혈구의 필수적인 구성요소이다. 철 결핍은 조직으로의 산소 운반 감소를 가져올 수 있어 에너지 생산에 영향을 미칠 수 있다.

철분은 간과 비장, 골수 등에 축적되어 있다가 필요에 따라 혈중 헤모글로빈을 새롭게 만들어 낸다. 철분은 60%가 적혈구의 헤모글로빈 안에 있으며, 체내에서는 단백질과 결합하여 체내 조직으로 산소를 운반하거나 영양소의 연소나 에너지 생산에 관한 중요한 활동을 한다. 또한 철분은 헤모글로빈에서 산소가 잘 운반될 수 있도록 도와주는데, 트레이닝에 따른 헤모글로빈이 부족해지면, 체내조직으로의 산소 운반이 힘들어져 피곤해지기 쉽고, 현기증, 심장 두근거림, 호흡곤란, 안색이 나빠지는 등의 증상과 근육에 힘이 없어지면서 신체 활동이 불가능해지는 현상 등이 나타난다.

동물성식품에 함유되어 있는 철분은 비타민C나 구연산과 함께 많이 섭취하면 흡수율이 좋아지므로 오렌지 주스나 감귤류를 함께 섭취하도록 하고, 식물성 식품에 함유되어 있는 철분은 탄산이나 수산, 인산 등의 영향을 많이 받아 흡수율이 낮다.

하지만, 철분 섭취량이 너무 많으면 변비를 일으키고 남성의 경우 심장병과 파킨슨병과 같은 질병에 걸릴 위험이 늘어날 수도 있다.

### 3) 나트륨(Na)과 트레이닝과의 관계

나트륨은 세포 외 액의 중요한 양 이온으로서, 나트륨의 농도변화는 삼투현상에 의해 물을 신체의 한 부분으로 순환시키는데 결정적인 역할을 하며, 염소와 더불어 체내에서 산·염기의 균형을 조절한다.

또한 정상적인 근육이나 신경의 흥분을 유지하거나 체액을 일정하게 유지하는 조절을 하며, 신경을 자극하고 신경의 충격을 근육에 전달하여 근육섬유의 수축을 일으킨다.

강도 높은 트레이닝을 통해 수분과 함께 염분도 대량으로 땀으로 배출되는데, 땀을 흘리는 것은 체온 조절을 위해 필요한 것이지만 다량의 땀은 체내의 수분과 염분의 균형을 깨어 놓아 현기증, 권태, 무기력, 실신, 열 경련 등의 증상을 일으킬 수 있다(이상욱외 2인, 2002).

특히 한 여름 야외에서 실시하는 트레이닝 시에는 수분의 보충은 반드시 필요하며 수분의 보충과 동시에 적정량의 염분을 보충하는 것도 중요하다. 그러나 염분의 과다섭취는 고혈압, 비만 등 성인병을 일으키므로 일상생활에서 염분 섭취를 적게 하도록 신경을 써야한다.

### 4) 칼륨(K)과 트레이닝과의 관계

칼륨은 혈액, 근육 및 장기 등 모든 세포 속에 들어 있으며, 세포 내액의 중요한 양 이온으로서 성인 체내에 200g정도 포함되어 있다. 또한 신경근육의 흥분과 자극, 전기화학적 충격의 전달, 근육섬유의 수축 등을 조절하는데, 이러한 효과는 특히 심장 근육의 작용에 도움을 많이 준다.

칼륨이 결핍되면 근육이 더 이상 제 기능을 발휘하지 못하여 몸이 무겁게 느껴지거나 무기력해지며 불쾌감에서부터 오는 무감각 증상까지 나타난다.

강도 높은 트레이닝에 의해 다리 등의 근육에 경련이 일어나는 것은 땀과 함께 칼륨이 대량 손실되어 근육 내 칼륨 부족 때문에 일어나는 현상이다.

### 5) 인(P)과 트레이닝과의 관계

트레이닝 수행 효과 향상을 위하여 인을 보충하는 방법으로는 인산염과 레시틴을 이용한다. 인산염의 섭취는 적혈구의 농도를 증가시켜 산소섭취량을 증가시키고 젖산의 농도를 감소시키기 때문에 지구성 트레이닝을 실시할 때 매우 효과적이다.

트레이닝과 관련하여 인의 결핍은 ATP의 수준을 감소시키며, 비타민B에 의해 조절되는 기질 대사를 손상시킨다.

### 6) 마그네슘(Mg)과 트레이닝과의 관계

마그네슘은 ATP생성 및 글루코스의 인산화 반응에 관련하여 많은 효소 활성에 중요한 역할을 담당하고 있어 체력 트레이닝을 하는 경호원들에게는 중요한 영양소이다.

트레이닝 전 마그네슘의 섭취는 트레이닝 중에 야기되는 근 경련, 근 강직 예방 및 피로회복에 도움을 준다. 또한 근육을 이완시키는 특성이 있어 지구력 트레이닝을 하는 경호원들의 신체능력과 저항운동 후 대퇴 사두 근 두께를 향상 시킨다.

마그네슘의 체내기능은 다음과 같다(이상욱외 2인, 2002).

① 여러 효소의 보조인자나 활성제로 작용
② ATP구조 안정 및 에너지 대사 반응에 관여
③ 단백질 합성 및 DNA합성과 변형에 관여
④ 골격과 치아의 구성성분, 충치예방
⑤ 신경자극의 전달과 근육의 긴장 및 이완작용 조절

### 7) 구리(Cu)와 트레이닝과의 관계

트레이닝에 미치는 구리의 역할은 산소의 운반 및 활용에 관여하고, 다양한 효소반응의 보조 인자로서 중요한 기능을 수행한다.

장시간의 트레이닝은 혈청 구리농도를 상승시키며, 트레이닝으로 인한 발한으로 손실된다.

### 8) 항산화작용에 관여하는 동과 셀레늄

동은 세포질 안에서는 과산화지질의 생성을 억제하는 SOD(superoxide dismutase)와 결합하고, 혈청 안에서 트랜스페린(transferrin)에 철을 건네주는 기능이 있는 세룰로플라스민(cerulloplasmin)과 결합한다.

또한 다른 효소의 구성성분으로서 빈혈방지와 결합조직 형성 등의 기능이 있다. 셀레늄(selenium)은 글루타티온퍼옥시다제(glutathioneperoxidase;GPX)의 구성성분으로 글루타티온퍼옥시다제는 과산화지질을 제거하는 기능이 있는 효소이다.

트레이닝은 체내에 대량의 산소를 끌어들이기 때문에 세포막 등에 존재하는 지방이 산화되기 쉽다. 지방의 과산화를 예방하기 위해서는 비타민 E나 비타민 C등의 항산화비타민, 동, 셀레늄 등의 기능이 중요하다.

### 9) 알칼리성 식품과 산성식품

식품에 함유된 무기질은 체내에 흡수되어 산과 알칼리로 된다. 알칼리성 식품이라 일컫는 것은 체내에서 알칼리 이온을 생성하고 산성식품이라 일컫는 것은 체내에서 산성 이온을 생성하기 때문이다. 인체는 중성이므로 식품도 알칼리와 산성의 균형을 맞춰 먹어야 한다.

경호원들은 스트레스, 운동부족, 일광부족, 약물과용, 육식 및 과식으로 체액의 산성화를 부르고 있는데 산의 중화작용을 하는 칼슘은 중성으로 돌아가기 위해 반드시 필요한 물질로 칼슘의 많은 섭취가 이루어져야 한다. 산성인 경호원은 피부에 광택이 없고 주름이 많으며 운동을 해도 쉽게 피로해지므로 알칼리식품을 보다 많이 섭취하도록 노력해야 한다.

**○ 산성식품과 알칼리성 식품 ○**

| 산 성 식 품 | 알 칼 리 성 식품 |
|---|---|
| 쌀, 밀가루 등의 곡류<br>난류, 어류<br>쇠고기 등의 육류<br>햄·치즈 등의 육가공품 | 사과 · 바나나 · 오렌지 · 딸기 등의<br>과일류, 우유<br>시금치 · 배추 · 토마토 등의 채소류<br>고구마 · 감자 · 콩 등 |

## 3. 비타민과 트레이닝

비타민(Vitamin)은 극히 미량이지만 인체의 생명현상을 원활하게 하고 세포내에서 대사기능 수행 시 활성화에 영향을 미치면서 성장과 세포기능 조절을 위해서는 반드시 필요한 영양소이다. 비타민은 유기촉매로 신체 내에서는 합성이 되지 않으므로 직접 식품 섭취를 통해서나 또는 다른 공급원으로부터 공급받아야만 양호한 건강을 유지 하고 트레이닝의 정상적인 효과를 기대할 수 있다.

비타민에는 수용성비타민과 지용성비타민, 2종류의 비타민이 있다. 수용성비타민으로는 B1, B2, C, 나이아신 등이 있으며, 에너지 생성반응 시에는 조효소 또는 보조 인자로서 기능을 수행하며, 농도가 높아지면 소변으로 배설되기 때문에 매일 섭취가 필요하다.

비타민 B복합체는 소화 작용, 근육 긴장 및 에너지 생성과정에 참여하고 에너지 대사반응에 중요한 역할을 하기 때문에 트레이닝을 하는 경호원들은 많은 양을 섭취해야 한다.

지용성비타민으로는 비타민A(레티놀), D(칼시페놀), E(토코페롤), K(필로키논)등이 있는데, 비타민A는 시각기능의 유지와 성장·발육에 관여하며, 비타민D는 칼슘의 흡수촉진 및 뼈의 형성, 비타민E는 항산화작용과 세포막의 안정화작용, 비타민K는 혈액응고인자의 합성 및 골형성에 관여한다.

### 1) 트레이닝에 필요한 비타민

트레이닝을 실시하면 에너지를 생산하기 위해 체내 대사가 촉진되고 비타민의 소비도 당연히 늘어난다. 그러므로 비타민이 부족하게 되면 에너지의 생산장애로 인해 트레이닝의 능력이 떨어지고 피로를 쉽게 느끼며, 트레이닝에 의한 대사물의 처리 능력이 떨어져 그 회복시간도 늦어진다.

따라서 트레이닝의 강도, 시간, 종류를 고려하여 각 트레이닝에 따른 에너지 소비에 대응하는 비타민의 공급이 적절히 이루어져야 한다.

트레이닝 시 주로 이용되는 에너지원은 포도당과 지방산으로서 이것을 분해하기 위해서는 비타민 B1, B2, 나이아신등이 필요하다.

격렬한 트레이닝 중에는 무산소성 에너지 대사의 결과로 인해 근육 중에 젖산이 발생하는데, 이를 처리하기 위해서는 나이아신이 필요하며, 비타민B1은 간에서 글리코겐의 축적을 증가시켜 준다. 또한 탄수화물 분해과정에서 조효소의 기능으로 비타민B1이 부족하면 젖산이 축적되어 근육에 피로가 오게 되는데, 비타민B2와 나이아신은 피로 회복시간을 단축시키고 체내의 CO2와 젖산의 축적을 감소시킨다.

한편, 유산소 트레이닝에서는 다량의 산소를 근육으로 공급해야 하는데 산소의 운반에는 혈색소가 필요하고, 적혈구의 생성에는 엽산과 비타민B12가 필요하다. 비타민C는 생체내의 산화 환원반응에 관여하며 비타민E는 세포내 호흡을 주관하므로 트레이닝을 할 때 잊어서는 안 될 중요한 영양소들이다.

### 2) 항산화 비타민

강도 높은 트레이닝의 지속으로 인해 인체 내에서의 대사가 보통 때보다 항진되면 프리래디컬(freeradical)이나 활성산소의 발생이 증가하고, 세포막의 손상 위험성이 높아진다.

비타민 중에는 이러한 프리래디컬이나 활성산소를 제거하는 것이 있는데 이러한 비타민을 '항산화 비타민' 이라고 부른다.

항산화 비타민에는 수용성 비타민 C와 지용성 비타민 E, B-카로틴 등이 있어서 생체막 안팎을 보호하고 있다. B-카로틴은 카로티노이드에 속하는데, 체내에서 필요에 따라 비타민A로 변환하기 때문에 프로비타민 A라고도 불린다.

### 3) 비타민 C의 다양한 기능

비타민C는 인체의 다양한 산화환원작용에 관여하고, 특히 과산화지질의 생성을 억제하는 강한 항산화작용을 보인다. 또한 단백질의 30% 이상을 차지하는 콜라겐합성에 관여하고 간에서의 해독작용을 촉진한다.

또한 호르몬 합성이나 아미노산 대사에도 관여하기 때문에 체내에서 많은 생리작용을 하는 것으로 알려져 있다. 인간은 체내에서 비타민C를 합성할 수 없기 때문에 음식물로 섭취해야 한다.

## 4. 수분과 트레이닝

체온조절을 위해 인간의 신체는 발한기능이 갖추어져 있으며, 발한 양은 기후조건, 의복상태, 트레이닝 강도에 따라 다르다.

트레이닝 중에는 근육을 움직이기 위해서 에너지 소비량이 증가하고, 열 생산이 높아지며 이로 인해 체온이 상승하는데, 이 체온상승을 억제하기 위해 피부에서 열을 방사하고, 발한이 일어난다. 특히, 높은 온도에서의 트레이닝은 발한을 통해 다량의 수분을 체외로 방출시키기 때문에 평상시의 5~6배 정도의 수분섭취가 필요하다

또한, 다량의 발한은 체수분량을 감소시키며 혈액을 농축시켜 심장의 기능장애를 일으키고, 산소운반기능을 손상시킨다.

체수분의 감소가 체중의 7~10%가 되면 구토와 환각증상이 나타나고, 생명에 지장을 줄 수도 있다. 따라서 발한을 하면 자주 수분을 섭취하여야 지구력 저하의 방지와 건강하고 안전한 트레이닝 활동을 할 수 있다.

### 1) 음료의 내용

음료는 저장성(hypotonic)이고, 당은 소량(100㎖ 중 2.5g 이하)이며, 차갑고(8~13℃), 마시기 쉬울 것

### 2) 트레이닝 전에 섭취해야 하는 양

트레이닝 30분 전에 물 또는 ①에서 말한 음료를 400~600㎖ 섭취한다.

### 3) 트레이닝 중에 섭취해야 하는 양

트레이닝 중이더라도 1)에서 말한 음료를 10~15분 간격으로 100~200㎖씩 섭취한다.

### 4) 트레이닝 후의 음료 섭취

트레이닝 후에는 발한에 의해 손실된 전해질(나트륨과 칼륨)을 보충할 수 있을 만큼의 무기질이 많이 함유된 음료를 섭취한다.

### 5) 만성적인 탈수증상의 파악

탈수증상의 유무를 파악하기 위해서 매일 아침(기상하고 배뇨를 한 후, 아침식사 전)에 체중을 기록한다.

### 6) 체계적인 음료섭취

수분을 너무 많이 섭취하면 체내의 전해질 균형이 깨어져 세포조직 내·외의 나트륨과 칼륨의 밸런스가 붕괴되는 저 나트륨 혈증을 일으키기 쉽고, 근육경련이 일어날 수도 있으므로 체계적이고 적절한 음료섭취가 이루어져야 한다.

## 5. 트레이닝 특성에 따른 영양섭취

트레이닝 효과를 보다 한층 높이기 위해서는 그 트레이닝의 목적과 강도, 시간 등에 유효한 영양섭취를 고려하는 것이 바람직하다.

### 1) 신경계의 트레이닝과 영양

검도, 사격, 구기 종목, 위기상황 대처 등의 예민한 시각이나 신경근의 조정이 필요한 트레이닝에서는 비타민 A · B · C, 칼륨 등의 섭취가 중요하다.

### 2) 근력 트레이닝과 영양

웨이트트레이닝, 투척, 유도 등과 같이 근력을 강화하는 트레이닝이나 단거리 달리기 등의 파워를 강화하는 트레이닝을 할 때에는 근력의 발달을 위해 단백질을 섭취하는 것이 중요하다. 동시에 근육의 수축을 원활히 하기 위해 칼륨, 나트륨, 칼슘 등의 무기염류의 섭취도 중요하다.

### 3) 전신지구성 트레이닝과 영양

마라톤 등과 같은 전신지구성 향상을 목적으로 하는 트레이닝에서는 헤모글로빈의 주성분인 철이나 단백질이 충분해야 한다. 지방은 피하에 저장된 피하지방이 돼서 보온의 역할을 하기 때문에, 동계 스포츠나 수영 등에는 지방의 섭취도 어느 정도 필요하다.

# 제8장

# 경호무도의 이해

1. 무도의 개념
2. 경호와 무도의 연관성
3. 경호무도의 유래
4. 경호무도의 의의
5. 경호무도의 특성
6. 경호무도의 가치

# 제8장

# 경호무도의 이해

## 1. 무도의 개념

오늘날 검도, 유도, 태권도, 용무도, 합기도 등이 학교체육 및 생활체육의 차원에서 장려되어지고 있으며, 각 대학에서도 무도관련 학과들을 개설하고, 동네 골목마다 들어선 사설 무도 체육관 등으로 인해 무도에 대한 관심이 높아지고 있으며 수련인구 또한 증가 추세에 있다.

국기원과 한국 유도원 그리고 각종 무도 단체에서 '무도(武道)· 무도 스포츠'라는 이름으로 널리 사용되어지고 있으며, 지도자 양성에 있어서는 경기지도자 및 생활체육지도자 연수를 통해 종목별로 지도자(사범) 자격증이 주어지고 있으며, 각 무도 협회에서 실시하는 심사 제도를 통하여 단증을 발급하고 있다.

더욱이 유도와 태권도는 올림픽 정식종목 채택에 힘입어 현대 스포츠의 한 부분으로 자리매김을 하고 있다. 현재 전 세계적으로 무도의 종류로는 태권도, 유도, 검도, 합기도, 용무도, 가라데, 우슈 등 지역과 국가별로 각기 특색 있는 무수히 많은 종류의 무도·무술이 존재 하고 있다.

특히 오늘날 심도 있게 논의 되고 있는 무도의 용어 정립에 관한 문제에 있어서, 그 용어의 개념을 살펴 볼 필요가 있는데 무술, 무예, 무도의 한자 자의에 바탕을 둔 해석을 간략히 정리해 보면 다음과 같다.

무도의 '무(武)'라는 글자는 '창'을 의미하는 '戈'자와 '무기(武器)를 멈춘다.'라는 의미의 '止'자가 합성된 것처럼 보인다. 그래서 '무도는 본래 멈추는 도(道), 즉 스스로 무기(武器)를 다스리고, 상대의 무기(武器)도 다스리는 것을 의미하며 궁극적으로는 상대와 싸우지 않고 조화를 이루는 길(道)을 체득하기 위한 것이다'라고 설명 할 수 있다. 또한 무도라는 것은 타인과의 경쟁을 의미하는 것이 아니고 상대를 인정하고 화합(和合)하는 정신을 기르고 평화적인 세계를 구축하는 것을 의미한다.

그러나 한자 어원(語源)의 또 다른 주장으로는 '무(武)'의 본래 의미는 창(戈 · 무기)+止足을 의미' 이라고 해석하면서 무기(武器)를 들고 당당하게 전진하는 모습을 표현한 회의문자(會意文字)로 해석 하였다. 즉, 사람이 무기를 지니고 보무당당하게 전진하는 모습을 나타내는 것이었고, 무한의 존재와 사물을 추구하기 위해서 끊임없이 전진하는 것을 의미하고 있다'라는 주장이다. 이러한 해석을 뒷받침하는 것이 중국에서 왕이 죽었을 때, 붙여지는 무왕(武王)과 무제(武帝)같은 칭호는 생전의 왕이 위엄을 가지고 전란(戰亂)을 극복한 행적을 기리기 위하여 붙여지는 것이었다.

또한 그 의미는 굽히지 않는 강한 정신력으로 승리를 거머쥔다는 의미로 '창을 멈춘다.'라는 부드러운 의미는 아니었다. 이렇게 본다면 무(武)는 본래 무기를 들고 발로 전진 한다는 의미이며, 보다 광의적인 해석으로는 한 국가를 다스리기 위하여 혁명이나 전쟁을 통해 구습(舊習)을 타파한다는 의미로서 무(武)라는 의미가 사용되었다. 그렇기 때문에 지금도 무(武)라는 글자에서 싸움이나 무기(武器)를 먼저 떠올리며, 완력으로 상대를 제압하려는 거친 행위를 연상하게 된다. 전(戰)이라는 한자어도 "무기(武器)와 무기(武器)가 서로 부딪치며 겨루다"라는 의미라고 한다.

다음으로 '도(道, way)'라는 글자는 원래 갑골문자로서 '행(行)'이란 글자 안에 '수(首)'와 '지(止)'가 합쳐진 모습으로 표현되고 있다. 도(道)의 의미는 '생각하고 행동하는 것'으로서, 나아가 "사람의 행할 바" 또는 "높은 경지에 도달함"으로 해석할 수 있다.

따라서 무도의 경우 '무(武)로서의 도(道)'로 조화를 이루고, 다도(茶道), 서도(書道), 기도(棋道)와 같은 종류로 설명할 수 있으며, 무(武)와 도(道)의 결합은 무(武)를 습득하는 방법(道)뿐만 아니라 무(武)를 통한 철학적인 경지(인간이 가야할 길)에 도달한다는 형이상학적인 의미도 포함하고 있다.

다음은 무술, 무예, 무도의 세 개념에 대한 이해의 틀을 무술 발전사적 관점에서 무술-무예-무도라는 발전 단계로, 단선적 또는 진화적으로 발전해온 것으로 보는 시각이다.

이 관점은 초보적 수준의 실용적, 실전적 효용성을 중심으로 수련되어온 "무술"이 보다 기술적으로 정교하고 미적, 예술적 차원의 "무예"로 발전하고, 나아가서 무술이 단순히 대인격투의 수단이라는 실용적 차원을 넘어 수련자의 정신적, 인격적 발전을 목표로 하는 교육적 또는 종교적 가치의 실현을 추구하는 "무도"로 발전해 왔다는 것이다.

이러한 발전도식에 따른 인식의 틀은 이들 세 개념들이 각기 개념 형성 과정에 있어서 나름대로의 역사와 문화적 맥락을 가지고 있다.

그리고 무술, 무예, 무도의 개념에 대한 역사적 발전과정에 대한 이해의 틀에서 중요한 몇 가지 변인을 찾아보면 1)실제 전투와의 상관성, 즉 무술수련에서 실전적 효용성에 대한 문제, 2)무술수련에 있어 정신의 의미와 정신수련의 문제, 3)수련방법으로서 형 중심수련과 겨루기 중심수련, 즉 수련방법의 문제, 4)전문 직업 무술가의 등장과 유파의 발생, 이에 수반한 새로운 기술관의 대두 등에 주목할 수 있다.

동양 전통의 사유를 이해한다면 무술에 있어서 술(術)적 경지와 예(藝)적 경지, 도(道)적 경지는 따로 분리되어 존재하거나, 하나의 단계에서 그 다음 단계로 진보해 나가는 계층적 개념이 아니라 무술의 본질인 기술을 제대로 수련하여 일정한 경지에 도달하면 기술 그 자체가 곧 예술로 승화되는 것이며, 그 승화된 경지 속에는 자연의 법칙과 그 속에서 살아가는 인간의 행위의 규범성이 동시에 확보되어 있는 것이란 점을 알 수 있다.

따라서 무술, 무예, 무도를 개념적으로 분리하려는 노력은 특정한 단어에 대한 선호나 또는 특정 단어의 사용을 합리화 하려는 발상 이상의 의미를 지니지 않는 다는 점의 인식이 우선 필요하다.

세 개념간의 차별성이나 특정한 단어의 사용을 위한 논리의 개발보다는 오히려 이 문화 활동에 대한 보다 보편적 의미와 가치의 정립에 주력하여야 할 필요성이 더 크다.

그러한 맥락에서 무술은 철학과 종교 특히 전통정신과 풍습, 민족예술, 전통과학 및 윤리도덕관 등과 무술과의 상호 연관성, 그리고 사회적 합의를 중심으로 하나의 문화현상으로 파악하려는 시도가 우선 되어야 할 것이다(임백원, 1994).

또한 동양의 역사와 전통 속에서 성장 발전해온 무도(무술, 무예)는 각국에 따라 약간의 차이는 있지만 대체로 공히 유불도(유불도)등 전통사상과 동양의 학적 사상을 바탕으로 하여 격투기술을 중심으로 인간의 건강과 신체활동을 문화로 해온 영역이다.

서구의 체육활동이 주로 대인 격투와 전쟁을 중심으로 발전해온 것과 마찬가지로 무도(무술, 무예)역시 동양의 문화 전통에 있어서 체육활동의 중심으로서 지속적으로 발전해 왔다.

그러나 동양 무도는 서구의 스포츠와는 달리 승패를 중심으로 한 경쟁적 놀이문화로 발전하지 않고, 도(道) 개념을 중심으로 하여 음양(陰陽), 강유(剛柔), 허실(虛失), 내외(內外), 동정(動靜)등의 개념들을 응용하여 신체활동을 철학화 하는 수행문화로 발전하여 오늘날에 이르렀다.

또한 무도는 국소 해부학과 이에 기초한 장기 기능학에 근거한 신체관과 건강관이 아니라 기와 경락을 중심으로 한 유기체적 신체관과 외부 환경과 밀접하게 연계된 기능체로서의 건강관에 바탕 한 신체 수련법이다.

따라서 이러한 무도는 서양적 체육관이나 스포츠 과학의 시각으로 설명되거나 해석되기 어려운 부분이 많이 있을 수밖에 없고 이러한 부분이야말로 무도의 본질적 가치일지도 모른다(허건식외 5인, 2003).

* 무술(武術):술(術)의 자의(自意)에 바탕 하여 기술의 중시, 그리고 기술의 실전적 측면을 강조하여 생사를 건 대인격투 기술이라는 본질적 가치를 강조하는 관점을 말한다. 따라서 이러한 개념으로서 무술은 정신적 측면에 대한 의식이 아직 발달 하지 않았거나 강조되지 않는 다는 점을 암시적으로 전제하는 경우가 많다.

* 무예(武藝):예(藝)를 예술, 표현, 미(美)등과 관련하여 해석하여 기술이 실전적 가치를 넘어 미적, 예술적 경지를 지향하는 관점을 의미한다. 이러한 자의적 의미에 근거하여 무술보다 한 차원 높은 기술적 차원을 무예로 이해한다.
* 무도(武道):도(道)의 자의와 일반적 의미에 관련하여 무도를 기술성을 초월하는 정신성, 철학성에 강조를 두는 수련관으로 이해하는 경우가 많다. 그러나 이때 그 정신성이나 철학성의 정확한 규정은 대개의 경우 애매모호한 편이다.

○ Oscar Ratti & Adele Westbrook (1973) ○

| 구분 | 용어해설 | | 내 용 |
|---|---|---|---|
| 무술(武術) | 武 | • 군사기법(military tecnic)<br>• 군사기술(military art)<br>• 군사체계(military method) | • 기술의 측면에서 싸움 기법이 목적이 된다.<br>• 기술적인 성질 (technical nature)<br>• 전략적인 작용 (statigic functionality)<br>• 수단적인 방법 (how) |
| | 術 | • 기법(technic)<br>• 기술(art) | |
| 무예(武藝) | 武 | • 군대의(military)<br>• 전쟁의(martial) | • 일반적으로 범위가 넓은 용어로 보이며 개별 무술 종목을 포괄적으로 암시하고 있다. |
| | 藝 | • 예(method, accomplishment) | |
| 무도(武道) | 武 | • martial | • 무술로부터 유래된 체계적인 교육방법을 가지고 있으며 목적 달성을 위한 교육적인 방법 이라는 의미가 강하다. |
| | 道 | • way, road, ethics | |

## 2. 경호와 무도의 연관성

무도는 일차적으로 격투를 위한 기술이라는 목적에서 추구되었다. 격투기술로서의 무도의 발전은 사회의 분화와 발전에 따라 개인의 신체적 강함의 추구라는 인간 본능에 바탕을 둔 신체 경쟁 문화, 즉 스포츠 문화로의 변화가 이루어졌다. 다른 한편으로는 타인의 신체에 대한 직접적 위해를 위한 기술의 발전, 즉 실용적 관점에서 대인격투 기술의 발전이라는 방향으로 분화 되었다. 대인 격투기술로서의 무도는 집단의 조직적 격투인 전투 기술의 핵심적 부분이 되었고 따라서 군대무술로 발전하기도 하였다.

모든 시대의 모든 민족들이 어떠한 형태로든지 격투기술을 가지고 있었고, 문화교류가 활발하게 이루어지지 않았던 문명권에서도 격투기술은 존재 하였다.

격투기술은 서양에서는 복싱, 레슬링의 형태로 동양에서는 무술의 형태로 존재 하여 왔기 때문에 어떤 종목의 격투기술이 먼저이고 그 기술이 어떻게 변형되어 왔는지 하는 등의 역사를 정확하게 살피는 것은 어떤 면에서는 불가능할 지도 모른다.

동양의 격투기술은 무도로서 서양보다 더욱 다양한 형태로 발전하여 왔는데, 이러한 논리는 그 동안 경기화로의 발전을 가져온 유도, 태권도, 검도 등이 기술과 이름, 그리고 내용 등이 변화되기는 하였으나 스포츠화 된 무도의 원류에 있어서는 유사한 면을 많이 지니고 있다(허건식, 2003).

경호 상황에서 이러한 격투술이 사용되어지는 상황은 위기상황이 발생 하였을 때이다. 경호적 의미의 위기상황은 계획적인 의도에 의해 경호대상자에게 직, 간접적으로 발생하는 위해기도사태와 우연히 또는 계획적으로 경호행사를 방해하는 사태를 총칭하며, 위기상황 발생 시의 즉각 적인 조치가 경호의 승패를 좌우한다.

이러한 위기상황이 발생했을 때 경호대상자를 효과적으로 보호하기 위해서는 총기나 무기류 등이 사용 될 수 있으나 그 직접적인 수단은 고도로 훈련된 몸을 가진 경호 전문가에 의해서 시행된다.

이와 같이 고도로 훈련된 몸을 바탕으로 경호업무를 수행하는 경호원은 위기상황 발생 시 정확한 순간판단능력과 체력을 겸비하고, 무도능력을 기반으로 경호대상자를 안전하게 보호하는 것이 최선의 방법이라고 볼 수 있다.

또한 무도의 개념을 통하여 무도 정신을 배워 경호업무 수행 시 나타날 수 있는 불안을 해소하고 자아수련을 거쳐 경호업무 수행 시 한 치의 실수도 용납 하지 않는 강인한 정신력을 기를 수 있다.

경호무도는 경호원의 기본 직무능력이며 수련으로서 단순히 단련에 그치는 것이 아니라 업무에 대한 자신과 강인하고 건전한 정신력을 배양하는데 그 근본적인 뜻이 있다. 이는 경호대상자에게 안전에 대한 믿음을 줄 수 있을 뿐만 아니라 경호원으로서의 능력이며 위해자를 제압하고 경호대상자를 보호하며 정의를 위한 전진으로서 패기를 기르는 능력이기도 하다(경찰대학, 1997).

## 3. 경호무도의 유래

경호무도의 유래는 경찰이 교육을 목적으로 한 경찰무도로부터 유래되었다고 볼 수 있다. 경찰의 무도교육은 1945년 8월 15일 해방과 더불어 같은 해 9월 13일 미군정 하에서 서울 세종로 소재 경찰관 관습소를 개설하고 2천여 명의 경찰관을 공모, 신규 채용하여 교육을 실시하게 되었으며, 이에 교육훈련의 필요성을 깊이 인식하고 경찰직무의 충실한 이행을 위하여, 강건한 체력 단련과 엄정한 법규 확립 및 명랑한 품성 배양을 통해서 대동단결과 협동정신을 고취하고자 1947년 7월 31일 "대한경찰상무회"를 창설하였다.

당시 상무회 회원은 전국의 경찰관으로 하고 약간의 회비를 징수하여 경찰상무회 운영 경비에 충당하는 한편, 매년 경찰관 합동무도대회를 실시하였다.

이 후, 1949년 6월 12일 경찰전문학교 술과 과목에 무도수련으로 유도·포박학(22시간)을 교육하였는데 이때의 포박학이 바로 경찰무도 교육으로 변화발전하게 되었으며, 1952년 8월 6일 경찰관 교양규정(내무부 훈령 제42호)제정으로 술과 훈련에 포박술(체포술)이 포함되었다. 이후 체포술 교육훈련의 중요성이 증대됨에 따라 같은 해 9월 "대한경찰상무회" 주도로 전국적인 순회강습회를 갖게 되었다.

1954년 3월 3일 경찰전문학교 직제개정으로 체육학과 신설과 1962년 2월 각 시도에 경찰학교 설치와 동시에 상무관을 건립함으로서, 무도·체포술 교육을 효율적으로 할 수 있게 되었다(정진환, 1979).

이때 경찰상무회의 업무는 본래 치안국 경무과 상무계에서 관장하였으나, 1954년 3월 경찰전문학교에 이관되었다가 그 다음 해 4월 25일 치안국 직제를 일부 재정함으로서 재차 치안국 경무과에서 업무를 담당하다가 곧바로 교육과로 이관되어 현재 경찰청 교육과에 무도연구 지도관을 두어 관리하고 있다.

또한, 1981년 경찰대학 개교와 더불어 상무학과를 두고 경찰대 학생을 대상으로 태권도, 검도, 유도, 합기도, 체포술 교육을 실시하고 있다.

경찰청에서는 흉포화, 조직화되어가는 범죄에 신속하고 과감하고 능동적으로 대처할 수 있도록 하기 위하여 전국 경찰무도사범들에게 집체교육훈련을 실시하고 있을 뿐만 아니라 "경찰 기초 체포술"을 위하여 실무교양자료를 발간, 전국 경찰관서에 배포함으로서 전 경찰관을 대상으로 통일적이고도 체계적인 체포술 보급에 심혈을 기울이고 있다(경찰대학, 1997).

## 4. 경호무도의 의의

경호무도는 경호대상자의 절대적 신변안전을 위해 고도의 무도로 단련된 신체를 가진 경호원들이 다양하게 전개되는 위기상황이 발생하였을 때 사용가능한 모든 수단과 방법을 동원하여 위기상황에 맞는 적절한 경호기법을 적용하여 위해자의 공격을 무력화 시켜 경호대상자를 안전하게 보호하기 위한 경호원의 기본 직무 능력이자 경호기법 중의 하나이다.

또한, 경호무도는 단순히 위기상황대처 능력만을 향상 시키는 것이 아니라 무도수련을 통해  심리적 불안을 해소하여 정신적 안정에 따른 경호업무에 대한 자신감을 고취시키는 정신건강의 증진과 경호대상자에 대한 충성심과 같은 철학적 의미를 부여 할 뿐만 아니라 신체적 건강과 경호체력을 증진시키는 복합적인 의미도 내포하고 있다.

아울러, 경호무도의 진정한 목적은 위해범을 제압하는 것이 아니라 경호대상자의 완벽한 보호와 더 나아가 경호대상자가 고유 업무를 정상적으로 수행할 수 있도록 하는 수단으로 적용 되어야 할 것이다.

한편, 경호원들이 경호업무 수행 중 업무에 너무 충실한 나머지 자칫 타인의 인권을 침해 하는 경우도 일어날 수 있는데, 법률에 근거를 두지 않고서 행한 무력행위나 공격적인 행동으로 인해 경호원들이 때로는 뜻하지 않게 비난의 대상이 되기도 한다.

만약 경호업무 실패의 원인이 경호원 개인의 기본역량이나 범인제압능력 부족으로 발생하는 것으로 추정되면 개인기량향상을 통해 자신감을 기르고 경호원 자신의 업무능력을 배양해 항상 준비된 경호원으로 거듭나야 될 것이다.

이에 경호무도는 위해 기도자에 의한 위기상황이 발생하였을 시 위기상황에 맞는 적절한 무도기법을 적용하여 위해자의 공격 의지를 무력화 시켜 경호대상자를 안전하게 보호하는 경호원들의 기본직무능력이다.

또한 몸과 마음을 수양하고 건전한 정신력 배양에 목적이 있음은 물론, 경호원 자신이 아닌 경호대상자의 신체방어(Cover) 및 보호의 개념이며, 체력증진과 위해 기도자 제압능력을 제고하는 종합적인 무도이다.

따라서 경호업무수행에 따른 위험성과 경호대상자의 생명과 신체보호를 위해 실질적인 무도 교육훈련이 요구되어지고, 강력하고도 완벽한 경호업무 수행을 할 수 있도록 무도수련을 강화시켜 나아가야 한다. 또한 과학적이고 체계적인 경호무도훈련 프로그램의 개발과 경호 및 무도 전문가에 의한 기술적인 보급도 확대해 나아가야 한다.

경호무도는 경호대상자를 안전하게 보호하기 위한 또 하나의 신 경호기법이다. 경호무도는 경호대상자의 절대적 신변안전을 확보하기 위하여 모든 사용가능한 수단과 방법을 동원해 신체 각 부위를 사용하여 상대방의 공격을 피하고, 막고, 상대방의 힘을 이용하기도 하면서 신체의 유용한 부위를 적절히 사용하여 위해자에 대해 반격하는 기술로서 심신을 연마하여 인간다운 길을 걷게 하는 무도이기도 하다.

경호에서 무도의 역할은 경호대상자의 안전을 위해 위해자의 위해행위를 무도기술을 통해 제압하고 살신성인의 무도정신을 발휘하는 것이다.

무도의 종류에는 태권도, 유도, 합기도, 용무도등이 있으며 각 무도를 수련하면서 경호목적에 부합되도록 기본기량을 향상하고 효율화할 수 있는 방법론을 강구하여야 한다.

그러므로 경호무도는 경호업무 수행 중 경호원들이 위기상황에 대응해서 경호환경과 그 특성에 따라 여러 무도기술 중에서 가장 적합한 기술을 사용하여 위해자를 단 한 번에 제압하고 다음 상황에 적절히 대처하는 기술을 경호무도라고 할 수 있다.

## 5. 경호무도의 특성

경호무도와 일반무도에서 상대를 제압하기 위한 수련의 방법적인 측면에서는 유사하나 상황과 목적에 따라서는 큰 차이점을 찾아 볼 수 있다.

일반무도는 시합에서의 승리를 위한 경기력 향상을 위해, 또는 자신의 몸을 보호하기 위한 호신 또는 건강증진을 목적으로 수련을 하지만, 경호무도는 일반무도와 달리 경호업무수행 시 발생할 수 있는 각종 위기상황으로부터 경호대상자를 위해자로부터 완벽하게 보호하는데 목적이 있으므로, 경호무도와 일반무도의 차이점과 특징을 아래와 같이 규정지어 볼 수 있다(이상철, 1998).

첫째, 일반무도에서는 상대의 목표가 자신이지만, 경호무도에서는 상대의 목표가 자신이 아닌 경호대상자이므로 자신은 제3자의 입장에서 임무를 수행해야 한다.

둘째, 일반무도에서는 공격과 방어의 상대가 명확하게 정해져 있지만, 경호무도에서는 공격자(상대)를 사전에 알지 못하며 위기상황 발생 시 에만 알 수 있다.

셋째, 일반무도에서는 공격에 대비해 무게중심을 낮게 하거나 움추린 상태이지만, 경호무도에서는 경호대상자를 보호하기 위해서 수직적 방벽과 수평적 방벽을 최대화하고 공격자의 시야를 가리기 위해 최대한 체위를 확장시켜야 한다.

넷째, 일반무도에서의 1차 목표는 득점 또는 상대를 공격(attack)하여 제압하는 것이지만, 경호무도에서의 1차 목표는 경호대상자의 보호를 위한 방어(cover)와 대피 (evacuate)이다.

다섯째, 일반무도에서는 상대가 단수이지만, 경호무도에서는 공범의 유무에 따라 상대의 수가 다수 일 수도 있다.

여섯째, 일반무도에서는 득점을 위해서 수차례의 공격과 방어가 이루어지지만, 경호무도에서는 제2의 공격을 허용하지 않도록 수단과 방법을 가리지 말아야 한다.

일곱째, 일반무도에서는 규칙과 규정이 있지만, 경호무도에서는 경호대상자의 보호라는 목적만 있을 뿐이다(양재열, 1995).

여덟째, 일반무도에서는 상대가 맨손이지만, 경호무도에서는 상황에 따라 상대가 무기(권총, 칼, 몽둥이 등)를 소지하고 공격할 수도 있다.

아홉째, 일반무도에서는 수련장 또는 경기장과 같이 일정하게 정해진 장소가 있지만, 경호무도는 일정한 장소 없이 위기상황이 발생하는 그곳이로 바로 경호무도를 행하여야 할 장소이다.

### ○ 일반무도와 경호무도의 차이 ○

| 구 분 | 일 반 무 도 | 경 호 무 도 |
|---|---|---|
| 공격 대상 | 자기 자신 | 경호대상자 |
| 공격 상대 | 미리 알 수 있다 | 위기상황 시에만 알 수 있다 |
| 공격 체위 | 무게 중심을 낮춘다 | 체위를 확장 시킨다 |
| 공격 목표 | 상대제압 및 득점 | 경호대상자의 방어 |

| 공격자의 수 | 단 수 | 단수 또는 복수 |
|---|---|---|
| 공격 형태 | 수차례의 공격 가능 | 제2의 공격 불허 |
| 공격의 규칙 | 있다. | 없다 |
| 공격의 방법 | 맨손 | 상황에 따라 무기소지가능 |
| 장 소 | 경기장, 도장 | 위기상황 발생장소 |
| 복 장 | 도복, 수련복 | 정해진 복장 없음 |

## 6. 경호무도의 가치

### 1) 사회적 가치

경호는 행사의 특성마다 다르지만 대부분의 경호조직으로부터 시작이다. 인간은 사회적 동물이다. 그러므로 경호원 개인의 독단적 행동은 그 경호행사의 실패를 초래할 수 가 있으며 나아가 경호대상자의 안전을 보장할 수가 없다. 경호원 개개인의 특성을 경호조직에 잘 맞춰야만 이 경호행사를 잘 이루어질 수가 있다.

그런데 위해자의 위해수위가 지능화, 흉폭화, 대규모화 되면서 현대경호는 경호원이 적응하는데 과거보다 더욱 어렵게 변해 가고 있다.

이와 같은 사회성의 발달은 경호무도 참여를 통해서 잘 이루어질 수 있는데 경호무도 참여는 집단적인 활동형태가 많이 나타난다. 이러한 집단적 행동은 집단으로서의 전체적 행동 가운데에 개인적 행동이 부분적으로 작용함으로써 성립하는 것이므로 여기서는 개인 단독적인 행동은 허용 되지 않는다.

집단 내에서의 활동은 다른 구성원과 협력, 협동하는 가운데 이루어지며, 이때 친화적인 관계를 밀접하게 함으로써 개인의 사회성 발달에 크게 기여할 수 있다. 특히 집단 경호기법 활동의 경우에는 집단 내의 협력체제가 더욱더 강하게 요구되므로 각 성원이 모든 활동에 열성적으로 봉사하는 체험을 통해서 바람직한 사회성의 발달을 도모하게 된다.

한편, 사회성 발달을 위한 사회화(socialization)란 사회에서 기대하는 여러 가지 행동을 배워나가는 과정, 집단의 규범이나 문화를 내면화하는 과정이다.

경호무도에서의 사회화는 개인이 경호무도 활동에 참여함으로써 사회집단에 잘 적응하여, 특정 사회가 지니고 있는 문화를 체득하고 그 자신의 개성적인 특징을 발휘할 수 있도록 하는 과정을 말한다.

특히 경호무도를 통한 사회화에 있어서 일차적으로 경호무도 활동의 참여가 문제가 된다. 그것은 경호무도 참여의 경험이 누구에게나 일정한 것이 아니고, 개인에 따라 특수한 상황 하에서 참여가 이루어지는 까닭이다. 즉 경호무도에서의 사회화는 경호무도 참여를 전제로 하며 경호무도로의 사회화라고 한다.

이와 같이 경호무도로서 사회화가 이루어진 연후에 비로소 이의 경험을 통한 사회화가 일어나는데 이를 경호무도를 통한 사회화라고 한다. 이는 경호무도 참여를 통해 민주정신 함양, 규율, 수양, 적응 등 사회성이 함양된다는 것을 의미하기도 한다.

사회화는 개인과 개인 혹은 개인 사이의 상호작용을 통하여 일어나므로 경호무도는 참여하는 이들로 하여금 개인별로 또는 집단 간의 접촉으로 긍정적인 사회성을 길러주고 바람직한 사회화과정을 체험하게 해준다.

경호무도는 경쟁과 협조의 기회를 주어 그 속에서 복잡한 인간관계를 갖도록 하고 공동목표를 위해 노력하면서 각자의 책임과 의무를 다할 수 있도록 하여 인간관계를 더욱 두텁게 하는 의도적 행위라고 할 수 있다. 특히 경호무도 중에서 경호기법에 의한 경호무도 수련 시의 단체 활동에서는 역할 분담이 기회를 주며, 공동목표에 대한 자기의 역할을 수행할 수 있는 상황이 많다. 경호무도에 있어서의 수련경쟁은 단순한 대결이 아니라 합의된 선의의 경쟁이며, 협력적인 대결이다.

따라서 상대적인 입장이 아니라 더불어 활동하는 관계를 유지하되 경쟁을 할 때는 당당히 자기의 능력을 최대한 발휘하여야 된다.

이와 같이 경호무도 활동을 통하여 협동심, 책임감, 예의 등을 몸에 익히고, 규칙의 존중, 약속의 이행 등과 같은 덕성을 함양시키고 인내력, 집중력, 절제심 등을 기를 수 있다는 것이 또한 경호무도의 사회적 가치라고 할 수 있다.

### 2) 정신적 가치

레빈은 인간의 행동이 개인과 개인을 둘러싸고 있는 환경과의 역동적 상호관계를 이루며 일어난다고 하여 이 관계를 B=F(P . E)라는 공식으로 설명하고 있다.

여기에서 B는 행동(behavior), P는 개인(person), E는 환경(environment)이고 F는 이들 간의 함수관계를 나타낸다. 즉 행동은 개인과 환경과의 함수관계에 있음을 뜻한다. 따라서 경호원은 그 자신의 요인(습관, 과거의 경험, 성격적 특성, 심리적·생리적 요구상태)과 그를 둘러싸고 있는 환경요인에 따라 행동을 달리한다.

인간의 심리적 욕구는 욕망 ,야심, 흥미, 정서, 감정, 태도 그리고 신념 등에 관련되어 있다. 즉 인간은 자기가 하고 있는 것에 대하여 남이 알아주기를 원하고, 자기 자신이 중요하고 성공적인 인간이라는 것과 소속감을 느끼고 창조적이며 자기표현에 대한 기회를 갖고자 하는 욕구가 있다. 스포츠 참여는 바로 신체활동의 욕구, 자기표현의 욕구, 자기과시의 욕구, 집단참여의 욕구 등과 같은 인간의 욕구를 발산시킬 수 있는 수단인 것이다.

인간의 이와 같은 욕구가 충족되지 못하거나 억제되면 욕구불만을 유발하여 짜증, 비판, 자해원인, 불평, 흥분과 분노, 초조, 발작과 공격, 책임회피 등 반사회적 행동을 야기 시킨다.

경호무도수련 속에서 이루어지는 여러 가지 기술과 접촉은 정서를 조정하는 기회를 갖게 하며, 기술적 발전과 노력과 인내로써 이룬 성취감 등 정신적인 면은 물론 적극적이며 동적인 생활의 원동력을 갖게 한다.

특히 경호무도의 정신적 가치는 경호무도수련이 심적 변화에 대한 스트레스 해결에 매우 효과적이라는 것이다. 스트레스는 인간이 신체 및 심리적 적응에 긍정적인 영향보다는 부정적인 영향을 더 많이 주는 것으로 알려져 있다.

이 부정적 효과에는 심장질환을 비롯한 정신, 신체질환과 충격, 적대감, 불안, 우울 등의 정신적 부적응이 포함된다. 대부분의 정신적 적응과 스트레스에 관한 연구에서는 우울증세가 스트레스에 대한 가장 보편적인 반응이라는 데 의견을 같이하고 있다.

우울 증세는 그 정도에 있어서 단순한 슬픔이나 우울한 기분에서부터 지속적인 상실감이나 무력감, 나아가서는 자살 등을 포함하는 정신병적 상태에 이르기까지 매우 다양하며 인간의 정신건강이나 적응에 매우 중요한 지표로 간주되고 있다.

경호무도수련은 신체운동의 중요한 생리적인 효과를 거둘 수 있으며, 아울러 정신적인 만족감까지도 제공하기 때문이다.

이러한 측면에서 경호무도는 체력증진뿐만 아니라 생활주변의 스트레스, 정신력, 협동심, 인격형성, 승리감, 질서 등 다시 말해 개인적, 직무적 등에서 일어나는 정신적인 스트레스를 이들 영역에서 해소하게 하는 큰 효과를 지닌다.

### 3) 신체적 가치

복잡하고도 긴장의 연속인 경호업무를 수행하다보면 스트레스가 쌓이게 마련이고 긴장과 불안도 수반하게 된다. 이런 것들이 누적되면 심신장애를 가져오거나 일탈의 원인이 되기도 하지만 경호무도 수련을 통하여 체력증진과 더불어 인체기관계의 발달 및 심리적 안정의 변화를 꾀할 수도 있다.

특히 경호무도는 경호업무에 필요한 신체활동을 제공함으로서 활동적, 역동적으로 경호업무를 수행 할 수 있도록 도와주며, 위기상황 발생 시 범인을 효율적으로 제압할 수 있는 기능적 향상을 도모 할 수 있다. 즉, 강인한 체력유지를 위한 신체적 기능으로서 근력, 지구력, 순발력, 유연성, 조정력, 민첩성 등의 복합적 단련과 더불어 집중력, 판단력, 정신력 등의 향상을 위해 경호무도를 수련하고, 이를 통한 신체상의 건강과 건전하고 맑은 정신을 유지할 수 있다.

일반적으로 기본적인 신체활동에 소홀하게 되면 신체적 활동 능력뿐만 아니라 생리적 면역성 까지 떨어져 위기상황 발생 시 민첩하고 적절한 행동을 취하기 힘들어 질뿐만 아니라 일상생활에서 각종 질병에 걸릴 확률이 높아진다.

따라서 각 무도의 특징을 잘 활용한 전신의 움직임을 통하여 경호원들에게 필요한 체력요소인 근력, 순발력, 민첩성, 유연성, 평형성, 조정력 등과 관절의 기능도 강화시켜 항상 활기찬 생활, 넘치는 에너지와 건강함을 유지할 수 있다.

특히 경호대상자의 신변보호를 위하여 위해자를 일격에 제압하기 위해서는 경호무도로 단련된 강인한 신체와 투철한 희생정신이 필요하며, 이 모든 것이 경호무도의 수련으로 가능하다(용인대학교 무도연구소, 2004).

# 제9장

# 경호무도의 구성과 원리

# 제9장

# 경호무도의 구성과 원리

## 1. 경호무도의 구성

경호무도의 단계별 수련프로그램을 통해서 초보적 기술에서부터 고난위도 기술의 수련에 이르기까지 체계적 수련 관리가 필요하다. 그리고 경호무도를 수련함에 있어서 자신의 무도실력에 대한 과신과 자만하지 않는 겸손함, 끊임없는 반복 수련을 위한 노력, 끈기, 인내력이 필요하다. 또한 정확하고 합리적인 기술 습득의 요령과 방식을 파악하여 수련해야 하며, 자신의 무도능력 정도에 부합되는 수련의 단계를 밟아야 한다.

옛 부터 무도인 들은 신체의 단련과 수련을 정신의 문제와 분리할 수 없다고 보고, 몸의 단련이라는 것은 신체만을 단련하는 것이 아니라 신체와 정신을 동시에 단련 하는 것이라고 생각 하였다.

그러므로 경호무도의 수련 또한 기술위주의 기량습득에 맞추는 것이 아니라 육체를 단련하고 이를 통한 올바른 가치관 형성과 정신을 단련시키는 것을 말한다. 이는 단순한 기술습득을 위한 수련보다는 경호원으로서 갖추어야 될 정신과 신체의 단련이 주된 수련 목적인 것이다(박준석, 2006).

### 1) 대인성

경호무도는 상대방과의 겨루기를 통하여 기술의 우열을 가리는 대인격투무술이다. 경호무도의 대인격투기술은 상대를 치고, 차고, 던지고, 꺾고, 조르고 하는 등의 공격기술과 상대의 공격으로부터 경호대상자와 자신의 신체를 보호하기 위한 피하기, 막기 등의 일련의 방어기술의 과제 해결을 위해 손을 쓰는 기술과 몸을 쓰는 기술, 발을 쓰는 기술로 크게 나누어 볼 수 있다.

일반무도에서는 자기의 능력만을 최대한 발휘하면 되지만 경호무도의 경우에는 위해자의 행동 변화에 따라 경호원의 대처 방식 또한 변화된다.

상대의 움직임에 따라 순간적으로 변화하는 경호무도는 경호원들이 경호업무수행으로 인해 정신적 · 신체적으로 불안정성을 보일 때 정신의 집중, 마음의 안정, 자기통제 등의 마인드 컨트롤을 극대화 시킬 수 있다.

### 2) 기술의 반복성

기술의 반복성이라 함은 경호무도의 단계별 수련프로그램 내용 중 같은 기술의 반복 수련을 뜻한다. 단계별 수련프로그램이 어떤 내용이든 그것이 경호원들의 몸에 각인되기 위해서는 끊임없는 계속적인 반복 수련을 필요로 한다.

특히 대부분의 무도기술은 반복 수련을 통하여 습득되어지므로, 반복 수련에 대한 노력 없이는 실력향상을 기대하기는 힘들다.

현재의 경호무도 기술이란, 위기상황에 따른 일반무도기술의 전승 및 답습 형태로서, 경호무도의 구체적인 기술의 습득은, 오랜 세월의 수련과 경험을 통해 전해진 실전기술과 무도철학의 정수를 모아놓은 일반무도의 기술을 바르게 습득 하고 익히어, 경호상황에 적절히 적용하는 것으로부터 시작된다.

또한, 경호무도에서 수련되어지는 기술의 형태는 외관상으로는 단순히 공·방의 형태로만 구성되어져 있는 듯하나, 동작과 동작사이에는 심오한 기술의 원리와 이론에 따른 보이지 않는 흐름과 기법이 함축되어 있으며 이를 통하여 심신을 수련한다.

경호무도의 반복 수련에 힘입어 무도기술이 신체에 각인되었을 때 비로소 개성적 · 창조적인 무도기술을 능숙하게 구사할 수 있다(박준석, 2006).

### 3) 기술의 절제성

경호무도는 경호원이 경호대상자를 보호하기 위한 수단이다. 따라서 경호무도의 수준은 어떠한 위해자도 능히 방어하고 제압할 수 있는 수준이어야 하며 복잡하고 화려한 고 난이도의 기술보다는 간결하면서도 빠르게 대처할 수 있는 기술의 습득이 필요하다.

화려한 동작이나 발차기는 지양하고 단순하고 절제된 막기 기술로 방어하고, 체포술로 범인을 제압하며, 제압 시 외상을 남기지 않도록 주먹보다는 바탕손, 팔목 및 아귀손이나 손날 등을 활용하여 제압하도록 한다. 위기상황과 같은 초를 다투는 위급 상황에서는 화려하고 복잡한 기술 보다는 오히려 짧고 간결한 기술이 유용하게 활용된다.

### 4) 기술의 호신성

호신술은 일상생활에서 불의의 공격에 대해 자신을 보호하는 기술로 이해할 수 있다. 호신술 수련은 단시일에 걸쳐 익힐 수 있는 것이 아니고 각 원리에 따른 상대와의 지속적인 연습, 연마에 의해서 숙련될 수 있는 영역이다.

기술의 분류는 꺾기, 젖히기, 넘기기, 조르기, 빼기, 타격 등 여러 가지가 있다. 맨손 술이란 상대가 무기를 지니지 않고 맨손으로 멱살을 잡는다든지 주먹으로 가격하는 행위에 대해 대처하는 방법이고 무기 술이란 상대가 어떠한 무기, 즉 막대, 칼, 총기류 등을 이용해 찌르고, 내리치고, 휘두르고, 위협하는 공격에 대처하는 기술을 의미한다.

경호상황에서의 호신술은 우리가 일반적으로 생각하는 호신술과는 엄연한 큰 차이가 있다. 일반적인 호신술은 자기 자신의 안전을 위한 호신술로서 무시무시한 무기로 위협하거나 자신보다 몸집이 몇 배나 커 보이는 상대를 보고 전의를 상실하여 도망을 가도 상관이 없다. 도망도 일종의 호신술이기 때문이다. 하지만 경호상황에서의 호신술은 자기 자신이 아닌 경호대상자를 보호하기 위한 호신술이 되어야 하기 때문에 이 같은 상황이 일어나더라도 살신성인의 정신으로 경호대상자를 보호하여야 한다는 차이점이 있다.

경호원들은 호신술 수련을 통해 꺾기, 젖히기, 넘기기, 조르기, 빼기, 타격, 체포술과 같은 기술 중에서 자신의 취약부분을 잘 파악하고 보완해서 경호업무수행에 만전을 기해야 할 것이다.

## 2. 경호무도의 원리

경호무도는 자신의 신체발달과 정신적 수양이 결합된 생리적이고 역학적인 무도라고 할 수 있다. 경호무도의 힘과 기술은 단지 무거운 것을 들 수 있는 근력이나 먼 거리를 달릴 수 있는 지구력만을 의미하는 것은 아니다. 경호무도의 힘과 기술은 순간적으로 짧은 시간에 충격적인 큰 힘을 발산하는 것이 중요하다.

경호무도를 수련하는 과정에서 무조건 단련하고 반복하는 것보다는 체계적이고 이론적인 역학적 원리에 입각한 수련을 함으로서, 바르고 효과적인 힘과 기의 사용방법을 알 수 있으며, 심리적 안정을 취하는 것도 효과적인 수련을 하기 위한 한 가지 방법이 될 수 있다

### 1) 힘의 방향

힘은 기술의 목표방향에 따라 증가할 수도 있고 감소할 수도 있다. 힘은 크기와 방향을 가지기 때문에 같은 방향으로 힘을 더하는 경우에는 힘의 크기가 증가하지만, 다른 방향으로 힘을 더하게 되면 전체적인 힘의 크기는 감소한다. 따라서 원하는 기술의 방향이 힘의 방향과 일치할 때에는 같은 방향으로 힘을 더하고, 그 반대일 때에는 반대 방향으로 힘을 주어야 한다.

이와 같이 경호무도 수련 시 신체의 움직임에 의해 생긴 힘을 이용하여 기술을 걸거나 손과 발로 가격하고 몸을 이동시키는 것은 인체에서 발생한 운동량을 일정한 방향으로 옮기는 것과 같은 원리라고 할 수 있다.

이것은 경호무도 수련 시에 지르거나 차거나 하는 기술동작에서 그 기술 동작(운동)이 수행되어지는 방향으로 움직이는 부분은 계속 그 방향으로 움직인다. 예를 들어, 위기상황 발생 시 위해자가 흉기로 위해를 가할 때 공격방향으로의 빗겨 던지거나 꺾기 등의 기술은 위해자의 힘의 방향을 정지시키지 않고 방향만 살짝 바꿔주는 방법인 것이다.

물체에 외력이 작용하지 않으면 정지하고 있는 물체는 계속 정지하고 있고, 운동하고 있는 물체는 계속 운동하려하는 관성의 법칙의 좋은 예이다(박준석,

2006). 또한 위해 시 몸, 팔, 다리 등으로 막는 동작을 통해 상대의 공격방향을 정지시키는 것도 하나의 방법이 될 수 있다

### 2) 충격력 강화 및 완화

충격량은 운동량의 변화량이라고 할 수 있는데 물체의 운동량이 변하는 경우는 질량이나 속도 또는 둘 다 변할 때이다. 즉 작용한 힘과 힘을 작용한 시간의 곱을 충격량(충격량 = 충격력 × 접촉시간)이라 한다.

두 물체가 운동을 하다가 충돌하여 서로 힘을 주고받게 될 때 주고받는 힘은 작용·반작용의 법칙에 의해서 크기는 똑 같고 방향만 정반대이며, 두 물체가 충돌하여 서로 충격력을 주고받는 시간은 두 물체가 접촉하고 있는 시간이며 충돌한 후에 그 물체가 어떻게 운동할 것인가는 충격력의 크기와 두 물체가 접촉하고 있는 시간에 의해서 결정된다.

경호무도 수련 시 충격력을 강화 하는 것이 유리할 때도 있고 충격력을 완화 하는 것이 유리할 때도 있다. 특히, 무도수련으로 인한 상해예방과 상대의 공격으로부터 신체를 보호하는 측면에서 충격력의 완화는 중요한 의의를 가진다. 충격량을 완화하기 위해서는 우선 운동량의 변화가 긴 시간 또는 긴 거리에서 이루어지도록 해야 한다.

예를 들어 높은 곳에서 뛰어내릴 때 우리는 발이 지면에 닿는 순간 다리를 구부린다. 착지하는 순간 다리를 구부리면 다리를 곧게 펴서 착지할 때보다 운동량을 감소시키는 시간이 10배 내지 20배정도 길어진다.

따라서 다리의 뼈에 가하는 충격력은 10배 내지 20배정도 작아진다. 또한 바닥에 넘어질 때 낙법을 이용하면 어깨, 옆구리, 엉덩이, 무릎, 발 등을 연속적으로 바닥과 충돌시켜 충격을 분산시키고, 근육을 이완시켜 바닥과의 충돌시간을 길게 한다. 물론 완충작용을 하는 매트에서는 충돌 시간을 증가시키므로 딱딱한 바닥보다는 매트에 떨어지는 것이 상해예방측면에서 훨씬 유리하다.

또한, 방어자가 피한 지르기와 차기의 운동량은 "관절을 지키는 무의식의 감속 기능"에 의해서 공격자 자신이 흡수해 버린다. 초보자는 동작이 서툴러 이

운동량을 적절히 흡수 할 수 없어 자세가 흩트려져 버린다.

상대의 힘을 막아 날린다는 말을 흔히 사용하지만 엄밀히 말하면 막아 날리는 것은 힘이 아니라 운동량이다.

이와 같이 몸놀림만으로는 공격을 피할 수 없는 경우도 많다. 이런 경우에는 상대의 운동량에 이쪽으로부터 별개의 운동량을 부가하여 방향을 바꾸어 주는 방법도 있다.

상대의 운동량(공격)이 자신에게서 필요한 만큼 벗어났을 때에는 운동량을 증가하는 방향으로 힘을 부가하는 것도 좋다.

예를 들면 주먹지르기를 해 오는 팔을 앞으로 당겨 뺀다든지, 발차기로 걷어 차 올린 발을 위로 쳐 올려 주는 것이다. 이것은 방어 측 입장에서는 단순히 피했다고 하는 경우를 넘어서서, 공격 측이 감속과정에서 스스로 큰 운동량을 흡수해야 한다는 부담을 안는 것이 되기 때문에 자세가 흐트러져 버린다.

반면 충격량을 크게 하는 예로는 상대방에게 주먹으로 가격을 할 경우 밀어치지 않고 끊어 쳐야 자신의 주먹과 상대의 신체가 접촉하는 시간을 줄여 상대에게 강한 충격력을 줄 수 있다. 이와 같이 물체의 운동량을 증가시키기 위해서 최대의 힘을 가능한 한 오랫동안 가한다.

### 3) 힘의 최대화

동작과 동작 서로 간에 타이밍을 잘 맞추어서 최소의 에너지로 최대한의 운동효과를 얻고자 하는 원리이다.

힘은 아주 적절한 순간에 적재적소에 효과적으로 사용되어져야 하며, 이 때 발생하는 속도는 가해지는 힘에 비례하고, 질량에는 반비례하며 힘의 방향과 일치한다.

예를 들면 주먹을 지를 때나 발차기를 할 때 자신의 체중과 함께 빠른 순발력의 동작은 큰 힘이 실리어서 상대를 공격할 시 효과적인 힘을 발산할 수 가 있다. 이는, 경호무도에서 적절한 기술의 사용 시, 지니고 있는 힘의 양보다는 그 힘을 발휘하기 위한 근육의 반응시간이나 수축시간이 중요하며, 많은 훈련

양을 통해 반응시간을 빨리 할 수 있으며 이로 인해 큰 힘을 효과적으로 내게 되는 것이다(노승환, 2002).

또한 추진력이나 방향전환을 위한 힘은 모두 마찰력으로부터 얻는데, 일반적으로 마찰력은 저항력으로만 고려하기 쉬우나 마찰력이 없으면 인체운동의 추진 및 운동유발은 불가능하다.

저항력으로서의 마찰력은 최소화해야 하고 추진력의 근원으로서의 마찰력은 최대화하는 것이 힘의 효율적 사용에 있어 대단히 중요하다.

### 4) 빠른 이동과 안정성

경호무도 동작에서 안정된 자세는 움직이지 않고 서 있는 경우와 움직임 자체의 안정성을 말하는 경우가 있다. 이러한 안정된 자세는 신체 무게중심의 위치를 어느 곳에 두느냐에 따라 크게 달라진다. 신체의 무게중심은 허리부분에 위치해 있는데, 자세의 안정성은 무게중심의 높이, 무게 중심선의 위치, 무게, 인체를 지지하는 면적 즉 기저면의 크기 그리고 신체를 지지하는 면의 마찰력, 외력의 방향 등과 관련이 있다.

신체동작의 자세가 바뀌면 신체의 무게중심의 위치도 바뀌고 안정의 상태도 변하게 된다. 신체의 무게 중심선을 수직 아래로 연직선을 그어서 기저면 안에 있으면 자세는 안정한 평형상태라 할 수 있다. 즉 자세는 균형을 이루고 있다는 의미이다. 또한, 적당하게 무게중심을 낮추고 다리를 벌리고 있는 자세의 기저면은 차렷 자세의 기저면 보다 훨씬 넓다.

차렷 자세도 무게중심이 몸 안에 있고 무게 중심선은 기저면 안에 있지만 기저면이 넓은 자세가 더 안정한 자세라 할 수 있다. 신체의 무게 중심선이 기저면의 밖으로 벗어나면 자세는 불안정하고 바로 넘어질 것이다.

사람이 힘을 발휘하는 기본 조건은 사람의 자세에 따라 달라진다. 양 다리를 적당히 벌려 신체의 중심을 최대한 낮추어 몸의 중심이 안정 되어 있는 자세 즉 기저면이 넓은 상태에서는 공격은 빨리 할 수 없으나 방어에 있어서는 매우 유리한 자세라 할 수 있으며, 반면 신체 중심이 높고 기저면이 좁은 불안정한 자세 즉, 불안정한 상태에서는 방어에는 불리하나 공격 시에는 빠른 속도로 가격할 수 있는 장점이 있다. 그러므로 신체중심의 위치와 기저면의 넓이에 따라 상호관계가 작용하게 된다.

경호무도 수련 시 이동하고자 하는 방향이 목표 방향으로 정해져 있고, 출발 후 순간적으로 재빠르게 전후좌우 운동을 한다.

목적하는 방향으로 재빠르게 이동하기 위한 조건은 첫째, 신체중심이 지지면 에서 이동하는 방향 쪽에 기울어 있어야 한다.

둘째, 중심을 밀어내기 위한 힘의 작용점은 중심선이 지나는 면의 반대 끝에 있어야 한다. 겨루기와 같은 상황에서 앞으로 이동 시 몸의 중심은 지면에 접지한 양발을 둘러 싼 지지면 위에 있다. 그러나 이동 중에는 한쪽발만 바닥에 접지해 있게 되고 중심은 지지발의 위에 없다. 즉 정지한 겨루기 자세와는 별개의 동적 밸런스가 존재하는 것이다.

겨루기 자세에서 앞으로 이동 시 앞발은 가볍게 띄워서 지면 위를 미끄러지고 있기 때문에 지면으로부터는 힘을 받지 않는다. 뒷발은 지면을 찬 반작용으로 받는 반력의 수평 성분을 갖는다. 중심이 수평으로 이동할 때에 뒷발은 지면을 체중(질량×중력가속도=중력)과 동일한 크기의 힘으로 지면에 수직으로도 차고 있다.

지면으로부터의 힘에 의해서 중심은 뒤에서 앞 방향으로 가속도가 생기게 된다. 이때 중심에는 관성력이 반대방향으로 작용한다. 물론 체중이 지면에 작용하고 있다.

관성력은 뒷발을 중심으로 뒤로 회전하는(뒤로 젖히는) 모멘트를 갖는다. 반대로 체중은 몸을 앞으로 쓰러지게 하는 모멘트를 갖는다. 양쪽의 모멘트가 균형을 이루었을 때 몸은 전후로 기울지 않고 이동할 수 있는 것이다.

중력선을 앞발에 가까이 두면 뒷발을 중심으로 하는 중력모멘트가 커지면서 앞으로 급가속하기에 유리하며, 중력선을 뒷발에 가깝게 두면 뒷발을 이용하여 뒤로 지면을 차게 되며, 뒤로 물릴 때는 앞발을 이용하여 앞으로 차면된다.

즉, 앞으로 이동할 때는 뒷발을 이용하여 뒤로 지면을 차게 되며, 뒤로 물릴 때는 앞발을 이용하여 앞으로 차면된다(배영상외 1인, 2006).

### 5) 호 흡

동작과 호흡은 상호간에 서로 영향을 주고받는데 일반적으로 호흡은 몸통을 굽힐 때나 젖힐 때는 호흡을 뱉고, 몸통을 바로 세울 때는 들여 마시는 것이 원칙이다. 그런데 무도에서와 같이 표적을 지르려 나갈 때는 호흡을 뱉고 표적을 지르는 순간은 호흡을 갑자기 중지해야 타격에 유효하다.

호흡을 내뱉는 것은 저항을 줄이게 되고 또 몸을 부드럽게도 할 수 있으며, 타격 순간 호흡을 중지하는 것은 힘을 마무리 할 수 있는데 이것이 바로 호흡 조절이다.

어떠한 공격이나 방어에 있어 정신의 집중력과 호흡의 조절이 없으면 실패하게 마련이고, 실제 겨루기를 할 때 운동신경의 민감성이 없으면 힘과 기술을 전부 발휘하지 못하는 것이 바로 그 때문이다.

동작과 호흡의 관계는 상호보완적이며 동작을 하면서 호흡의 질서를 지켜야 효율적인 동작이 될 것이다. 동작을 행할 때에는 확고한 중심을 구축하고 유지해야 하며, 부드럽고 정확하게 동작하고 호흡을 동작에 맞추어 조절해야 한다.

또한 호흡을 잘 조절함으로서 반응 속도를 증진시킬 수 있음은 물론 강한 타격력도 낼 수 있는 반면 상대방의 강한 타격력에도 견딜 수 있다. 특히, 타격이나 막기 동작 중에는 속도를 증진시키고 몸의 강체화를 위하여 동작 중에는 호흡을 멈추어야 한다.

최대의 타격력은 동작이 일치될 때에 생기므로 공격부위나 막기 부위나 초점에 닿는 순간 숨을 짧게 내쉬며 그 동작이 끝났을 때 서서히 들이마신다. 그리고 방어에 있어서 숨을 들이마실 때 상대방의 공격을 받았다면 그것이 비록 약한 공격이라 하더라도 충격은 크겠고, 반대로 아무리 강한 공격일지라도 숨을 멈춘 상태에서는 충격이 적을 것이다.

결론적으로 동작 중에 숨을 멈추고 그 동작이 초점에 닿을 때는 내쉬고 공격을 받을 때에는 숨을 멈추어야 한다.

경호무도와 같이 대인적 기능으로서, 특히 상대를 치고 차는 타격적인 기법에서 치고 차는 데 필요한 호흡에는 체력 또는 기술과 더불어 심리적인 요소도 한 몫을 차지하고 있는데 실제 타격은 숨의 내쉬기 상태에서 이루어진다.

호흡에서 숨을 멈추고 있는 시간은 1.5초~2초이고 길어야 3초 정도 까지다. 단련자의 경우에 타격 시 순간 숨을 멈추는 것은 타격에 대한 유효한 힘이 되고, 숨을 들이 쉴 때 힘을 낼 수 없는 것과 같이 민첩한 동작을 할 수 없는 것을 '허'의 상태라고 한다. 그러나 숨을 중지하고 있다가 순간적으로 숨을 배출하면 '실'의 상태가 된다.

우리가 동작을 행할 때 어떻게 호흡할 것인가 하는 문제는 쉬운 문제가 아니다. 그러나 동작과 호흡 관계의 중요성을 인식하고 바른 동작 자세와 그에 상응한 호흡을 해야 한다는 것은 명백한 사실이다. 그 결과로 나타나는 호흡의 극대화는 움직임의 역동성, 집중, 유연성, 강도, 속도의 조절 등에 영향을 미친다.

### 6) 기 합

기합이라 함은 그 뜻이 깊어서 처음부터 이해한다는 것은 어려운 말일 것이다. 경호무도 수련을 쌓아 기술이 발전함에 따라 점차로 그 참뜻을 이해 할 수 있게 되는 것이다.

간단히 설명하면 기력을 전신에 충만 시켜서 상대에게 조금이라도 틈이나 허술한 점이 생길 때에는 공격할 수 있도록 기(氣), 심(心), 체(體)가 하나의 상태로 되어 이것의 힘을 일점에 집중시켜서 위력을 발하는 것이며, 다음과 같은 효과가 있다.

- 상대의 기선을 제압한다.
- 상대에게 위력을 느끼게 한다.
- 자기 자신의 기를 돋워 자신감을 배가 시키고 공격의 세를 가한다.

따라서 기합은 심신의 통일된 힘을 낼 때 발하는 것이므로 자연히 동작에 적응한 힘찬 기합을 넣어야 하며 필요 이상의 큰소리를 내는 것은 무익하다(박준석, 2006).

제10장

# 경호무도의 적용방법

1. 무도별 특성에 따른 적용
2. 경호무도의 단계별 적용
3. 경호기법에 따른 적용
4. 경호상황에 따른 경호무도의 접근
5. 경호환경 변화에 따른 경호무도의 적용
6. 경호무도의 적용형태
7. 경호무도의 교육내용

# 제10장
# 경호무도의 적용방법

## 1. 무도별 특성에 따른 적용

경호업무를 수행하는 경호원은 위기상황이 매우 다양한 형태로 전개되기 때문에 위기상황에 맞는 적절한 대응기술을 습득하고 아울러 경호기법에 입각한 체계적인 경호무도를 수련할 필요성이 있다.

따라서 경호무도의 수련방향은 손기술, 발기술, 몸 기술, 등의 모든 술기의 습득은 물론 근력, 지구력, 순발력, 민첩성 등의 체력육성과 함께 판단력, 침착성, 절제력 등의 정신력 향상 등의 종합적인 수련을 필요로 한다.

또한, 각 무도가 가지는 특성에 따른 경호상황별 적용방향을 설정하는데 도움을 주는 이론 교육도 반드시 병행되어야 할 것이다.

다음은 현재 경호원들이 대표적으로 많이 수련하고 있는 무도인 유도, 태권도, 합기도의 특성에 따른 접근방법이다.

유도는 근접거리에서 가장 효율적으로 위해자를 제압할 수 있는 무도로서, 상대방을 잡은 상태에서 메치기, 누르기, 조르기 등의 기술을 통해서 순간적으로 상대방의 공격을 무력화 시킬 수 있기 때문에 최 근접 거리에서의 방어 및 공격방법으로서는 최선의 무도라고 볼 수 있다.

태권도는 발차기나 주먹 등을 주로 사용하여 적을 무력화시킬 수 있는 무도이기 때문에 어느 정도 떨어져 있는 적을 제압하는데 장점을 가진 무도라고 볼 수 있다.

합기도의 경우는 각종 무기술, 호신술, 꺾기 등을 이용하여 공격자의 관절과 급소를 공략하여 범인의 공격제지와 체포연행에 효과적인 무도라고 볼 수 있다(이상철, 1998).

### ○ 무도의 특성에 따른 경호상황 별 접근○

| 구 분 | 무도별 특성 | 경 호 상 황 별 적 용 |
|---|---|---|
| 유 도 | 근력과 유연성에 중점을 둔 메치기, 누르기, 조르기 등의 기술을 이용하여 상대방을 제압 | 최 근접 거리의 공격자에 대한 방어 및 제압 |
| 태권도 | 신체의 민첩성과 순발력에 중점을 두고 순간판단능력 배양 및 발과 손을 이용한 공격적 무도 | 근 거리 공격에 대한 범인 제압 |
| 합기도 | 내공에 의한 정신집중과 민첩한 행동 및 각종 꺽기술과 상대방의 급소, 관절부분 공략 | 좁은 공간에서 범인제압 및 체포연행 |

## 2. 경호무도의 단계별 적용

경호무도는 먼저 일반무도를 중심으로 기본기를 완벽하게 익히고 난 뒤 정확한 응용 기술에 대한 수련과 동작의 원리에 대해서 숙지를 하고, 상대방의 동작과 기술정도 및 공격의 형태에 따라 다양하게 대처할 수 있는 기술을 단계별로 반복 수련해야 한다.

이에 경호무도의 단계별 수련절차와 내용은 아래와 같다(이상철, 1998).

### 첫째, 무도별 특성에 따른 기본동작 반복수련

무도별 특성에 따른 기본동작의 꾸준한 반복 수련을 통해 숙달시키고 기술원리 또한 정확히 숙지하도록 한다.

또한 근력, 순발력, 민첩성에 기반을 둔 기초체력육성 트레이닝을 병행하여 경호원들 원활한 경호업무를 할 수 있는 체력을 제공한다.

**둘째, 상대방의 동작유형에 따른 수련**

제자리에 있는 상대에 대한 방어 및 제압기술 수련, 움직이는 상대에 대한 방어 및 제압기술 수련, 다수의 상대에 대한 방어 및 제압 기술 수련 등과 같이 수련 절차를 단계적으로 실시한다.

**셋째, 수련 상대자와 무도실력과의 관계**

무도실력이 우수한 상대자와의 수련, 무도실력이 낮은 상대자와의 수련, 무도실력이 비슷한 상대자와의 수련 방법과 같이 수련상대자의 무도실력에 따른 차별 수련을 한다.

**넷째, 여러 명의 공격에 대비한 수련**

여러 명이 순서대로 1명씩 돌아가면서 하는 공격에 대한 방어 및 제압을 하는 수련, 여러 명이 동시에 공격할 경우 경호기법에 입각하여 대처하는 수련 등을 경호상황에 맞게 가상하여 실시한다.

**다섯째, 상대 공격에 대한 예측과 빠른 판단력**

상대의 공격을 미리 예측하고 판단하여 한 발 앞선 위기상황 대처방법의 수련이다. 상대가 공격 기미를 보일 때 선제공격을 하여 제압하는 수련, 상대가 위해 하려는 기술(동작)을 사용하더라도 기술의 효과가 나타나기 전에 본인의 기술을 사용하여 제압하는 수련, 상대의 공격을 방어하면서 동시에 상대의 힘을 역 이용하여 상대를 제압하는 수련 등과 같이 다양한 상황설정을 통해 수련한다.

**여섯째, 무기를 소지한 자를 제압하는 수련**

총기로 공격하는 자를 제압하는 수련, 칼로 공격하는 자를 제압하는 수련, 몽둥이로 공격하는 자를 제압하는 수련, 기타 무기류에 대해 대처하는 수련 등과 아울러, 이들 수련들은 무기도구들에 의한 상해를 조심하고 항상 연습을 실전같이 긴장감 있게 실시하도록 한다.

**일곱째, 체포 · 연행술의 수련**

공격해온 상대를 타격, 꺽기, 조르기, 포박등으로 완전히 제압한 후 도주 및 제2의 공격을 차단하고 안전지역까지 연행하는 수련을 한다.

## 3. 경호기법에 따른 적용

경호상황은 변화무쌍하게 변하며 많은 위험 요소가 사방에서 다양하게 전개되기 때문에 위기상황 발생 시 효율적으로 대처하기 위해서는 경호상황에 따라 가장 효과적으로 대처할 수 있는 경호기법들을 평소에 숙지하고 반복 훈련해야 한다.

따라서 위기상황 발생 시 완벽한 경호업무수행을 위해 수련하는 경호무도를 경호기법에 입각하여 수련함으로서 경호업무를 좀 더 체계적이고, 효과적이며, 질서 있게 수행할 수 있을 것이다. 수시로 변하는 경호상황에 대처하기 위한 경호무도 수련내용은 다음과 같다.

**첫째, 도보이동대형으로 이동 시 대처 요령에 의한 수련**

각종 도보대형의 형태에 따른 위기상황 발생 시 대처 요령과 도보대형을 형성하는 경호원의 숫자에 따라 전방, 후방, 측방에서의 공격에 따른 상호협조체재를 통한 대처 요령에 대한 수련을 실시한다.

또한 실내 또는 실외에서의 범인 공격 시 대처요령에 대한 수련 및 이동 중 범인공격의 형태에 따른 경호대상자의 안전한 방호 및 신속한 대피요령에 대한 수련을 한다.

**둘째, 경고에 따른 대처방법 수련**

위기상황 발생 시 "경고"에 따른 인적 방벽 형성 요령과 위해자의 위험물체 투척에 따른 손, 발, 몸을 이용한 방어 요령 및 위해자를 향한 대응요령과 비상대형 변경요령에 대한 수련을 실시해야 한다.

그리고 경호원과 경호대상자의 완벽한 방어를 위한 체위변경 요령과 군중사이를 이탈하기 위한 경호대상자의 위치 선정과 경호원의 이동 및 대응요령, 함몰형 대형과 방어적 원형대형 형성요령을 수련 한다.

**셋째, 촉수거리의 원칙에 의한 수련**

위기상황 발생 시 최 근접 경호원의 위치이동 요령과 전방, 후방, 측방에서 공격 시 최 근접 경호원의 대적방법과 주위 경호원들의 방어대형 형성요령 및 정지 또는 이동 중 공격에 대한 최 근접 경호원의 범인 제압 방법에 대한 수련을 해야 한다.

그리고 최 근접 경호원과 인근 경호원들과 공동으로 범인을 제압하는 방법과 최 근접 경호원의 범인제압 시 경호대상자의 대피 요령에 대한 수련을 한다.

**넷째, 체위확장의 원칙에 의한 수련**

범인이 무기를 이용하여 공격 시 체위를 확장시켜 자연 방벽을 형성하는 방법과 범인의 시야를 가리는 방법 및 경호대상자를 등지고 범인과 경호원과 경호대상자가 일직선을 유지하는 방법에 대한 수련을 실시한다.

그리고 범인의 시야를 가린 후 인근 경호원들과 공동으로 범인을 제압하는 방법과 범인의 공격을 무력화한 후 경호대상자의 방호 및 대피요령에 대한 수련을 실시한다(이상철, 1998).

## 4. 경호상황에 따른 경호무도의 접근

경호상황은 행사의 종류와 특성 및 장소 그리고 날씨에 따라 무수히 많은 형태로 전개되기 때문에 위기상황 역시 다양하게 발생될 수가 있다.

그러므로 경호무도 수련 시 발생 가능한 위기상황을 설정하여 다양한 장소에서 각 경호상황에 맞는 대처요령에 대한 수련을 함으로서 실제 경호업무수행 시 위기상황이 발생 하더라도 완벽하게 경호업무를 수행할 수 있을 것이다.

경호업무수행 시 경호대상자와 경호원 자신의 안전을 지켜줄 수 있는 경호무도실력은 위기상황 발생 시 안전을 보장해 주는 가장 큰 안전요소이자 인적 방벽이다.

따라서 꾸준하고 성실한 무도수련을 통해 경호대상자를 보호하고 자신의 신체를 보호할 수 있는 능력을 길러야 하며, 경호무도의 기본기와 응용기술 등을 경호환경에 적합한 형태로 적용시켜 반복 수련하도록 노력해야 한다.

각 경호상황별 대처 방법에 대한 수련내용은 다음과 같다(이상철, 1998).

**첫째, 승 · 하차 지점에서의 위기상황 발생 시 대처 방법에 대한 수련**

승차 시 차량의 전방, 후방 및 측방에서의 공격에 대한 대처요령과 하차 시 공격에 대한 대처요령에 대한 수련을 실시한다.

**둘째, 실내행사 중 위기상황 발생 시 대처방법에 대한 수련**

리셉션 행사 중 공격 에 대한 대처요령과 식당에서의 대처 요령, 단상에서 연설 시 위해자를 제압하는 방법 및 참석자와의 악수 시 공격상대를 제압하는 방법 등에 대한 수련을 실시한다.

**셋째, 실외행사 중 위기상황 발생 시 대처방법에 대한 수련**

시위현장에서나 또는 군중 속을 통과 시 위해자를 제압하는 요령 및 경기 또는 공연관람 시 공격상대 제압요령 등에 대한 수련을 실시한다.

**넷째, 운동경기 중 위기상황 발생 시 대처방법에 대한 수련**

골프나 또는 조깅 시 위해자 제압요령 및 기타, 각종 스포츠 활동 참여 시 위해자를 제압하는 요령에 대한 수련을 실시한다.

## 5. 경호환경 변화에 따른 경호무도의 적용

21세기의 빠른 정보화 사회와 국내외 정세 변화, 과학기술의 발달 등으로 인해 경호환경에도 많은 변화를 가져왔다.

그리고 과학기술의 눈부신 발달로 인해 최첨단 장비를 이용한 다양한 테러 상황에서도 경호대상자의 신변을 보호하고 위해자를 완벽하게 제압하기 위해서는 각종 첨단장비의 전문지식을 습득하여 경호무도 수련에 적용하여야 할 것이다.

위해자가 사용하는 첨단 테러장비에 대한 분석을 통하여 대처할 수 있는 경호무도 수련 기법과 전자총, 방탄가방, 전자3단봉 등의 첨단 경호장비의 사용방법과 이를 활용한 경호무도 수련 기법에 대한 연구가 꾸준히 이루어져야 할 것이다.

이와 같이 단순히 경호무도 수련만으로 위기상황으로부터 경호대상자를 보호하기 어려운 상황에서는 각종 첨단 경호장비의 활용은 불가피하다고 볼 수 있으며, 이러한 추세는 앞으로 더욱 더 가속화 될 것으로 예상된다.

## 6. 경호무도의 적용형태

경호무도는 상대의 공격으로부터 경호대상자와 자신의 신체 및 생명을 보호하는 여러 형태의 방어술기로서, 하나하나의 대응 프로그램이 필요하며, 이를 이용하여 경호대상자를 보호하기 위한 필요 술기가 상황에 따라 자동으로 이루어지도록 해야 한다. 즉, 경호업무 수행 시 경호대상자와 자신의 안전을 지켜줄 수 있는 경호원들의 무도실력은 위기상황 시 안전을 보장해 주는 가장 큰 힘인 것이다.

따라서 경호환경에 적합한 경호무도에 대하여 경호원들은 기본기와 응용술 등을 충분히 익혀 수련하도록 노력해야 한다.

경호무도는 경호대상자가 위해자에 의해 공격당하지 않도록 안전거리를 반드시 유지해야 하며, 안전거리 미확보 시에는 경호대상자와 공격자 사이에 반드시 경호원이 위치하여 공격기회를 차단해야 한다.

또한, 공격에 있어 물리적 작용이 있을 때에는 작용직후 경호원이 저지 또는 방어해야 하며, 상대의 공격이 과도한 성격을 띄우면 완전하게 제압하여 공격의지를 무산시켜 경호대상자의 안전이 더 이상 위협받지 않도록 해야 한다(강영길, 2002).

위기상황 발생 시 경호원은 부단한 무도수련을 통해 경호대상자를 보호하고 자신의 신체를 보호할 수 있는 능력을 길러야 하는데 이에 따른 경호무도의 적용형태를 살펴보면 다음의 표와 같다(박준석, 2002).

**○ 경호무도의 대응형태 ○**

| 원리 | 경호임무 수행 시 경호대상자의 안전보장 |
|---|---|
| 훈련 | • 극기 훈련, 심리적(충성, 신의, 인성훈련)<br>• 정신+체력<br>• 상황전개를 반복 숙달 |
| 호흡 | • 양적요소, 질적요소 |
| 기술 | • 위기상황 발생 시 일어날 수 있는 무기, 총기, 폭발물, 차량 테러 등의 예방 및 안전 제압 기능 반복 훈련 |
| 환경 | • 어느 장소에서나 일어날 수 있는 상황 |

## 7. 경호무도의 교육내용

경호무도의 구성은 상대방과의 관계로서 성립한다는 근거로 수련하여야 하며, 각 무도가 갖는 기술의 원리와 특성 및 동작의 역학적 분석에 대한 기본적 이론을 교육함으로서 각 무도가 갖는 특성에 따른 경호상황별 적용방향을 설정하는데 도움을 주는 이론 교육이 선행되어야 한다.

경호무도의 실제에서의 적용상황을 가정해보고 교육 프로그램으로 적용시킬 때 가장 우선 시 되어야 하는 내용이 경호 대상자의 대피와 위해자 제압을 위한 교육일 것이다.

이러한 경호 대상자의 대피와 위해자 제압을 위해서는 경호원들에게 체계적이고 과학적인 교육 프로그램이 필요하다(이영석, 2001).

### ○ 위해자 제압을 위한 교육 프로그램 ○

| 상황 | 교 육 내 용 |
|---|---|
| 준 비 상 황 | 1) 정신적 준비 : 경호원의 임무와 역할<br>2) 신체적 준비 : 체력육성법, 인체의 특성<br>3) 안전 능력 준비 : 안전법<br>-낙법<br>-무기사용법<br>4) 무도 능력 준비 : 무도 유단자 (3~4단 이상) |
| 실 제 상 황 | 1) 제압술의 자세와 접근방법<br>2) 목표물 제거<br>3) 방어법 : 원형방어, 십자방어 등<br>4) 공격법 : 주먹의 의한 가격법,<br>발차기에 의한 가격법,<br>무릎, 팔굽 등 관절을 이용한 가격법,<br>관절 및 급소 제압술을 통한 제압<br>조르기, 꺾기 등을 이용한 제압<br>던지기, 넘기기 등을 이용한 제압<br>5) 연행법<br>6) 무기 사용법 및 총기 보관법<br>7) 범인 체포 실습 : 저항 없는 경우<br>저항 있는 경우<br>무기 종류(총, 칼등)에 의한 경우<br>무기 소지한 범인 저항 없는 경우<br>무기 소지한 범인 저항 있는 경우<br>8) 가상훈련(simulation training)<br>9) 발표회(presentations) |

# 참고문헌

경찰대학(1997). 무도교본. 대한문화사.

고성경(2004). 스포츠 의학. 도서출판 홍경.

권태형(2006). 근접경호 위해분석을 통한 경호무도의 활용방안. 용인대학교 체육과학대학원 석사학위논문.

경기지도자 연수교재 편찬위원회(1992). 1급 경기지도자 연수교재 트레이닝론. 한국체육과학 연구원.

김규완 외(2004). 스포츠 마사지의 이해. 도서출판 홍경.

김문기 외(2006). 스포츠 상해와 응급처치(2006). 대경북스

김명일, 김영빈(2005). 운동처방 에센스. 대경북스.

김영빈, 손진수(2003). 스포츠마사지 아카데미. 대경북스.

김재구 외(2010). 운동처방 총론. 대경북스

김창국, 박기주(2005). 최신 트레이닝 방법론. 대경북스.

김평섭(1997). 경호원의 기본기량 향상에 관한 연구. 경호경비 창간호.

나영무 외(2005). 의사들의 권하는 스트레칭. 도서출판 홍경.

남상남 외(2011). 스포츠상해와 운동재활. 대경북스.

노승환(2002). 경호무도 구성원리와 과제에 관한 연구. 용인대학교 대학원 석사학위논문.

나재철(2006). 운동처방학. 대경북스.

박준석(2000). 한국 대학의 경호 관련학과 교육 과정에 대한 발전 방안. 경기대학교 대학원 박사학위논문

박준석(2006). 경호학의 이해. 백산출판사

박창열 외(2004). 안전교육과 응급처치 워크북. 대경북스.

배영상, 이경명(2006). 태권도 동작학. 정담미디어.

송문석 외(2005). 신비로운 인체의 구조. 도서출판 홍경.

서영환(2005). 스포츠 영양학. 대경북스.

서영환, 위승두(2006). 스포츠 의학 에센스. 대경북스.

서충진(2004). 운동해부학. 도서출판 홍경.

스포츠의학·운동과학대사전 편집포럼(2005). 스포츠의학/운동과학대사전. 대경북스.

용인대학교 교수공저(2004). 무도시리즈. 대서출판 홍경.

유광욱 외(2005). 운동치료와 건강관리. 교학연구사

육조영 외(2006). 최신 응급처치 매뉴얼. 대경북스.

위정환(2003). 경호무도로서의 태권도 가치에 관한 연구. 경희대학교 체육대학원 석사학위논문.

이강문(2004). 한국 민간경호직 종사자 무도교육실태 및 발전방안. 용인대학교 체육과학대학원 석사학위논문.

이면천 외역(2003). 건강과 운동기능 향상을 위한 스포츠 영양학. 라이프사이언스.

이상욱, 유호길 외(2002). 웨이트트레이닝. 도서출판 학이당.

이상철(1998). 경호 방법론. 도서출판 홍경.

이상철(1999). 근접경호업무 수행을 위한 경호무도의 접근방법. 경호경비연구 제2호.

이상철(2004). 경호운용론. 도서출판 원.

이석인 외(1997). 보디빌딩의 과학, 21세기교육사.

이영석(2001). 경호무도 교육의 개선방안에 관한 연구. 용인대학교 교육 대학원 석사학위논문.

이진우(1997). 경호활동의 이론 및 실제에 관한 연구. 연세대학교 교육대학원 석사학위논문.

이한경 외(2002). 몸매 만들기와 보디빌딩. 도서출판 홍경.

임완기 외(2006). 체력육성을 위한 퍼펙트 웨이트트레이닝. 도서출판 홍경.

안의수 외(2001). 운동과 건강관리. 현문사.

장순용 외(2006). 무도 안전론. 도서출판 홍경.

정성태, 전태원(1999). 체력육성. (주)교학사.
조현철(2003). 운동과 건강. 라이프사이언스.
정연옥 외(2006). 요가. 도서출판 홍경.
천길영, 김경식(2005). 체력육성을 위한 트레이닝 방법론. 대경북스.
최청락 외(2005). 현대인을 위한 스포츠 길라잡이. 도서출판 홍경.
황수관(1997). 황수관 박사의 신바람 건강법. (주)서울문화사.
허건식 외(2003). 무도론 강의노트. 도서출판 무지개사.

## 저자 약력

### 이강문

용인대학교 대학원 체육학 박사
대구예술대학교 경호보안학과 학과장
시큐리티정책연구소 소장
한국민간경비학회 총무위원장
한국치안행정학회 이사
한국경찰학회 이사
대한무도학회 이사
대구 · 경북체육학회 이사

### 김정석

명지대학교 대학원 체육학 박사
아세아 항공전문학교 항공보안학부 학부장
대한 무도학회 이사
한국치안행정학회 이사
한국민간경비학회 이사
한국경호경비학회 상임이사
국제경호무술연맹 부총재

### 김승봉

국제문화대학원대학교 국제관계학 석사
청암대학교 경찰경호학과장
M-S 경호대 전남본부대장
경찰경호 무술연맹 전라남도 본부장
경찰경호 무도협회 전라남도 회장
전국태권도 연합회 의전위원장
한민족 마상무예협회 심판위원장

**양덕열**

용인대학교 일반대학원 경호학과 (경호박사과정수료)
호남대학교 태권도경호학과 (겸임교수)
경호경비학회 이사
예죽(주) 경호업체 고문위원
광주광역시 체육회 세팍파크로협회 부회장
대한 경호지도자협회 인천교육이사
한국시큐리티지원연구원 연구원이사

**유영창**

용인대학교 무도대학 유도학과 졸업
국민대학교 교육대학원 체육교육 석사
원광대학교 대학원 이학박사
신성대학교 생활체육계열 교수

**가기현**

용인대학교 졸업
명지대학교대학원 석사
선문대학교대학원 이학박사
중앙대학교사회체육학부 겸임교수
서울현대전문학교 사회체육학과 주임교수